- 大数据战略重点实验室重点研究项目
- 基于大数据的城市科学研究北京市重点实验室重点研究项目
- 北京国际城市文化交流基金会智库工程出版基金资助项目

DATA RIGHTS LAW 2.0

数权法2.0

数 权 的 制 度 建 构

The System Construction

大数据战略重点实验室 著

连玉明 主编

社会科学文献出版社
SOCIAL SCIENCES ACADEMIC PRESS (CHINA)

大数据战略重点实验室中国政法大学研究基地

中国政法大学数权法研究中心

学术支持

编 委 会

纵观世界文明史，人类先后经历了农业革命、工业革命、信息革命。每一次产业技术革命，都给人类生产生活带来巨大而深刻的影响。正在发生的数据革命则更具重塑意义，其所带来的空前变革不是一种补充性拓展或单向度延伸，极大程度上是对工业革命以来人类生产、生活、生存方式的一种替代。数字经济、无人驾驶、基因编辑等新型法律关系不断出现，人类既有的经验与规则正遭遇颠覆性挑战和结构性重构。"走得太快了，灵魂跟不上"是一个游牧部族的古训，也可以用来描述大数据的开发利用在全球突飞猛进却隐患频仍、局部失序的现状。传统法理对数字世界的理解和法律规制的方法在当前数字化、网络化、智能化背景下出现了难以应对的理论困境和实践短板。"法与时转则治"，新法律制度的诞生和发展应植入"大数据"基因，从新的视角对人类正在进入的三元空间进行前瞻性的理论建构和制度创新，以迎合正在到来的数字文明时代。

一 数据人假设的三大前提

人是法律的逻辑起点，法律是人性的集中体现。数权法的法理基础是人性奠定的，需要从人性中寻找制度的表达方式。因此，要从人性的角度设计规则制度，也要从人性的角度考虑法律适用。人性具有开放和发展的特征，人类只有不断塑造新的形象，不断创造新的规定性，才能消解自己的矛盾，使自己更趋于完善。"数据人"是人性在大数据时代的全新展现，只要确认了数据人的法律人模式以及数权制度的路径、范围与陈述格式，也就从数据伦理角度为数权法提供正当性依据奠定了基础。将数权法的人性预设为数据人的理据在于：它既可以描述由利他性、共享性等基本属性所决定的相关主体理当呈现的全新人性观，也可以通过缓解或克服数据治理中的安全困境来指引数权法的科学建构与有效实施。诚然，数据人假设的存在与发展是有前提条件的。

从物的依赖走向数的依赖。数据已覆盖和书写了一个人从摇篮到坟墓的全部生活，我们对数据已经形成了难以摆脱的依赖性。在人对人的依赖、人对物的依赖尚未完全消除的情况下，出现了人对"数"的依赖。当数据化生产、数据化生活和数据化生命成为现实，人类智能与人工智能相融合，"自然人"进而发展为"数据人"，"人"的形象、内涵与外延将深刻改变。技术的发展没有尽头，进化的链条没有终结。未来，人类社会很可能就会由"自然人""机器人""基因人"构成。需要指出的是，"数据人"的地位是未来不得不面对的法律问题。

利他主义成为社会的底色。数字社会的关系结构决定了其内在机理是去中心、扁平化、无边界，基本精神是开放、共享、合作、互利。这些特征奠定了这个社会"以人为本"的人文底色，也决定了这个时代"利他主义"的核心价值。利他主义的价值主张增强了人们让渡数权、共享数权的主观意愿，从而促进让渡行为、共享行为的正向转化。当数据资源极大丰富可按需分配时，公平共享观念深入人心，数据劳动成为一种乐生的手段，利他主义将会大大增长。隐藏在人性中的利他性被激发出来，数权制度从而在某种意义上扮演着利他性"助产妇"的角色。

数据人让数据价值最大化。数据人追求数据价值、创造数据价值和实现数据价值所遵循的基本原则是价值最大化。作为调整数据权属、权利、利用、保护的法律制度和规制数据行为、维持数据秩序的基本规范，以数据人为前提假设建构的数权制度关键是要实现有效保护数权与促进数尽其用之间的平衡兼顾，维护公共利益和公共安全并促进个人数据的自由共享。公民一定程度的数权让渡是实现合法保护与合理利用二者平衡兼顾的关键。亦即数权法的立法目的是促进数据的流通利用，而不是用一张密不透风的法网束缚数据。数权制度的诞生意味着人类对人与数据之间的关系有了进一步的觉解，提倡让渡原则，增进数据福祉。

二 大数据时代的三大权益

时代的发展不断要求承认新的权利满足社会的需要。面对日益高涨的数据化浪潮，实现数据的全面保护，需要构建一个以数权为基点的权利保障体系。数据权、共享权、数据主权等构成了大数据时代的新权益，这些权益具有被列入法律权利清单的资格。从某种意义上说，数权的产生也是社会发展到一定阶段给法律带来的成长机会。

数据权。数据正朝着资源化、资产化、资本化趋势推进，与此同时，数据被非法采集、窃取、买卖、滥用等侵权或犯罪行为频发。加大法律制度对数据的合法保护与开发利用力度，是世界各国立法的主要内容，也是中外学者以"数据权"为命名的研究热点。数据权作为一种独立的新兴权利，包括个人数据权、企业数据权和政府数据权等。对数据权的保护是一个宏观的概念，可分为私权视野下的数据权利和公权视野下的数据权力。法治的核心是规范公权、保障私权，维护正义、引领风尚。数据权利与数据权力作为传统私权利与公权力在数字空间的延伸，两者的冲突更为频繁。当前，数据权利与数据权力正处于快速成长时期，但从长远来看，数据权利的扩散和数据权力的衰退是必然趋势。

共享权。共享是对数据的有效使用，是数据所有权的最终体现。数权不同于物权，不再表现为一种占有权，而是成为一种不具有排他性的共享权，往往表现为"一数多权"。数权一旦从自然权利上升为一种共有和公意，它就必然超越其本身的形态，而让渡为一种社会权利。共享权是数权的本质，其实现方式是公益数权与用益数权，数据所有权和使用权的分离因此成为可能，形成了一种"不求所有、但求所用"的共享格局。数据共享和隐私保护之间却天然地存在冲突，其原因在于公共利益与个人利益的博弈、财产利益与人格利益的分歧。因此，要充分挖掘数据资源的价值，就要实现共享权与隐私权的平衡。共享权的提出，将成为一种超越物权法的具有数字文明标志意义的新的法理规则。可以预见的是，基于共享，人类文明必将走向更高阶段，进入一个由共享权建构的秩序之中。

数据主权。数据空间已成为继海陆空天之后的"第五疆域"。一个国家拥有数据的规模、活性及解释运用的能力将成为综合国力的重要组成部分。主权概念与地理要素脱离，数据主权成为新的概念分支并占据主权体系版图核心。数据主权是国家主权的重要组成部分，是国家主权在数据空间的表现和自然延伸。如果说，数据力是衡量国家综合国力及国际竞争力的主要标志，那么，数据主权将成为保障国家核心利益的前提和基础。围绕对数据的管理和控制，各国或地区纷纷开始构建数据主权制度。例如，欧盟实施《一般数据保护条例》，延伸了对数据的域外管辖权；美国出台《澄清域外合法使用数据法案》，赋予了执法机构对域外数据的索取权；俄罗斯通过《主权互联网法》，确立俄网的"自主可控"网络主权。澳大利亚、巴西、加拿大、印度、韩国等也制定了类似的法律。数据主权已成为全球博弈与国际竞争的新尺度。

三　数权法的三大影响

当今世界正处于百年未有之大变局，人类社会既充满希望，又充满挑战。正如霍金所言，"我们站在一个美丽新世界的入口，而这是一个令人兴奋的、同时充满了不确定性的世界"。围绕全球互联网治理体系的建构，国家间博弈正在加剧，治理进程面临困境，治理模式陷入分歧。世界各国虽然国情不同、互联网发展阶段不同、面临的现实挑战不同，但推动数字经济发展的愿望相同、应对网络安全挑战的利益相同、加强网络空间治理的需求相同。数权法是中国给世界开出的全球互联网治理新药方，为推动构建网络空间命运共同体提供中国智慧和中国方案。

数权法是中国法律走向世界的重要标志。当代中国正在经历着人类历史上最为广泛而深刻的社会变革，也正在进行着最为宏大而独特的法治实践创新。法治体系是国家治理体系的骨干工程，习近平总书记指出，"中国走向世界，以负责任大国参与国际事务，必须善于运用法治"，"全球治理体系正处于调整变革的关键时期，我们要积极参与国际规则制定，做全球治理变革进程的参与者、推动者、引领者"。数权法是法律领域的创新与突破，引领和推动法律全球化和法学全球化。特别是数权法系列专著的多语种翻译与出版，在全球互联网治理格局中展现中国思想、发出中国声音、提出中国方案，是中国法律崛起并正在走进世界舞台中央的重要标志，是数字文明时代参与全球治理的强大法理重器和提供全球治理公共产品的里程碑式事件。

数权法是未来法治的重要组成部分。如果说，人类社会还将有一场巨大的社会革命的话，那就是规制数字帝国的法治革命。当今世界，多形式、多层次、多领域的治理模式已逐渐适应全球化的时代，但复杂的治理体系容易导致治理的有效性和正当性的缺失，为了避免数据主权相互倾轧，通过国际合作制定国际规范、构建数权制度和塑造国际法律共同体，是人类以法治方式构建网络空间命运共同体的可行途径。从世界法治发展规律看，各种法律在不断融合而趋向全球化的统一。我们开始想象未来法治，想象的目的是让未来告诉当下，从而更好地迎接未来法治。数权法预言了法律真正的未来，给我们带来了无尽的想象。

数权法是人类迈向数字文明的重要基石。"对过去来说，法律是文明的一种产物；对现在来说，法律是维系文明的一种工具；对未来来说，法律是增进文明的一种手段。"从农业文明到工业文明再到数字文明，法律将实现从"人法"到"物法"再到"数法"的跃迁。数字文明为数权法的创生提供了价值原点与革新动力，数权法也为数字文明的制度和秩序的维系提供了存在依据。数权法的意蕴凝结在数字文明的秩序范式之中，并成为维系这一文明秩序的规范基础。从这个意义上，数权法是文明跃迁的产物，也将是人类从工业文明向数字文明迈进的基石，与物权法一起共同构成数字文明时代的两大法律基础。

连玉明

大数据战略重点实验室主任

中国政法大学数权法研究中心主任

2020 年 1 月 17 日于北京

绪　论

当今世界，人类正面临前所未有的挑战，核战争、网络战、金融战、生物战、非主权力量等形式多样的全球问题层出不穷。全球问题的应对之道是全球治理，人类命运共同体是中国着眼于世界前途、人类发展和全球治理提出的"中国方案"。国际法律共同体是人类命运共同体的法治支撑，是存在于相互依存的国际社会中的一种共同规则体系，能够同时扩大各国利益交汇点，形成利益共同体，落实国际行为体的共同责任。数权法是国际法律共同体的重要组成部分，是对技术、法律和人类发展大趋势的审视。数权法的提出，是中国法律崛起并走进世界舞台中央的重要标志，是数字文明时代参与全球治理的强大法理重器。

一

习近平主席在达沃斯世界经济论坛2017年年会开幕式上指

出："今天，我们也生活在一个矛盾的世界之中。一方面，物质财富不断积累，科技进步日新月异，人类文明发展到历史最高水平。另一方面，地区冲突频繁发生，恐怖主义、难民潮等全球性挑战此起彼伏，贫困、失业、收入差距拉大，世界面临的不确定性上升。"翌日，在联合国日内瓦总部演讲时发出了"世界怎么了、我们怎么办"的时代之问。两年多后，在中法全球治理论坛闭幕式上再次强调："当今世界正面临百年未有之大变局，和平与发展仍然是时代主题，同时不稳定性不确定性更加突出，人类面临许多共同挑战。"

世界正面临百年未有之大变局，也面临百年未有之大挑战。一是核战争的威胁。21世纪以来，世界主要国家争先布局核战略，着力打造攻防兼备的核威慑力量，形成了世界性的恶性核竞争和核博弈。核恶性发展将可能进一步打破全球战略稳定性，引发以核武器为标志的第三次世界大战，打开人类的"灾难之门"。二是网络战的威胁。网络空间战是一种全新的战争形态，网络空间已成为各国竞相夺取、控制、抢占、攻防对抗异常激烈的新战场。网络空间与人类赖以生存的现实空间命运与共、休戚相关，网络战威胁甚于核弹，网络战悄然崛起将是世界动荡不安的重要根源，它将人类置于失序的世界。三是金融战的威胁。金融安全事关经济发展与世界和平，是全球治理的重要议题。在全球经济一体化的大趋势下，任一国家一旦出现系统性金融危机，必将给世界经济发展带来巨大的破坏因素，很难有国家能在这种情况下独善其身。四是生物战的威胁。人类正面临着癌症、埃博拉、艾滋病等多重健康挑战和基因编辑异化等多维社会风险。基因编辑形成的"超级人类"对自然人来说是一种"高级文明"对"低级文明"的致命性降维打击，一旦失控将给人类带来浩劫。五是非主权力量的威胁。"民主网络"是利用互联网络专门从事推行其他国家民主化的非主权力量，"民主网络"很容易走出国界形成全球性网络，影响甚至左右和牵制主权国家，从而直接或者间接改变国际地缘政治秩序，成为一种新型全球公害。此外，人类面临两大"灰犀牛"事件，具有颠覆性影响，甚至无法抗拒。一是全球变暖。联合国报告再次就气候灾难敲了警钟，21世纪末海平面或将上升1米，风暴潮和洪涝灾害等将使全球10亿人遭遇危机，2.8亿人失去家园，进而引致全球性的难民潮。二是文明冲突。文明是冲突的还是能够和谐共存、交融互鉴的？在国际形势复杂演变的今天，在封闭和开放、单边主义和多边主义交织的时刻，这道昔日的选择题又一次被翻出来，它所探寻的也是人类向何处去的时代命题。

2019年6月7日，联合国秘书长古特雷斯在俄罗斯圣彼得堡举行的国际经济论坛上指出："全球挑战需要全球解决方案。没有一个国家，也没有一个组织能够独自应对挑战。"他同时强调，世界必须拥有多边机构和架构，因为国际关系必须建立在国际法的基础之上。中国作为世界上最大的发展中国家和联合国安理会常任理事国，始终秉持共商共建共享的全球治理观，坚定不移走和平发展道路，坚定不移支持多边主义，坚定不移维护联合国在全球治理中的核心地位，积极推动构建新型国际关系和人类命运共同体。应该指出的是，中共中央政治局就"全球治理"议题进行过多次集体学习，习近平总书记亲自主持会议并发表系列关于全球治理的重要讲话。这充分说明，中国高度关注全球治理，并愿意在全球治理中继续发挥负责任大国作用，参与全球治理体系改革和建设，不断贡献中国智慧和力量。

二

2013年3月23日，习近平主席首次提出"命运共同体"概念以来，人类命运共同体迅速成为国际关系和全球治理领域的"热搜词"，不仅被中国国家领导人在国内外各种讲话中反复提及、不断阐释，还相继写入联合国相关机构的多个决议，在很大程度上成为国际共识。党的十九大报告呼吁"各国人民同心协力，构建人类命运共同体，建设持久和平、普遍安全、共同繁荣、开放包容、清洁美丽的世界"。党的十九届二中全会再次强调："坚持和平发展道路，坚持互利共赢开放战略，推动构建人类命运共同体，对促进人类和平发展的崇高事业具有重大意义。"2018年3月，十三届全国人大一次会议表决通过《中华人民共和国宪法修正案》，"推动构建人类命运共同体"写入宪法序言，使得"人类命运共同体"理念上升到宪法层面，纳入我国法律制度体系之中，标志着人类命运共同体成为习近平新时代中国特色社会主义思想的重要组成部分。

当前，互联网全球治理存在规则不健全、秩序不合理、发展不均衡等历史诟病，同时还面临结构畸形、霸权宰制、法治贫困的现实困境。形式上技术社群自发制定规则，实则从源头上受到技术强国的霸权控制，形成国际互联网"伪去中心化"下的权力垄断。互联网不是法外之地，国际社会需要公正的互联网法治体系，需要国际法律共同体的规范引导和保障支撑。国际法律共同体理念反映了中国对国际法社会基础的重新认识，对中国参与全球治理体系变革具有重要价值，有助于促进对中国与世界关系的认知，提升中国国际话语权和话语能力，推动中国所主张的国际关系法治化。可以说，只有加强国际法律共同体建设，才是迈向人类命运共同体的必由之路。

国际环境为国际法律共同体的构建提供了基础，国际法律共同体为国际环境存在的问题提供了法治化解决方案。核战争、网络战、金融战、生物战、非主权力量的威胁等全球问题的频繁化和极端化、国际法律的多样性和碎片化、国际治理意愿的缺位和分化，是当前全球面临的主要问题，亟须世界各国加强合作，深化交流，共同把握好数字化、网络化、智能化发展机遇，处理好全球问题在法律、安全、政府治理等方面的挑战，携手打造国际法律共同体。国际法律共同体既是中国需求，也是全球需要。只要主权国家之间因相互依存而产生共同利益，因面临共同威胁需要采取共同行动，因保护共同利益和应对共同威胁需要建立共同法律制度，因执行共同法律制度需要共同但有区别的责任机制，国际法律共同体就不是一种想象，而是现实。

三

数权法是国际法律共同体的重要组成部分。数化万物的大背景下，人机物三元世界一切皆可用数据表达，出现了"数据人"的人格模式假设。围绕"数据人"将会产生一系列传统法律难以规制的法定权利和法律关系，如数据权、共享权、数据主权等。因此，需要构建新的法律规范来调整数字文明时代的数据权属、数据权利、数据利用和数据保护，这种新的法律规范我们称之为"数权法"。20世纪最伟大的数据哲学家有两个主要代表人物，一个是凯文·凯利，另一个是尤瓦尔·赫拉利。凯文·凯利的"未来三部曲"《失控》《科技想要什么》《必然》和尤瓦尔·赫拉利的"简史三部曲"《人类简史》《未来简史》《今日简史》风靡全球、影响世界。之所以说他们是伟大的数据哲学家，是因为他们提出伟大的观点，核心的论断是互联网如何砸碎一个旧世界。但是，互联网如何重构一个新世界？并没有答案。数权法的提出，正是从法律视角给我们提供了一个重构世界秩序的法治化解决方案。

数权法是对数字文明时代"三大趋势"的研判。一是技术发展的大趋势。自世界上第一台通用电子计算机诞生，以电子技术、计算技术、软件技术为重要标志，人类进入信息技术1.0时代。随后经过20年的技术进步和生态演化，以互联网技术为重要标志，诞生 Facebook 等国际性互联网平台，全球信息网络互联互通，人类进入信息技术2.0时代，世界变成"鸡犬之声相闻"的地球村。技术的进化始终向前，人工智能、量子信息、5G 通信、物联网、区块链等新一代技术迅速发展，以数字孪生为重要标志，人类进入信息技术3.0时代，人类正在经历着从物质空间向数字空间的迁移。在可预见的未来，物质空间与数字空间逐步融合，数字化、网络化、智能化将逐步成为人类生存的新特征，数字化生存成为最重要的生存方式。这是数权法研究的"技术脉络"。二是法律发展的大趋势。法律的发展是社会的自觉状态。纵观世界法制史，法律走过了族群法、城邦法、国家法、国际团体法的发展过程。未来，法律将会出现由国家之法到跨国家之法再到超国家之法的过程，呈现出法律的全球化日趋统一、私法自治、成文法与判例法相互融合等重要趋势，最终形成"全球法＋国家法"的多元法律格局。这是数权法研究的"基本判断"。三是人类发展的大趋势。法律诞生至今，权利的主体仍是"自然人"，也许在不久的将来，人类社会很可能就会由"自然人""机器人""基因人"共同组成、共生共存。我们把"自然人""机器人""基因人"统称为"数据人"，基于"数据人"建构了一套"数权—数权制度—数权法"的法理架构。这是数权法研究的"理论基础"。

"中国的法律要走向世界，最有可能的是数字经济方面的法律。"21世纪初最大的国际政治变化是中国的持续和平发展。对于一个国家来说，真正的和平是为世界提供一种文明。数权法是人类迈向数字文明的新秩序，是时代进化的产物。它开辟了全新的法学研究领域，对于促进中国法学与世界法学的双向对话、促进双边和多边法学文化等领域交流具有重要意义。"数权—数权制度—数权法"体系给我们重新审视这个世界提供了一个全新的视角，这是一把我们所有人都期待的钥匙，它将打开数字文明的未来之门。可以说，数权法既是研究未来生活的宏大构想，也是研究数字文明的重大发现。数权法的提出，为守住国家数据主权，牢牢把握数权规则制定权和国际话语权，推进全球治理法治化奠定了基础，对推动构建人类命运共同体具有特殊意义。

第一章

数据人

权利与人性休戚相关，"人性是权利的根源和依据，权利是人性的要求和体现。建基于人性的权利才是根深蒂固的。因此，人们在多大程度上认识了人性，就在多大程度上认识了权利，也就能在多大程度上保护权利"。法是基于人性需求而产生的规则体系，是人对规则需求的外在表现形式，其出发点和归宿点都是人。法律源于人性，离开了人性的法学研究必将失去理论前提。"我们需要的是解释法律的本质，而这个本质需要从人的本性中去寻找"，人性是评判法律正当性和法律制度建构的依据。我们正在踏进数字经济、数字政府、数字社会架构的文明新时代，数字文明的开启有赖于数权规则的设计、数权制度的安排与数权法律的明确，数权立法是人类社会发展的必然趋势。人性假设是数权法研究的逻辑起点与价值核心，我们把数权法的人性预设为数据人，数据人假设的核心是利他主义。正因为利他是可能的，数权的主张才成为可能。

第一节　法的人性基础

关于人的各种学说无不以一定的人性假设为前提和起点，对人的不同定义和对人性的不同假设决定了不同学科理论体系的基本倾向。正如休谟所言："一切科学总是或多或少地和人性有些联系，任何科学不论似乎与人性离得多远，它们总是会通过这样或那样的途径回到人性。"[1] 任何一项制度设计的背后，都暗含着某种人性假设前提。"各种制度以它们对人性的不同假设为依据，采用不同的方式来组织、领导、控制和激励人们。"[2] 任何一种制度体系的建构都要明确逻辑起点，才能避免理论的抽象。"我国台湾学者杨奕华在谈到此一问题时曾言道：法理学乃是一门以人为本位的法学研究科目。法理之学的研究，必得归结于人理之学的研究，法律的道理，终究离不开人类自身，离不开人际间之互动关

---

[1] ［英］休谟:《人性论》，关文运译，商务印书馆，1996，第6页。

[2] 高成军:《从人性预设看中西法律文化差异》，《甘肃政法学院学报》2014年第4期。

系，离不开人之求生存的社会场景。"[1]"法学是一种人学，法学是
'以人为本的学问'，它关注的是人类的实际法律生活以及人在社
会生活中所面临的法律问题。而所谓'法律现象'，只不过是人在
法律的场景中所表现出的各种不同行为现象而已。强调法学研究
的对象是法律现象，就有可能遗忘这一现象的制造者，也无法解
剖由法律问题所引发的人与法之间固有的张力。"[2]

（一）人与人性

一切人类科学的前提预设都是以人为中心以及对人性的关
注。早在古希腊时期，智者们就试图解开人性的"斯芬克司之谜"。
中世纪时代，人们的世界观围绕神学而建立，以神性塑造人性、
解释人性。直到文艺复兴时期，人才受到关注，人的肉体、人的
观点、人的欲求、人的幸福受到重视，史学上称之为"人的发现"。
但人是什么？这在中外思想史上都是一个众说纷纭的问题，也是
一个魅力无穷而又历史久远的话题，它犹如一座永不枯竭而又充
满诱惑的宝藏，吸引着古今中外无数哲人为之思索，也为之苦恼，
千百年来一直争辩不休。

古今中外，许多哲人都对人性做过注解，历史上留下的关于
人性的文献可谓浩如烟海。但即便如此，也始终莫衷一是，目前
为止依然看不到形成共识的迹象。这或许正是这一问题经久不衰

1　胡玉鸿：《法学方法论导论》，山东人民出版社，2002，第 7 页。
2　胡玉鸿：《法学方法论导论》，山东人民出版社，2002，第 6 页。

的魅力所在。例如，普罗泰戈拉说："人是万物的尺度"；亚里士多德说："人是政治的动物"；中世纪的格言："人一半是天使，一半是野兽"；拉美特利说："人是机器"；康德说："人是目的"；功利主义者说："人是理性的利益最大化者"；马克思说："人是社会关系的总和"；卡西尔说："人是文化的或者使用符号的动物"；尼采说："人是权力意志的动物"；帕斯卡尔说："人是能思想的芦苇"；马克·吐温说："人是唯一知道羞耻或者需要羞耻的动物"；等等。"这些理论都对人性的某些侧面做出了非常正确的解答，但更可能的是：它们都只是人类探索自身奥秘这一永恒发展链条中的一环"[1]，并不全面。

表 1-1　古今中外关于"人"的定义

定义	来源
人是神的创造物	这主要是早期神话和基督教神学的观点。根据基督教《圣经》的创世教义，创造了万物的上帝在创世纪的第六天，又按照自己的样子创造了人类，并让人类管理地上的万物和走兽
人是理性的动物	这个观点历史最悠久，也最具影响力，至今还经常有人运用。苏格拉底："人是一个对理性问题能给予理性回答的存在物。"荀子："人之所以为人者，何也？曰：以其有辨也……故人之所以为人者，非持以其二足而无毛也，以其有辨也。"
人是政治的动物	这个观点是亚里士多德首创，在他看来，"人类生来就有合群的性情，所以能不期而共趋于这样高级（政治）的组合"，所以，"人类在本性上，也正是一个政治动物"。荀子："力不若牛，走不若马，而牛马为用，何也？曰：人能群，彼不能群。"

1　陈忠林：《自由·人权·法治——人性的解读》，《现代法学》2001 年第 3 期。

定义	来源
人是语言的动物	亚里士多德："在各种动物中，独有人类具备言语的机能。"海德格尔："语言是人存在的家。"卡西尔："应当把人定义为符号的动物。"尽管现代动物考察研究已经证明了动物也有语言，能与同类交流并分享信息，但在当代还是有人类学家坚持认为："只有人类是唯一可以使用语言符号进行交流的生物。"
人是道德的动物	孟子："人之所以异于禽兽者几希；庶民去之，君子存之。舜明于庶物，察于人伦，由仁义行，非行仁义也。"荀子："水火有气而无生，草木有生而无知，禽兽有知而无义；人有气有生有知，亦且有义，故最为天下贵也。"朱熹："人之异于禽兽，是父子有亲，君臣有义，夫妇有别，长幼有序，朋友有信。"
人是工具的动物	富兰克林："人是制造工具的动物"；恩格斯："人是制造工具和使用工具的动物"；人类学学者巴托洛缪和伯塞尔："人类是不断依靠工具来维持生存的唯一哺乳动物"；哲学学者邓晓芒："人是制造、使用和携带工具的动物"
人是精神性动物	黑格尔："人是有自我意识的动物"；费尔巴哈："人是有思想性感觉的动物"；狄尔泰："人以精神文化区别于动物"；舍勒："人是唯一有精神趋向的优越存在物"；罗特哈克："人的本质是精神活动"；兰德曼："人是精神的动物"
人是文化的动物	卡西尔："人是文化的动物"；兰德曼："人是创造文化和使用文化的人"；施忠连将文化理解为"人所创造的一切""只有把人看作是文化的生物，才能真正深刻地把握人的类特性"
人是未特定化的生物	格伦认为"人与动物的最大区别是未特定化"，由于人的未特定化或未确定性，人才有能力在活动中补偿自己的缺陷，才能超越有足够装备的动物。同时，人才能不为环境所封闭，面向世界开放。这样，人在生物结构上的全部缺陷就得以解决
人是自由的动物	赞成这个定义的古有庄子，近有启蒙时代以来的一大批思想家，包括卢梭、康德、马克思、萨特等等。其中，最具代表性的当推马克思，根据推论，他对人类的定义会是：人是自由的有意识的动物。并且这个定义也不妨碍他老年时对富兰克林定义的肯定，因为制造工具正是一种自由的有意识的活动

资料来源：韩东屏：《破解人之谜——人的定义的解构与重构》，《武汉大学学报》（人文科学版）2016 年第 6 期。

　　显然，我们对人的定义永无休止，而新的定义会不断出现。对人的定义需要解构与重构，之所以要谈论人是什么，是因为人类生活是一种在制度架构规制下的实在。马克思通过三个层面阐释了"人"的本质属性，"从劳动层面揭示了人与动物的不同；从社会性层面揭示了人与人之间的关系；从人自身发展的角度界定人的自身需求是人的本质"。[1]人类的复杂性决定了人性的多维性。与神性、兽性不同，"人性是人的各种属性的总称"，主要包括自然属性、社会属性和精神属性，三者的辩证统一构成了完整的人性结构。受生产关系、政治关系、伦理关系等制约，这决定了人性在社会发展的进程中也具有不断变化的特点。

　　人的自然属性指人作为自然存在物受自然支配的一切属性的总和。人像其他生命一样都是按照自然规律发展的结果，像其他生命一样在进行物理化学运动，具有物性；人作为一种生命体的动物，在进行着生命运动，也就具有一般动物所具有的动物属性。人的自然方面以及由此产生的人的欲望是人存在的物质基础，是人的一切活动和其他属性的前提条件。正如恩格斯所言："人来源于动物界这一事实已经决定了人永远不能完全摆脱兽性，所以问题永远只能在于摆脱得多些或少些，在于兽性或人性的程度上的差异。""人直接的是自然存在物。人作为自然存在物，而且作为有生命的自然存在物"，"具有自然力、生命力，是能动的自然存

在物；这些力量作为天赋和才能、作为欲望存在于人身上"[1]，"人是人的自然"[2]，人首先是自然的存在，然后才是社会的存在、理性的存在、文化的存在、伦理的存在。

人的社会属性指人作为社会存在物所具有的一切属性的总和。人的活动方式不同于其他动物，即以社会群居的方式生活，这就使人又具有一种新的属性——社会性。费尔巴哈提出，只有社会人才是人。[3]马克思认为，人既有自然性又有社会性，人只有在社会联系中才成其为人。他把人的本质定义为"不是单个人所固有的抽象物，在其现实性上，它是一切社会关系的总和"，"我们越往前追溯历史、个人，从而也是进行生产的个人，就越表现为不独立，从属于一个较大的整体：最初还是十分自然地在家庭和扩大为氏族的家庭中；后来是在氏族间的冲突和融合而掺杂的公社中。只是到了18世纪，在市民社会中，社会联系的各种形式，对个人来说，才只是表现为外在的必然性。但是，产生这种孤独个人的观念的时代，正是具有迄今为止最发达的社会关系的时代。人是最名副其实的政治动物，不仅是一种合群的动物，而且是只有在社会中才能独立的动物。孤立的个人在社会之外……是不可

1　中共中央编译局：《马克思恩格斯文集》（第 1 卷），人民出版社，2009，第209 页。

2　中共中央编译局：《马克思恩格斯文集》（第 1 卷），人民出版社，2009，第208 页。

3　［德］路德维希·费尔巴哈：《费尔巴哈哲学著作选集》（上卷），荣震华、王太庆、刘磊译，商务印书馆，1984，第 571 页。

思议的"。[1]

自然属性、社会属性仅仅是人性的起点，绝不是人性的全部，更重要的是，人还有道德属性。道德性体现在人与他人交往和人与社会发生关系时，总是存在依据特定行为规范而采取行动的倾向。道德性是人区别于其他动物所特有的和高出其他动物的属性，在道德伦理上，人的道德性不仅从内容上，而且从形式上也与动物截然区别开来了。荀子在《王制》篇中说："水火有气而无生，草木有生而无知，禽兽有知而无义；人有气有生有知，亦且有义，故最为天下贵也。"这就是说，人类之所以高出于禽兽，超拔于一般动物之上，就在于人知善恶，有道德感。"这一特点最主要的是利他，即对同样生活在一起的别人的尊重和关怀，对生活于其中的集体，乃至于全人类、自然界的关注，使自己的行为能与周围事物保持和谐，能对别人和所在集体的发展有所增益。"[2]道德性是在理性、感性或社会性的基础上并使三者有机结合的一种更高级的属性，其本质特征是利他性和文明性。

（二）几种人性假设

人性假设是对人的本质属性的一种预设。人与自然、人与社会、人与自我的关系问题的答案需要从人性中寻找，现实社会中

1　[德]马克思：《1844年经济学哲学手稿》，载中共中央编译局《马克思恩格斯全集》（第46卷），人民出版社，1979，第22页。

2　严存生：《道德性：法律的人性之维——兼论法与道德的关系》，《法律科学》（西北政法学院学报）2007年第1期。

的管理活动、制度设计、规则创新、法律规章等也无不以预设的
人性作为问题研究的逻辑起点，它们当中总是这样或那样地体现
着一定的人性假设。人类思想史上关于人性假设的理论层出不穷，
但真正在现实社会中产生重大影响并得到广泛应用的是一些具体
学科中关于人性的假设（见表1-2）。

表 1-2　几种经典人性假设

人性假设	基本内涵
经济人假设	亚当·斯密最早在《国富论》中提出了"经济人"思想，其核心是认为人类行为的目的是追求自身利益最大化。这一假设对工业社会产生了深远影响，西方整个社会的建构与制度的安排都建立在此基础之上。同时，人们发现在这种秩序下，个人追求自身利益最大化的同时存在"看不见的手"，它能无意识且有效地增进社会公共利益。这一假设及相关思想促进了科学管理理论的建立
政治人假设	亚里士多德在《政治学》中提出了"人是天生的政治动物"的思想。政治人假设认为，人是一种具有利益调整能力并追求友善合作的动物，总是倾向于结成政治性共同体。城邦公民生而平等，他们依照公平正义原则，直接参与和管理城邦事务。政治人假设发现了社会利益高度分化的阶级社会中人与政治的不可分割性，为人性之谜的解答做出了积极贡献。西方源远流长的人权理论便发源于亚氏的政治人理论
道德人假设	亚当·斯密在《道德情操论》一书中提出，每个人都是有道德的，具体表现为人都有同情心和正义感，人的行为具有利他主义倾向，追求集体利益最大化。斯密的道德人理论与先秦孟子的性善论大有相通之处。传统中国社会一直都把道德人作为社会顶层设计和制度安排的人性基础，道德人假设在中国传统社会产生的影响是显而易见的

人性假设	基本内涵
社会人假设	美国哈佛大学教授、管理学家梅奥基于"霍桑试验"提出了人际关系学说，进而在《工业文明中人的问题》一书中正式系统阐述了社会人假设。他认为"社会人"是处在各种社会关系之中并且具有各种社会需要的人，其在社会生活中不仅有追求个人报酬收入的动机，更有获得友情、安全感、归属感等需求。社会人假设强调人际关系、组织归属比经济上更能激励人的行为。从经济人假设到社会人假设的转变，无疑是管理思想与管理方法的一大进步
文化人假设	德国哲学家、文化哲学创始人卡西尔在其名著《人论》中提出了"文化人"的思想。1981年，美国加利福尼亚大学教授威廉·大内出版了企业文化理论开山之作——《Z理论：美国企业界怎样迎接日本的挑战》，提出了文化人的人性假设，认为人的心理与行为最终决定于价值观等文化因素。文化人假设发现了人的文化性这一深层性质，触及人性的深处，在现实中产生了深刻影响

显然，以上几种人性理论都是从单一角度认识人性的。如经济人假设突出了人的利己性；政治人假设突出了人的社群性；道德人假设突出了人的利他性；社会人假设突出了人的非经济社会性；文化人假设突出了人的文化嵌入性。这几种人性假设具有存在的合理性，但只是从人的某些行为中以点带面、以偏概全地推出结论，不可避免地具有理论上的片面性和实践中的误导性，因而它们也就难以被沿用。这几种人性假设在给社会带来较大积极影响的同时，也带来了一定程度的消极效应。因此，在充分肯定其价值的同时也要认真反思。

（三）法的人性假设

人是社会规则产生的逻辑起点，人性是社会规则构建的核心问题与灵魂所在。任何制度设计的背后都蕴含着对人性的深邃思考，任何时代的法律和法治都奠定在对人性的估值基础之上，不同的估值导致不同的社会控制方式。只有符合人类需求的法律才能为人们所遵循，背离人性的法律只能是废纸一张。法律本身的正当性有相当一部分在于它是否合于人性，在人性中求解数权立法的必要与必然，正如霍姆斯所言：“法律从人类本性的需要中找到了它的哲学。”[1]不重视人性的分析法学难以上升到法哲学的高度。在倡导“以人为本”的今天，考量法的优劣，更应以人性为尺度做出评判。所谓“良法”，应是有人性基础的法，其诉求的价值观念以及形成的法律秩序合乎人性，有助于人类的生存与发展。

现有的伦理和法律是建立在人性基础上的。“经济人的预设乃是民法的人性基础，民法正是以此为前提来规制市民社会活动者的行为并制定相应规则的。”[2]从中国古代的孟子、荀子到古希腊的柏拉图、亚里士多德以及近现代的霍布斯、卢梭等思想家都对法律与人性的关系问题有着独到而深刻的见解（见表1-3和表1-4）。对于人性的认识是对人的认识的重点，有的从人的自然属性去认识人性，有的从人的社会性去把握人性，有的从伦理角度看人性，

1　［美］伯纳德·施瓦茨：《美国法律史》，苏彦新译，中国政法大学出版社，1989，第134页。
2　易军：《个人主义方法论与私法》，《法学研究》2006年第1期。

有的则从阶级层面分析人性……进而得出关于人性的不同的结论。不同的人性论必然有不同的法律观，不同的法律观必然体现不同的人性论。"法是人的创造物，法与人性之间必然地具有这样或那样的联系，简直就是人性发展的产物。"[1]"对于一个法律时代的风格而言，重要的莫过于对人的看法，它决定着法律的方向。"[2]在不同的历史条件下，法的人性假设有所不同，不同的人性假设导致法律在不同阶段具有不同的特征。

表1-3 中国历史上"法的人性基础"思想

代表人物	基本观点
荀子	法是礼义的派生物，是为了更好地保障落实礼义于人们行为中而设计出来的一套社会制度
管子、王充、吕温、白居易	法是义理的一种派生物，是实现德礼教化之辅助手段。但他们普遍认为，法律虽不可无，但也不宜多，多了反而有害，主张"约法简章"
管子、荀子	法与制定者之间有着密切关系，是其人性的产物，也是其人性的一种表露。君主、圣贤应该是法的制定者，因为他们的人性是善的，是与天理直接相通的，因而在国家中他们是道义的楷模和捍卫者，他们有能力根据道义制定一套详细的礼和法
孔子	人性就是人的道德品性，其核心是"仁"，即仁者爱人，政者施仁政，而法律正是基于这一需要用强制的办法实现仁政的一种措施

资料来源：严纯生：《法律的人性基础》，中国法制出版社，2016。

1　卓泽渊：《法的价值总论》，人民出版社，2001，第85页。
2　[德]古斯塔夫·拉德布鲁赫：《法律智慧警句集》，舒国滢译，中国法制出版社，2001，第141页。

人们对事物的认识因时代变迁、文化差异而有所不同，但这种不同大多只在语言表述上，在基本内涵或研究视角上是何其相似。关于这一点，在研究中外历史关于"法的人性基础"这一命题时更是得到了佐证。在论述人的构成及其相互关系时，中外学者都把人分为理性和感性两个方面，前者使人从善，而后者使人作恶。在论述人性时都分为几个层次，即生而有之的自然属性和后天习得的社会属性。在对法的认识上也基本相同，都把法理解为社会状态下的行为规范和治理工具，但在法的根源和本性认识等方面不尽相同。中外历史上关于"法的人性基础"的思想探索给我们留下了深刻启迪，值得深入探究并加以批判地继承，把这一命题的研究不断向前推进。

表 1-4　西方历史上"法的人性基础"思想

流派	代表人物	基本观点
自然法学	亚里士多德 西塞罗 格劳修斯 阿奎那 罗尔斯 霍布斯	人包括两个方面：理性和感性。前者使人从善，后者使人作恶。理性和社会性是人区别其他动物的特别之处，也是人的本质所在，而法律正是体现和促使这种本性得以实现的社会制度；自然法就是道德律，法律必须有道德性

流派	代表人物	基本观点
哲理法学	康德 黑格尔 拉德布鲁赫	早期哲理法学继承了自然法学的基本传统，即仍然从人的道德性寻求法的基础，也仍然使用着自然法概念，所不同的是他们已不再把自然法视为一种实际存在的东西，而是理解为一种应然法或哲学上的法，即法的原理；晚期哲理法学也把法与人性联系起来思考，所不同的是利用了发展的观点对人性进行动态的分析，认为人性是发展变化的，不同的时代有不同的人性或人的原型，法律基于人性，因而不同的时代有不同类型的法
—	斯密 休谟	人在本性上虽然是自私的，但由于人必须生活在社会中，其成功有待于与别人交往与合作，而这一过程会使他们建立起友谊，从而对他人产生同情心和怜悯心，并因此产生各种美德。这类美德有高下之分，高者进一步发展就是完美的人性；低者即正义，它是社会秩序赖以存在的基础，因此对它的维护实属必然，维护的方式就是对不义者予以惩罚，而法律就承担着这一任务。人的知觉就是人的一切，人的知觉有快乐和痛苦两种，因而人活动的规律就是"避苦求乐"。为了维护社会的稳定和繁荣必须遵守一些准则，进而产生了政治权力和法律
功利主义法学和分析法学	边沁 奥斯丁	法基于对人性的认识和利用其"避苦求乐"的本性，用奖、惩两种办法促使人们做符合道德要求即有利于"最大多数人的最大幸福"的事情。法律根源于人的功利本性
社会法学	庞德	法律虽然基于并服务于人们追求功利的目的而产生，但着眼点并不在一时一地的个人功利，而在于能包容各种社会利益，法律要以这种利益为标准衡量和规范其他利益

续表

流派	代表人物	基本观点
经济分析法学	—	人在本性上都是"使自我满足最大化的理性主体",人以追求功利为目的。而法律也是根据这一原理,以效益为价值取向,用加大或减小交易成本的方法,调节人们的行为,使他们选择有社会效益的行为
政治自由主义者	哈耶克	法律从本质上说是一种能产生社会秩序的社会规则,社会秩序的自发性决定了作为社会规则的法律也是通过个人之间的互动自发形成的,而不是由人自觉制定的
—	马克思恩格斯	人是一种享有某种自由的社会实践性动物,法是与这一本性相适应的人的活动规律,而法正是社会中的管理者基于对此认识而为人们所制定的行为规则,它体现着社会广大成员的集体意志

资料来源:严纯生:《法律的人性基础》,中国法制出版社,2016。

需要说明的是,只有对法律背后隐藏的人的形象有清晰的定位,才能够理解法规制度的实质。同样,只有对法律背后的人的形象进行符合逻辑规则的归置,我们也才能够了解不同法域中人的形象为何不一。在法学研究中,我们重视法律现象的客观评价,但忽视人的形象的剖析与审视;我们注重法律规则的技术分析,却无视规则与人性契合的法意与情理;我们关注法律制度的宏大口号,而很少解构制度发展与人性发展的和谐与统一。这种不重视人性的分析法学,至多是一种规则或技术之学,难以上升到法哲学的高度,更无法建构贯穿于始终的基础法理。随着数权理论研究的逐渐深入,思维的触须必然伸向具有终极意义的人性问题。

数权制度作为规制数据行为的准则，其权威性、有效性、合理性的前提与基础必须从人性出发。法学研究与立法活动必然要对所规范的对象做出某种预设，进而基于这种对人的预设创制某种制度、规范和法律。数权立法也需要对其所欲规范的人进行预设，人性预设的缺失可能使"数权法"成为"无用的法"甚至"恶法"。

第二节　数据人假设与利他

　　数化万物，数据定义万物，数据连接万物，数据变革万物。所有的人和物都将作为一种数据而存在，数据取代物理世界的行为成为人格的标识和标签，整个社会生产关系被打上数据力与数据关系的烙印。"数据化不只是一种技术体系，不只是万物的比特化，而是人类生产与生活方式的重组，是一种更新中的社会体系，更重要的是，更新甚或重构人类的社会生活。"[1]从某种意义上说，人有两种存在，即自然人存在与数据人存在；有两种生活技术，即生物技术与数据技术。自然人存在正遭受基因技术的改造，这是一种生活技术。数据人存在即社会学存在以一定的技术及其关系为前提，社会交往依赖技术，基本的交往技术就是数据技术。我们已经对数据形成了难以摆脱的依赖性，一场以人为原点的数据社会学范式革命正在悄悄进行，这场革命将人类社会带进一个权力与权利重新组合、隐私

1　邱泽奇:《迈向数据化社会》，载信息社会50人论坛《未来已来:"互联网＋"的重构与创新》，上海远东出版社，2016，第184页。

与共享协同博弈的时代。这将深刻改变"人"的形象、内涵与外延，未来，人类社会很可能就会由"自然人""机器人""基因人"构成，我们把被数据化的自然人、机器人、基因人等统称为"数据人"。

（一）数据人假设的提出

法律上的"人"，即法律对人类形象的想象或设置，一直受到国外学界的广泛关注[1]。近年来，基于法律变迁的现实，国内学者对法律上的"人"的研究日渐深入，法律关于人的观念：在宪法上，呈现出从"身份的人"向"平等而自由的人"的转变[2]；在民法上，呈现出从"抽象人"到"具体人"的转变[3]；在环境法上，呈现出从"经济人"向"生态人"的转变[4]；在社会法上，呈现出从"原子化的人"向"团体化的人"的转变[5]；从法理的角度看，呈现出从"伦理人"到"科学人"的转变[6]。这些研究探寻了部门法中人的形象的变迁，但尚未揭示一般法律上的"人"的变迁脉络，从而不能解答法治建设中的一些难题。我们认为，法律上的

---

1 例如，德国拉德布鲁赫的《法律上的人》、日本星野英一的《私法上的人》、法国福柯的《规训与惩罚》等都对法律上人类形象的变迁做了细致分析和研究，阐释法律上"人"的演进特征。

2 喻中：《变迁与比较：宪法文本描绘的人》，《法商研究》2009 年第 5 期。

3 谢鸿飞：《现代民法中的"人"》，《北大法律评论》2000 年第 2 期。

4 何晓榕、陈泉生：《从"生态人"视角探析环境权理论》，《福州大学学报》（哲学社会科学版）2009 年第 1 期。

5 朱晓喆：《社会法中的人——兼谈现代社会与法律人格的变迁》，《法学》2002 年第 8 期。

6 沈寨：《从"伦理人"到"科学人"——以民法为例看近现代中国法律上的"人"的变迁》，《太平洋学报》2011 年第 8 期。

"人"呈现出了从"经济人"向"数据人"转变的特征。与此同时，人权形态正在被数字化重塑，人权观念也要建立在数字化的"数据人"基础上，这就需要确立全新的"数字人权"观，构建相应的人权保护机制，为"数字人权"提供法治化保障[1]。

经济人、政治人、道德人、社会人和文化人等假设无疑是深刻的，但还没有揭示更深层次的人性。人是几类人的综合，追求的是全面性和总体性。我们不能停留在"片面的深刻"，必须走向"全面的深刻"。不应否定这几类人的假设，也不应把这几类人的假说当作永恒的真理，而是要把人性假设作为一个不断发展的开放性体系来看待，从更加广泛的角度解读人类行为的合理性和必然性。因为"在大数据时代，在数据构成的世界，一切社会关系都可以用数据表示，人是相关数据的总和"[2]，而一切社会关系在本质上都是与数据的隐私保护和利他共享息息相关的数据关系。人的依赖关系被物的依赖关系取代[3]，人类、技术、数据的进化为把

1　马长山：《智慧社会背景下的"第四代人权"及其保障》，《中国法学》2019年第5期。

2　李国杰：《数据共享：大数据时代国家治理体系现代化的前提》，《中国信息化周报》2014年8月25日。

3　人的发展问题是马克思主义哲学关于人的学说的重要组成部分。马克思在《1857~1858年经济学手稿》中将人的发展过程分为人的依赖阶段、物的依赖阶段和人的自由全面发展阶段。"人的依赖关系（起初完全是自然发生的），是最初的社会形态，在这种形态下，人的生产能力只是在狭窄的范围内和孤立的地点上发展着。以物的依赖性为基础的人的独立性，是第二大形态，在这种形态下，才形成普遍的社会物质交换、全面的关系、多方面的需求以及全面的能力的体系。建立在个人全面发展和他们共同的社会生产能力成为社会财富这一基础上的自由个性，是第三阶段。第二阶段为第三阶段创造条件。"

"人"从其对现代社会"物"的依赖性中解放出来提供了新的现实可能性。马克思曾经预言，人类社会将经历三种主要形态，即从人对人的依赖到人对物的依赖再进步到人的自由而全面发展的社会形态。但是，以数据技术为代表的现代科技正在改变人类社会发展的轨迹，在人对人的依赖、人对物的依赖尚未完全消除的情况下，出现了人对"数"的依赖。数据已经渗透至社会生活的各个角落，并悄无声息地型构、塑造乃至改变人类赖以存在的社会形态和组织关系，改写人类的认知模式、行为方式、社会结构和资源配置，引领人类进入数字文明时代。

当前社会"正在迅速从一个在'汽车轮子上的国家'向一个在'网络空间中的国家'转变。这些变化都要涉及人们社会生活的'游戏规则'的改变，需要'变法'"。[1]这个时代，法律与算法、伦理与技术、规则与道德开始同构新秩序，法律场景正发生着深刻变化。对于"数据人"的本性，现有知识和理论模式、伦理和法律框架的解释力、生命力的缺乏暴露无遗。需要重新构建一种"善"的法律维度，以破解"权利优先论"所面临的困境；需要重新迎回一种"义务本位"的法律观，以解决"权利本位观"造成的"权利失能"问题。数据人假设的提出，为建构法律"善"的维度提供了理论前提预设，增加了大数据时代法律人性假设中的合理性因素。

数据人是人性在大数据时代的全新展现。历史表明，每一次

1　［美］劳拉·昆兰蒂罗:《赛博犯罪——如何防范计算机罪犯》，王涌译，江西教育出版社，1999，序言。

人性的演化都给立法观念及其价值追求带来前所未有的冲击。在私法时代，法律上的人是"经济人"。在对"经济人"利己性的反思[1]以及发现了人的社会性和利他性后，社会法诞生了。这无疑是法学史上的一次重大转折，但人性伴随时代不断变化、不断发展、不断完善预示着这样的转折绝不会成为最后的绝唱。当前，人与技术、人与经济、人与社会的关系不断深化、矛盾变得尖锐，全球性数据安全危机时有发生，人类再一次发现，拘囿于"社会人"等假设已不足以解决人与数据之间的矛盾，还必须在反思的道路上挑战和超越既有的藩篱和界限。"数据人"就是在反思道路上跋涉的新成果，它是人性在大数据时代一次全新的展现。

数据人假设的提出[2]，超越了传统的善恶边界，打破了限制数

1　经济学家们越来越认识到，经济人假设这种"定义式思维方式"在当代智能化、信息化背景下受到了严峻的挑战，其无法解释现实存在利他行为却又直接反证了利己性假设的缺陷。"我们应当直率地承认经济人假说的局限性和无能""无需否定但要超越经济人"（参见杨春学《经济人的"再生"：对一种新综合的探讨与辩护》，《经济研究》2005 第 11 期）。从经济哲学来看，理性利己教条在解释当代人经济行为问题上出现了难以解脱的困境，20 世纪市场经济的非均衡、信息非对称、不确定性问题频发，理性利己教条受到了质疑。此外，人类之所以能生存发展并创造灿烂辉煌的文明，正是因为人类并不是完全自私的，而是充满着对亲人、朋友乃至陌生人的利他情怀。可以说，如果没有人与人之间的利他行为，就没有人类发展的今天。

2　数据人假设的提出具有必要性与必然性：一是可以改变现有人性结构，由追求经济人、社会人人性转为追求数据人人性规范下的动态均衡人性结构；二是可以审视现有权利制度，创设适合数字社会发展的制度体系，以多元化人性体系构建数权制度体系，从而夯实规范人类数据行为及实现人类美好生活的根基；三是若没有数据人理论及观念的突破，不可能有与经济理论大厦相媲美的数权理论大厦的构建。

据共享的传统桎梏，强调人的行为关系与存在方式的利他化。"数据人"以利他与共享为底色，追求数据价值、创造数据价值和实现数据价值所遵循的基本原则是价值最大化，它的基本内涵是数据的合法保护与合理利用二者之间的平衡。与经济人的利己本性不同，数据人都是倡导共享精神的利他主义者。数据人假设既肯定不同利益主体逐利的合理性，又强调合作共享的必要性，顺应了数据力发展和数据关系革新的要求。故此，我们主张将数据哲学的人性预设为体现保护与利用相统一的"数据人"，以此作为数权理论分析的出发点和逻辑推理的前提。

法律的基点是个人，其对法律的需求与期待是不断变化发展的。"每一次的社会变革，都会发散出人的不同需求；每一次的时代变迁，也会使人们有不同的法律期待。所以，法律发展、进化的历史，在很大程度上就是法律上的人的形象不断发展变化的历史。"[1]法律人模式是对法律上的人进行的"素描"，是对法律上的人进行模式化和类型化而总结出来的一种法律人的形象[2]。在当前数据安全危机日益凸显、数权纠纷案件甚嚣尘上和构建数字文明社会的背景下，数据人模式作为法律人模式的演化发展方向具有必然性和必要性。数据人的法律场景是数权法的兴起，数权法是关于数据权属、数据权利、数据利用和数据保护的法律，其最大的意义在于"数尽其用、定分止争"。数据安全、数据权属等问

---

[1]　胡玉鸿：《"个人"的法哲学叙述》，山东人民出版社，2008，第16页。

[2]　吴贤静：《生态人的理论蕴涵及其对环境法的意义》，《法学评论》2010年第4期。

题的出现对数权法最大的贡献在于，数权问题成为法律必须调整的新的法律事实。在法律的范畴中，数权问题关注的不仅是有关数据权益的分配关系，也关注人对数据的利用、保护等关系。这两种关系不是传统法律人模式能够覆盖的。在数据安全危机全球蔓延和数权法应运而生的时代，传统法律对人的理解需要重新审视，法律上的人应该如何构建，法律人模式该如何演化，这是数权法学的理论任务。数权法的哲学基础是由人性奠定的，需要从人性中寻找制度的表达方式。我们的初衷就是基于法律上的人和法律人模式这个基础研究范式，阐释法律世界中一个全新的历史现象——数权法，并通过比较数权法上的人与其他法律人的异同解读数权法的基本精神、基本原理与基本制度。

当然，用任何一种模式都不免有使问题简单化的嫌疑，用"经济人"或"数据人"描绘法律上的"人"自然也不能涵盖法律的所有特征。事实上，现代法律上的"人"已经表现出了多重形象。未来，法律上的"人"或许主要是"数据人"形象，其他形象无非是对这一形象的修正或补充。法律对"人"的设想从"经济人"转向"数据人"，意味着法律要求人们按照一种全新的思维方式来生活。既然从"经济人"走向"数据人"是我们的主动选择，剩下的就是要让"数据人"从文本走向生活。

（二）数据人与利他主义

19世纪法国哲学家、伦理学家奥古斯特·孔德首次提出"利他主义"一词，他从人性的本能和本性出发抽象揭示了利他主义的合理性。"正如人们对思想有理性的要求，对行为同样有理性的要求，利他主义就是行为的理性要求之一。"[1]生物学、社会学、心理学、经济学等领域都对其进行了研究并从各自学科的角度对利他主义给予了界定。作为社会性动物，为了维持与增进合作，人类的行为就不能完全利己。因而，在任何时代都需要并在社会文化与制度建构中倡导利他精神，把利他行为视为一种美好而重要的价值，我们把这种价值称之为利他主义。利他主义在古代便已成熟，到中世纪则占据了统治地位，进入近现代仍有较大影响，代表人物主要有孔子、墨子、耶稣、康德等。从人性看，他们认为每个人的行为目的都能够达到无私利他的境界。从柏拉图的乌托邦到卢梭的社会契约论再到克鲁鲍特金的互助论，无不强调如果不受腐化[2]，人性的本质是善的。"我们应当成为更善的人"这一命令，仍毫不减弱地回荡在我们的灵魂中[3]。以儒家为代表的中国传统文化强调整体效应与利他主义，孟子就认为，每个人的自然属性中都具有利他的禀赋，每个人都拥有利他的能力。

人类的利他行为是生物进化与社会发展的综合结果。合作对人类而言如此重要，以至于"一个人尽毕生之力，亦难博得几个

1　Thomas Nagel, *The Possibility of Altruism*, Princeton University Press, 1978, p.3.

2　马克思、恩格斯多次指出，资本主义及以前的一切社会形态都违反人性，这就表明，在他们的心目中，人性原是人的优美善良的特性，只不过被私有制和阶级压迫所异化罢了。只有把人性理解为善，才符合他们的原意。

3　[德]康德：《单纯理性限度内的宗教》，李秋零译，中国人民大学出版社，2003，第33页。

人的好感，而他在文明社会中，随时有取得多数人的协作和援助的必要"。[1]合作深入社会经济生活的各个层面、各个领域、各个地域，贯穿了整个人类社会的发展[2]。斯密在《国富论》中不仅用制造别针的例子来说明分工的意义，还用了一些例子来表达合作的意义。比如，"日工所穿的粗劣呢绒上衣，就是许多劳动者联合劳动的产物。为完成这种朴素的产物，势必有牧羊者、拣羊毛者、梳羊毛者、染工、粗梳工、纺工、织工、漂白工、裁缝工，以及其他许多人，联合起来工作"。[3]西蒙把合作精神定义为社会包容、同情心、乐于助人以及热情道德等这些美德，通过这些品质，个体先牺牲了它的适存度，但由于这种利他主义行为增进了整个社会的平均适存度，社会反过来再鼓励这种利他主义行为[4]。汪丁丁等学者在介绍美国经济学家赫伯特·金迪斯等的最新研究成果的基础上进一步指出：人类的合作秩序是一直就有和普遍存在的，因为对每一个体而言，合作比不合作更好，所以合作不违反生物学和经济学的基本原理，每一个自私自利的个人都希望有合作，不希望不合作，合作意味着利己与利他并存[5]。合作是人类

1　[英]亚当·斯密:《国民财富的性质和原因研究》(上卷)，郭大力、王亚南译，商务印书馆，1997，第 13 页。

2　黄韬:《从经济人假定到合作人假定》，《经济体制改革》2009 年第 2 期。

3　[英]亚当·斯密:《国民财富的性质和原因研究》(上卷)，郭大力、王亚南译，商务印书馆，1997，第 11 页。

4　汪丁丁:《制度分析基础讲义》，上海世纪出版集团、上海人民出版社，2005，第 199 页。

5　汪丁丁:《制度分析基础讲义》，上海世纪出版集团、上海人民出版社，2005，第 204 页。

社会构成和存在的最深层基础，分工与合作使人类的行为都要以他人为手段、通过他人实现，可以说，利他是实现目的的有效途径。合作生合力，"这里的问题不仅是通过协作提高了个人生产力，而且是创造了一种生产力，这种生产力本身必然是集体力"[1]。

大数据时代下，必须树立利他主义理念。数字社会的关系结构决定了其内在机理是去中心、扁平化、无边界，基本精神是开放、共享、合作、互利。这些特征奠定了这个社会"以人为本"的人文底色，也决定了这个时代"利他主义"的核心价值。巨大的合作剩余孕育出利他精神，利他主义可以让人们走出囚徒困境的泥淖。利己与利他是辩证统一的，要想利己必先利他，只有利他才能更好地利己。[2]马云在一次演讲中指出，"人类正从 IT 时代走向 DT 时代"，这个时代的核心在于利他主义，"相信别人比你重要，相信别人比你聪明，相信别人比你能干，相信只有别人成功，你才能成功"。利己独占不如利他共享，利他是未来核心。

人性进化必然带来法的价值的变化。数据人代表了人性在大数据时代的一次全新呈现，它意味着"自我"演化为人与数据一体的"大我"，意味着利他精神不仅向现实空间扩展，还超越了人类范畴而惠及虚拟秩序。传统秩序是中心化、等级制、独占性的，

1　中共中央编译局:《马克思恩格斯全集》(第 23 卷)，人民出版社，1972，第362 页。

2　诺贝尔经济学奖获得者、美国经济学家米尔顿·弗里德曼有过精辟的概述:不读《国富论》不知道怎样才叫"利己"，读《道德情操论》才知道，"利他"才是问心无愧的"利己"。

新秩序将建构在去中心、扁平化、开放性基础之上，这决定了数据人的本质是利他共享。人性总会打上时代的烙印，随着时代的洪流演化和发展，人性必然会带动法价值的演化和发展。数据人所代表的人性在大数据时代的变迁，必然最终带来法的安全、共享和利他价值的变迁。

（三）利他主义的可能性

亚当·斯密在《道德情操论》中开宗明义地指出了人的利他本性，"无论人们会认为某人怎样自私，这个人的天赋中总是明显地存在这样一些本性，这些本性使他关心别人的命运，把别人的幸福看成是自己的事情，虽然他除了看到别人的幸福而感到高兴以外，一无所得"[1]。"虽然他们雇佣千百人来为自己劳动的唯一目的是满足自己无聊而又贪得无厌的欲望，但是他们还是同穷人一样分享他们所做一切改良的成果。一只看不见的手引导他们对生活必需品做出几乎同土地在平均分配给全体居民的情况下所能做出的一样的分配，从而不知不觉地增进了社会利益，并为不断增多的人们提供生活资料。"[2]"人性之中有一种隐秘地爱他人的倾向和趋势。"[3]利他主义并非虚幻，不仅是必要的，而且是可能的。

1　［英］亚当·斯密:《道德情操论》，蒋自强等译，商务印书馆,2015，第5页。

2　［英］亚当·斯密:《道德情操论》，蒋自强等译，商务印书馆，2015，第234页。

3　［英］弗朗西斯·培根:《培根论说文集》，水天同译，商务印书馆，1983，第36页。

现代社会明显存在三种情形的利他主义，即愿意花费自己的时间、精力和财富来换取某种即刻可见的他人利益、某种未来的他人利益和某种实际无效的他人利益。[1]

利他有利于人的全面发展。从马斯洛需求层次理论看，当人类处于较低的需求层次时，产生的往往是利己行为，但更高的需求则需要通过与他人合作共享才会得到满足。需求的满足需要一定程度的利他主义，"人的需要水平越高，共享本性的展开越充分"[2]，因而越是高层次需要的满足，越需要共享，越具有利他性。当低层次需要得到满足后，发展的需求会逐步提高到需要自我实现的层次，此时利己和利他的矛盾与冲突就会有解决的机会与可能。因此，当只追求最基本的物质需求时，追求个人利益最大化是合理的。但是一旦产生其他层次的需求，利己与利他就不再是彼此竞争的两个方面。在这个层面上，利己主义仿佛已经融入了利他主义。

人类社会需要利他精神。自古以来，人类都是相互依赖生存的，没有人是一座孤岛。正如马克思所说的，"只有在集体中，个人才能获得全面发展其才能的手段"。牛顿在总结自己一生的成就时曾说，"我是站在别人的肩膀上看世界的"，这其中隐含着个体（同学、朋友、同事等）之间的利他是不可或缺之意。在分工日益细化而又紧密相连的链条中，个体的利益都在满足他人、社会、

1　程恩富：《西方产权理论评析》，当代中国出版社，1997，第 151～161 页。
2　王天恩：《重新理解"发展"的信息文明"钥匙"》，《中国社会科学》2018年第 6 期。

国家的需要中得以实现。如果人人都只追求自身利益最大化而不顾他人，那么我们将陷入"霍布斯丛林"而无法自拔。社会互害的本质是过度利己主义的短视，如不加以规制，将会演化为互害型社会。但是，如果每个人都愿意为了他人利益而让渡自己的部分利益，一个"人人为我、我为人人"的社会才会成为可能。进入数字社会，必须强化利他行为导向，社会才能健康、有序、和谐和可持续发展。

全球数据治理面临的问题尽管给人类带来前所未有的数据安全危机与困境，但与此同时也显现出人类为摆脱这种危机与困境而选择"合作利他"策略成为必要和可能。哈佛大学生物学家马丁·诺瓦克认为："合作是进化过程中创造力的源泉，从细胞、多细胞生物、蚁丘、村庄到城市莫不如此。"人类在迎接全球治理新挑战的同时，必须找到新的合作方式，利他主义应是合作的基础。国家间只有彼此合作，奉行数据利益让渡原则，寻求不同国度、不同民族的特殊数据利益和人类数据命运共同体之间的契合或平衡，才能使各利益主体实现数据利益最大化成为可能。当然，各利益主体作为国际活动的行为主体，在一定时期内，在数据利益上也类似于追求利益最大化的"经济人"，其数据利益并不会在任何时候都能实现契合或均衡，背弃数据合作的行为屡见不鲜。为此，还须制定一套行之有效的国际数据治理规则对这种行为加以规范，使国际间数据合作得以长期持续。

如果人性只能是恶的，那么设计制度的人也必然是恶的，恶人不可能设计出好的制度。人完全有可能也有能力摒弃恶的成分，不断摆脱人性中的"兽性"以提高善性，至少可以避免作恶的可能性和趋向。人的社会性是利他性生长的土壤，其中合作的需要是利他性需要产生的直接动力。"一个经历了社会化过程的人不仅具有先天的利己动机，还具有一个经过后天价值内化而形成的利他动机，后天形成的利他动机会约束和重塑先天的利己动机。"[1]历史表明，随着社会的发展和文明程度的提高，人类野蛮、贪婪、自私等成分越少，而利他的心理、内心的法律、共享的理念等则成为生活的主旋律，人类走上了一条利他性主导的发展道路。在人类社会中，人人都以利他为行为准则是一种理想状态。当数据资源产品极大丰富可按需分配时，人们的公平、共享观念将深入人心，数据劳动成为一种乐生的手段，利他主义将会大大增长，人的利己性和利他性可以得到高度的统一。随着时代的变迁、社会的发展，利他的价值定会日益凸显，利他的文明之花必将绽放。

在阿奎那看来，法的目的是共同善。在进行数权制度设计时，要看到人性中的利他性，在压抑人性趋恶可能的基础上，调动、鼓励人性中的美好。利他性是数权法的人性基础，是制定和实施数权法的出发点和归宿点。作为调整数据权属、权利、利用、保护的法律制度和规制数据行为、维持数据秩序的基本规范，数权法的关键是要实现有效保护数权与促进数尽其用之间的平衡兼顾，维护公共利益和公共安全并促进个人数据的自由共享。因此，公民一定程度的数权让渡是实现合法保护与合理利用二者平衡兼

1　郭菁:《互惠利他博弈的人学价值》,《自然辩证法通讯》2005年第11期。

顾的关键，即数权法的立法目的是促进数据的流通利用，而不是用一张密不透风的法网束缚数据。正如拉德布鲁赫所言："法律制度所考虑的，不是要人们像哨兵一样时时刻刻目不转睛，而是要他们偶尔也能够无忧无虑地抬头观看灿烂的星光、盛开的花木和自在的必要性及美德。"[1] 利他性是数权法的人性基础或人性之维，其含义是数权法以利他为出发点，表达利他的要求，以利他为自己的主要内容并以利他所追求的最高目的——共享为自己的最高价值目标，它以塑造和提升人的利他性为主要目的。当然这并不意味着数权法不追求其他价值目标，如安全、效率、效益、秩序等，问题的关键是，不能以这些目标取代利他目标。

随着共享理念的深入人心，隐藏在人性中的利他性被一点点激发出来，数权法也因此在某种意义上扮演着利他性"助产妇"的角色，这必将促进利他主义精神的培养，"人类能够培养出真正的利他主义精神"[2]。数权法的制定意味着人类对人与数据之间的关系有了进一步的觉解。人们意识到，应按照最有利于促进社会整体利益的让渡原则，尽最大努力增进社会的数据福祉。对社会而言，通过创设制度以促进利他人性更加丰满，激励人们的利他精神，进而促进人与数据之间的关系更加和谐是社会的应有之义。将数权法的人性预设确立为数据人的理据在于：它既可以描述由

1　[德] 古斯塔夫·拉德布鲁赫：《法律智慧警句集》，舒国滢译，中国法制出版社，2001，第 9 页。

2　[美] 霍尔姆斯·罗尔斯顿：《环境伦理学》，杨通进译，中国社会科学出版社，2000，第 465 页。

数权法的社会性、利他性和共享性等基本属性所决定的相关主体理当呈现的全新人性观，也可以通过缓解或克服数据治理中的数据安全困境来指引数权法的科学建构与有效实施。这既是社会发展之必然，又是人类进步之所趋。

第三节　数权制度与数权法定

"重混"[1]是一股必然而然的改变力量，给当下的法律规则、权利秩序、伦理标准带来了前所未有的冲击。它不仅凸显了现存法律制度产品供给的缺陷，甚至颠覆了人们业已形成的法律认知。因而，把握社会结构本质、重构社会关系模型、阐释法律人性基础是确立重混时代基本法理、制度规则、伦理规范的重要前提。人类正在进入一个新的规制虚拟世界的法律重构阶段，传统法律的生成机制已经无法适应虚拟世界的法律化时代。这是一个虚拟世界的规则体系与现实世界的法律体系相互调适、多种形态的法律创建与变革的时代。数字文明为数权法的制度创设提供了革新动力，数权法为数字文明的秩序增进提供了存在依据。从农耕文明到工业文明再到数字文明，法律将实现从"人法"到"物法"再到"数法"的跃迁。

1　所谓重混，就是"对已有事物的重新排列和再利用"（参见［美］凯文·凯利《必然》，周峰等译，电子工业出版社，2016，第240页）。重混是一种混沌和秩序共生对立、相互转换的内部结构和运动过程，它不是旧方式与新方式的硬性混合，而是构成要素的整合与排列方式的重构。

（一）数据人的人格

我们正处在一个被数据人包围的世界。当数据人融入现代人类的生活场域后，不能对其视而不见。21世纪数字化、网络化、智能化背景下的数据力与数据关系必然要求不同于以19世纪的流水线和20世纪的自动化为规范对象的法理和制度。传统的法律制度尤其是法律主体制度，已受到或正面临前所未有的挑战。科技进步引致法律认知、法律规则的重构，并倒逼社会现实与法学理论重新审视人格制度[1]，探求有无必要赋予数据人法律人格。"法律的权利必须建立在人格之上，否则必与社会的福利相冲突。"[2]实际上，研究数据人有无法律人格的原理，是未来法律调整的核心内容。随着数据人社会化程度的日益提高，需要研究数据人的法律地位，以弥补社会发展同法律之间的裂痕。[3]美国乔治城大学法学

---

[1] 所谓人格，通常来讲就是人生而为人、与其他物种和形态有本质区别的主体资格，首先是一个哲学概念。后来在法学中，人格的概念多次演变和扩张，最终被确定为法律所确认的人所固有的人格利益，也就是人独立的、有尊严的享有权利、承担义务、实现人格自由的资格，并由此演变出了各种各样的具体人格权，是人享有其他民事权利、为民事行为的基础和前提。

[2] ［英］麦其维：《政治学》，陈启天译，中华书局，1946，第180页。

[3] 国务院发布的《新一代人工智能发展规划》指出研究相关法律问题和建立问责制度的必要性，明确将"建立人工智能法律法规、伦理规范和政策体系"作为战略目标，并提出以"制定促进人工智能发展的法律法规和伦理规范"作为推动人工智能健康快速发展的保障措施之一。除此之外，特别指出有必要积极参与人工智能全球治理，加强机器人异化和安全监管等人工智能重大国际共性问题研究，深化在人工智能法律法规、国际规则等方面的国际合作，共同应对全球性挑战，并且在全球范围内优化配置创新资源。在人工智能开发的规格、标准以及规制方式上与国际接轨，参与全球对话。加强人工智能相关法律法规的研究，明确人工智能的相关权利、义务和责任，重点和核心在于研究人工智能的法律地位。

院教授大卫·伏拉戴克教授以无人驾驶机器人致人损伤为例，提出法律如何对待机器人及其行为的法律后果如何承担问题，并认为机器人的法律地位是立法不得不面对的问题。[1]"随着智能机器人的发展，我们的宪法和法律可能需要修改或重写。"[2]

当前，技术正以指数级速度增长，未来的一切处于巨大的不确定性与风险之中，人类对此应该有所警觉。海德格尔在《技术的追问》中指出，现代技术已经不再是"中性的"，它作为"座架"控制和支配着现代人的全部生活，或者说已经成为现代人的历史命运。生物技术、智能技术的发展正在实质性地改变"人"，人正在被修补、改造和重组，人机互补、人机互动、人机结合、人机协同、人机一体正成为一种趋势。美国未来学家库兹韦尔断言，"生物智能必将与我们正在创造的非生物智能紧密结合"[3]，人与机器日益共生化或一体化，那么"共生体"是"人"还是"机器"？这个问题恐怕不容易得到一个确定无疑的答案。如果数据人在一定意义上是"人"，那么它是否享有人权等基本权利？是否具有与自然人一样的人格和尊严？是否应该确立为道德或法律主体并承担相应的行为后果？这类问题还有很多，并且新的问题正在不断涌现。"我们现在应该立即展开切实的讨论：相对于这些机器，我们的身份是什

1　David C. Vladeck, "Machines without Principles: Liability Rules and Artificial Intelligence", *Washington Law Review*, 2014（89）.

2　Phil Mcnally, Sohail Inayatullah, "The Rights of Robots", *Futures*, 1988（20）.

3　［美］雷·库兹韦尔：《奇点临近》，李庆诚等译，机械工业出版社，2015，第 X 页。

么？"[1]"究竟什么是'人'和人的本质，以及处理人际关系和人机关系的价值原则，都需要重新认识。"[2]库兹韦尔甚至预言，拥有自我意识的机器人将于2029年出现，并于21世纪30年代成为常态，它们将具备各种微妙的与人类似的情感。[3]面对这样的数据人，我们仍将其视为机器似乎有些不妥，因为它们已经没有了机器的味道。由于对数据人法律人格的讨论具有重要的理论意义和实践价值，学界提出了电子人格、虚拟人格、有限人格等各种学说，需要指出的是，相关探讨应当"为新兴技术的发育预留必要的制度空间"[4]。

虽然这些还只是猜测，但人类或许应该未雨绸缪，慎重对待人类最后一个可能的重大法律问题。[5]日本民法学家星野英一在分析法律人格的意义时指出："即使是人以外的存在，对于适合于作为私法上权利义务的主体的概念，也会得到承认。"[6]以色列历史学家尤瓦尔·赫拉利认为："人类法律已经能够认可公司或国家这种互为主体的实体，称之为'法人'。虽然'丰田'或'阿根廷'既没有身体也没有心智，但都受到国际法的约束，都能拥有土地和金钱，

1　[美]约翰·乔丹：《机器人与人》，刘宇驰译，中国人民大学出版社，2018，第 162 页。

2　孙伟平：《关于人工智能的价值反思》，《哲学研究》2017 年第 10 期。

3　[美]雷·库兹韦尔：《如何创造思维》，盛杨燕译，浙江人民出版社，2014，第 195 页。

4　王利明：《人工智能时代对民法学的新挑战》，《东方法学》2018 年第 3 期。

5　著名物理学家霍金表示，"人工智能或许不仅是人类历史上最大的事件，而且有可能是最后的事件"，"人工智能的全面发展可能导致人类的灭绝"。参见孙伟平《关于人工智能的价值反思》，《哲学研究》2017 年第 10 期。

6　[日]星野英一：《私法中的人——以民法财产法为中心》，王闯译，中国法制出版社，2004，第 21 页。

也都可能成为法庭上的原告或被告。可能在不久之后，算法也能获得这样的地位。"[1]不仅学界展开激烈争论，立法机构也走向前台。2017年欧盟议会法律事务委员会建议，在未来的立法中赋予最高端的智能机器人电子人地位，使其为自己的致害行为承担责任，并在自主做决定或独立与第三人互动时利用其电子人格。[2]俄罗斯紧随其后，在《格里申法案》第1条中，提出了赋予机器人"机器人—代理人"法律地位的建议，规定"机器人—代理人"拥有独立的财产并以之为自己的债务承担责任，可以以自己的名义取得并行使民事权利和承担民事义务。[3]综观世界各国，承认数据人主体性地位的做法主要有两种：一种是通过立法予以确定，如沙特通过立法授予机器人"索菲亚"沙特国籍；另一种是本国立法虽对其主体性地位缺乏明确规定，但是通过政策支持机器人发展并赋予其相应的法律地位。目前，我国并未通过上述任何一种方式赋予数据人法律地位，犯罪主体原则上仍是达到刑事责任年龄并具有刑事责任能力的自然人。如《民法总则》第2条规定，"民法调整平等主体的自然人、法人和非法人组织之间的人身关系和财产关系"[4]。

1　［以色列］尤瓦尔·赫拉利:《未来简史——从智人到神人》，林俊宏译，中信出版社，2017，第293页。

2　参见欧盟议会法律事务委员会"Report with Recommendations to the Commission on Civil Law Rules on Robotics"，2015/2103（INL），http://www.europarl.europa.eu/sides/getDoc.do?pubRef=-//EP//NONSGML+REPORT+A8-2017-0005+0+DOC+PDF+V0/EN。

3　张建文:《格里申法案的贡献与局限——俄罗斯首部机器人法草案述评》，《华东政法大学学报》2018年第2期。

4　尽管法人和非法人组织并非为自然人，但不能独立于自然人的"拟人化"实体，故仍具有自然人属性。

权利体系的结构从来都不是固定不变的。法律赋予不同主体以不同的法律人格、地位、身份、权利、资格和责任造成了社会演化的复杂性。法律主体的扩展反映了法律观念与法律价值的动态变化。从法律演化历程看，似乎没有理由怀疑未来法律主体的制度配置会扩展到数据人或网络空间中的新物种，不过是法律体系和社会系统根据自身需求而创设。在法律主体概念建构史上，奴隶解放、平权运动、女权主义、劳工组织、法人制度以及有关胚胎、植物人、基因编辑婴儿的法律争议，包括公益诉讼和集体诉讼引发的新型权利诉求，都不断突破着现代法律主体理论，显示了法律人格概念的历史性和可塑性[1]。法律主体从"人可非人"到"非人可人"的变迁，体现了法律主体资格逐渐开放的趋势。[2]正如历史上曾经站上被告席的老鼠、宗教异端和巫婆，未来的数

---

[1]　余成峰：《从老鼠审判到人工智能之法》，《读书》2017 年第 7 期。

[2]　例如，美国联邦法院曾审理了一桩以拜拉姆河的名义起诉岸边的一家污染企业的诉讼案，赛拉俱乐部法律保护基金会和夏威夷杜邦协会代表仅存的几百只帕里拉属鸟提出过一份诉状，法官威廉姆斯·道格拉斯在其发表的题为《树林应有诉讼资格：自然体法律权利》的论文中指出："既然法律可以赋予不能说话、没有意识的国家、公司、婴儿、无行为能力的人、自治城市和大学等法律资格，可以设定它们的保护人或代理人，为什么法律不能赋予自然体以法律资格？"意大利一名老妇人弗朗哥·弗兰西生前留下遗书，将其财产的 50% 即 100 多万欧元遗产赠与自己的爱犬，这使后者成为意大利史上首只身价百万欧元的狗。与此类似的还有身价 2.246 亿英镑的牧羊犬贡格尔四世、坐拥 5300 万英镑的黑猩猩卢卡、身价 1566 万美元的猫咪托马西诺……以上例证说明民事主体随着社会的发展已经突破了自然人的局限，众多非自然人实体基于立法者的需要也被逐渐赋予了法律上"人"的资格，取得民事主体地位，"非人可人"的趋势日益加强，这因此也为数据人这种类人的存在获得民法上的法律资格提供了解释空间。

据人也许会以被告、原告甚至法官、律师和公证人的身份参与新的规则。有人说，动物尚且享有一定的权利，具有意识和情感的数据人与自然人正变得难以区分，其是否应该被尊重？法国启蒙思想家卢梭在《论人类不平等的起源和基础》一书中就提到，动物应该享有自然赋予的权利，人类也有义务维护这一点。功利主义学说奠基人边沁也是倡导动物权利主义的学者之一，他在为扩大动物法律权利的必要性所做的演讲稿中写道："这一天终将到来，人类以外的动物将重获被人类暴政剥夺的权利，这些权利从来不应剥夺。"参考动物权利主张，我们或许可以推论出数据人拥有权利的正当性。

　　未来，法律主体的范畴也许会扩大，突破生物意义上"人"的界限，物种可能不再是被赋予权利的首要障碍。法律制度应该遵循权利主体的演进逻辑，"对机器人的权利主体地位持开放态度，并且否认物种差异构成法定权利的技术性难题"。[1]未来的法律秩序很可能通过创设各类法律人格面具，无论是数据人还是"其他人"，都可能取得法律关系的"权利束节点"，都可能在未来的立法考量和司法实践中成为法律关系的某个分布式节点，而配置出一种新的人格位阶参与法律过程。"尽管可能会对旧有的法教义学体系产生重大的冲击，但具有适应社会发展的正向功能性。"[2]数据人的发展是必然的，而对于数据人发展的法律规制同样是必

1　张玉洁：《论人工智能时代的机器人权利及其风险规制》，《东方法学》2017年第6期。

2　周详：《智能机器人"权利主体论"之提倡》，《法学》2019年第10期。

需的。对数据人的规制，依赖于法律的体系性调整与制度性安排，确保其发展运行在合理区间。以上描述的一切都在说明：对数权、数据人的适当规制，建立相关法律和道德规范的秩序，此其时也。

（二）数权制度体系

人类总是以需求为中心进行必要的制度设计。数权制度体系是数据资源权益保护的重要依据和基本遵循，作为一种新权益，亟须构建一套数权制度体系与运行规则。目前，理论界和实务界对于"数权制度"尚未形成"通说"，在相关具体问题上依然存在分歧。但已意识到现有数权法制在理论基础、体系构造、实践适用等方面存在问题，并认为"小修小补"的方式无法弥补其缺陷与不足。在全球新一轮科技革命和产业变革孕育发展背景下，域外数据保护制度已经进入新一轮修法阶段。我们应当着眼研究数权制度的总体设计，否则，在微观上无论如何细致地分析某一种数权，最终不免都是一些精致但无法装配的零件。因此，亟须考虑创设符合现代社会发展趋向的数权制度体系。当代社会中数权关系的混乱无序和缺乏规则是应确立数权制度的直接要求，数权归属与数据利用的高度分离是数权制度应确立共享制度的根本理由，互利是共享制度能够独立存在的现实基础。

法律制度是社会理想与社会现实的协调者，或者说它处于规范与现实之间难以明确界定的居间区。数权制度更是如此。其意义不仅在于维护和实现正义，而且在于致力于创造秩序，即通过数权关系和数权规则结合而成的且能对数权关系实现有效整合、调节和保护的制度安排，最大限度地降低数据交易费用，提高数据资源配置效率，这就要求我们围绕数权构建一套制度体系。一是数权法定制度。所谓数权法定制度是指从制度层面，通过对数权的内涵、外延、实现程序、灭失过程和救济途径等进行法律的规定和描述，使数权的实现变得有法可依。数权法定制度的确立有助于实现从应然数权向法定数权、实然数权的转变。数权作为人类生存和发展的一项基本权利，要上升为法定数权，其本身应是正当合理的利益诉求，要符合现实的体制要求与价值取向。二是数据所有权制度。数据所有权是一种对数据享有最完全的支配权，构成了数权制度的核心，主要包括控制权、使用权、收益权和共享权四项权能，在一定的条件下可以发生分离。数据所有权制度是指从制度层面将数据归依于特定主体，使前者处于后者支配之下的归属形式。数据所有权制度突破了传统"物必有体"的局限，同时对所有权的封闭排他结构和"一物一权"原则予以缓和，既有助于保护数权主体的权益，又能促进数据在整个社会范围内的共享和利用。三是用益数权制度。用益数权是为解决数据的所有与需求之间的矛盾而产生的，是在一定条件下对他人所有的数据进行使用和收益的权利。用益数权是一种他数权，是一种被限制的数据所有权。用益数权的内容是对数据使用价值的支配，可以具体化为控制、使用和收益三项权能。用益数权制度是数权从支配走向利用的产物，有助于更好实现数权的价值。它是所有权的一种实现方式。四是公益数权制度。公益数权是行政主体为保障和增加公共福利，而在其提供或管理的公益数据上设定的公法性权利的总称。它是一种被让渡的用益数权，客体为公共数据，而主体包括政府等行政主体和社会公众。从以政府为代表的行政主体看，公益数权的权利类型包括数据采集权、数据发展规划权和数据使用许可权等；从公众主体角度出发，公益数权的权利类型包括数据知情同意权、数据修改权和数据被遗忘权等。五是共享制度。数权的本质是共享权，共享制度关注的主题是数据的个人权益与公共利益的平衡问题。共享制度对以往"重私利、轻公益"的数据观进行了矫正，提出并倡导了一种私利与公益相平衡的数权观。同时，数据的个人权益与公共利益的平衡也构成了数权制度创新与安排的根本问题，共享制度将数据私利与公益的公平分配作为核心原则，为协调不同数权利益主体间的冲突与矛盾提供了价值依据。这五大基本维度是基于数尽其用、安全防范等价值目标而确立的个人数据保护制度。但个人数据保护不能只考虑私权的保护，需要超越"同意"或"知情"模式，兼顾对产业发展和社会公正更加开放、包容和友好的态度，保持规则的动态和弹性，更好（但不是更多）地通过自下而上、分布式的规则产生机制，建立起更加符合特定价值目标的配套制度，形成更加符合现实需要的数据保护制度体系。

当前，数权问题实际上已集中体现为归属与利用两个方面。因而，数权制度的框架基本可以由数权归属制度和数据利用制度构成，这不是一个简单的统一数据利用法律制度的问题，而是对传统价值理念的革新。沿着构想的逻辑理路，必然走向新的数权观与新伦理，必然产生新的数权运行机制。"按照法律体系构造的基本原理，法律规范之间的组合总是受制于特定的体系概念，不同法律规范之间必须具有一定的协调性和互补性，不得存在矛盾与冲突"[1]，这是数权制度体系建构的重要内容。于立法者而言，功能性概念、一般性原则、类型化构造对于数权制度结构体系建构具有重要意义。基于体系化变革，有效运用功能性概念、原则性规范、类型化区分等"工具"建构数权制度并做出妥当安排，优化数权规范的内在逻辑与体系关联。

虽然目前的研究尚未达到出具一个成熟数权制度具体方案的程度和阶段，但数权制度的研究大有可为并且是能够建构起来的。在发生大量数权纠纷的现实下，明确数据权属[2]、数据权利[3]、数据

1　夏小雄:《公司法现代化:制度改革、体系再造与精神重塑》,《北方法学》2019 年第 4 期。

2　数据确权是数权保护的逻辑起点,是建立数据规则的前提条件。不同类型的数据有不同的权属,处于生命周期不同阶段的数据也有不同的归属。在立法中划清数据的边界,包括政府数据的开放边界、企业数据的商用边界以及个人数据的隐私边界。

3　数据权利是数权立法的重要组成部分,一部没有权利内容的法律无法激起人们对它的渴望。在立法中,应当赋予数据主体相应的权利,如数据访问权、数据更正权、数据被遗忘权、数据可携带权、数据使用权、数据收益权、数据救济权等。不仅要有数据的所有权人控制、使用、收益等权利的规定,也要有他人利用数据的权利的规定,如用益数权、公益数权、共享权等。

利用[1]和数据保护[2]的性质、地位、内容等不仅必要，而且有现实材料可供分析、研究和反映。在我国，各界已从不同角度、不同层面就数权制度进行了深刻探讨。立法层面，有关规定已散见于相关部门法中，但尚无任何一部法律冠以数据保护之名。从"数据已成为国家基础性战略资源"层面看，在制度上还缺乏全局性的通盘考虑和战略上的总体设计。数权法制现代化不是一个制度或某个方面的局部优化，必须从根本上促成数权制度的整体调整，让各种制度、各个环节产生协同效应，使之既符合内在体系逻辑，又适应外部实践需求。此外，积极吸收人类法律文明成果，合理借鉴国外数权制度有益经验、内容、机制等，使数权制度成为新历史条件下法律制度的重要组成部分。

（三）数权法定缓和

物权法定原则被认为是"物权法构造重要支柱之一"[3]。与其他

---

1 数据的价值在于利用，在坚持数尽其用原则下，开发数据商用、政用、民用价值，催生全产业链、全治理链、全服务链"三链融合"的数据利用模式。数权规制的目的是维护公共利益和公共安全而促进个人数据的自由共享，因此，公民须让渡一定程度的数据权利。在立法中，力争以一定的标准实现合法保护与合理利用二者之间的平衡。

2 保护责任是法律、法规、规章必不可少的重要组成部分，如果一部法律缺乏保护责任的规定，该法律所规定的权利和义务就是形同虚设。数据采集、存储、传输、使用等环节都需要强化安全治理，防止数据被攻击、泄露、窃取、篡改和非法使用。此外，数据事关国家安全和国家权益，需要在国家层面对数据主权另行保护。

3 谢在全:《民法物权论》，中国政法大学出版社，1999，第40页。

法律领域一样,数权法也要遵循一些基本原则[1],虽然未来数权立法中可能不会明确提到这些原则,"但它们却是立法的基础并且影响到法律的适应和法律解释"[2]。数权法定在确认数权归属、调整数据利用等方面具有其他原则无法替代的作用,在数权制度结构体系中处于中枢地位。可以说,没有数权概念就没有数权法定主义,没有数权法定主义就无法建构数权法体系。此外,建构数权制度体系应坚持理论建构和实践探索相统一。理论体系是建构数权制度的思想指导和价值引领,明确基本原则和目标取向,缺乏理论引领的数权制度会失去灵魂、迷失方向。数权制度体系的构筑是一项复杂的系统性工程,既需要理论体系的精神滋养,也需要运行机制为其提供操作框架和实践内容。在明晰理论体系与运行体系的同时,凝练提升数权制度建设实践中的具体工作方法并及时将成熟经验上升为制度规定,其价值追求在于形成有效的制度供给,为数权立法提供科学的方法体系保障。

数权的实现关键在于从应然到法定再到实然的转化。数权法定是指数权的种类与内容必须由法律进行规定,不能由法律之外的规范性文件进行规定。所谓数权种类法定,是指数权的类型必须要由法律进行规定,当事人不得设立法律所不承认的数权类型,

---

1 "法定主义"是指法律所规定的内容必须严格遵行的立法主义。就刑事法律而言,最重要的莫过于"罪刑法定主义";在民事法律领域,最重要的莫过于"物权法定主义"。

2 胡绪雨:《物权法定主义价值演进与合理性分析——我国物权法的制定是否应当坚持物权法定原则》,《法学论坛》2006年第2期。

且不允许通过相关约定改变相关法律规定的数权类型。数权种类
法定的目的是以法律的形式确定哪一类权利属于数权，哪一类权
利不属于数权。而数权内容法定包括两层含义：一是数权的内容
必须要由法律进行规定，相关方不得规定与法定数权内容不符的
数权；二是当事人不得做出与数权法定内容的强行性规定不符的
规定。[1]此外，在法律对数权类型、内容、取得方式等方面进行强
制规范、直接规定，从而完成该类数权形态制度设计的同时，应
坚持一些基本的价值和理念。

　　所有权与使用权相分离。随着数字化、网络化、智能化时代
的到来，所有权制度[2]面临前所未有的挑战。在工业经济中，所有
权内部的支配权与使用权是一体化的。[3]马修·英格兰姆撰文称，
音乐和视频的数字化为人类带来了很多便利，现在亚马逊的"借

1　龙荣远、杨官华：《数权、数权制度与数权法研究》，《科技与法律》2018 年
　　第 5 期。

2　所有权在法律上的意义可以从一个历史典故中找到答案。这个典故来源于
　　《商君书》，这是商鞅给秦国国君讲的一个故事："一兔走，百人逐之，非以
　　兔可分以为百，由名之未定也。夫卖兔者满市，而盗不敢取，由名分已定
　　也。"这个故事里商君让秦王思考，为什么山上有一只兔子，几百个人都去
　　追赶，然而市场上一只笼子里的兔子，大家都不会去碰？答案就是因为山上
　　的兔子所有权未定，所以大家都去抢夺；但是笼子里的兔子已经有了确定的
　　所有权，任何人不能随便拿他人的兔子，否则就构成了侵权。这个历史典故
　　说明所有权在确定社会秩序方面的基本功能。总体来看，所有权确保的社会
　　财产秩序，是整个社会秩序的基础，治理国家要从建立明确的所有权开始。
　　参见孙宪忠《民营经济所有权研究的六个问题》，《财经法学》2019 年第 5 期。

3　姜奇平：《数字所有权要求支配权与使用权分离》，《互联网周刊》2012 年第
　　5 期。

阅图书馆"功能又将这一趋势带入了图书行业，但这一转变并不一定总是好的。首先物理介质将逐渐消亡；其次它改变了用户与购买内容的关系，我们买到的将不是内容的所有权，而是短期使用权。这里指出了一个重要的现象，在数字化时代，所有权（实际是所有权中的支配权）与使用权正在分离。[1]当前已存在两权分离的广泛实践，尽管大家还在研究数据所有权的法律结构，但是事实表明：数据所有权并不重要，重要的是谁有权使用数据，能够产生怎样的价值。"全球经济都在远离物质世界，向非实体的比特世界靠拢。同时，它也在远离所有权，向使用权靠拢；也在远离复制价值，向网络价值靠拢；同时奔向一个必定会到来的世界，那里持续不断发生着日益增多的重混。"[2]

数据所有权即自数权，是一种完整的、充分的数权。其他数权是一种不完整、不充分的数权，是数据所有权某些权能与所有权分离的结果。数权的价值化使得数据主体对数据的支配转化为价值支配，这拓展了数据的利用方式，提高了数据的利用效率。划分数权归属不是目的，而是为数据利用提供制度便利，以激励

---

1 早在 2000 年，杰里米·里夫金就在《使用权时代》里写道："摒弃市场和产权交易，从观念上推动人际关系以实现结构性转变，这就是从产权观念向共享观念的转变。对今天的许多人来说，这种转变是难以置信的，就如 500 年前人们难以相信圈地运动、土地私有化以及劳动会成为人与人之间的财产关系一样。25 年之后，对于越来越多的企业和消费者来说，所有权的概念将呈现明显的局限性，甚至有些不合时宜。"转引自［美］杰里米·里夫金《零边际成本社会》，赛迪研究院专家组译，中信出版社，2017，第 241 页。

2 ［美］凯文·凯利：《必然》，周峰等译，电子工业出版社，2016，第 242 页。

和发挥数据利用者创造价值的能动性。"以用为本"的权能分离日益普遍，这一趋向势必动摇数权归属关系的所有权中心地位，数权的重心必然由所有权向他数权偏移。数权制度演示出一幅"从归属到利用""从所有权到使用权"的图景，所有权的绝对性越来越受到社会公益和国家公法的限制。在他数权与自数权的相对关系上，必然呈现出一定程度的他数权优于自数权，强化利用人法律地位，促进数据的利用权利向能够有效利用它的人手中转移的趋势。数权制度是促进数字经济发展的重要制度因素，对归属与利用的安排、效率与公平的实现具有重大影响。显然，数权制度若过于强调归属，就有可能阻碍利用，影响效率；过于强调效益，就有可能动摇归属，危及公平。过于强调自数权，就会形成对他数权的威压；过于强调他数权，就会形成对自数权的抑制。因此，建基于归属与利用、效益与公平价值之上，在自数权与他数权之间确定度的平衡，催生新数据秩序是数权法定原则的核心内容。

英国法学家梅因认为，使法律与社会相协调的手段有三种，即"法律拟制""衡平""立法"。[1]对物权法定主义的克服，也大体体现出法律发展的三种方式。[2]面对新生的数权，"最佳因应之道，乃尽速立法"，还数权以本来面目，使数据关系的本质要求与

1　［英］梅因：《古代法》，沈景一译，商务印书馆，1995，第15页。

2　法律拟制主要是通过对法律条文的解释，以达到法律与社会的协调。衡平的方法在民法系的国家里表现为一般原则对具体规范的指导作用，这些原则作为民法一般条款的运用，具有克服成文法局限性的作用。对于社会发展中新出现的权利类型，通过及时的立法承认，可以缓解物权法定制度的僵化。参见杨玉熹《论物权法定主义》，《比较法研究》2002年第1期。

法律规定统一起来。数权法定是数权法的重要原则，如果僵化适用将无法适应发展需要。因为立法时无法预见未来社会发展的需要从而制定出无所不包的数权制度，如果严格遵循难免会使法定的数权制度与社会脱钩。特别是在实践中出现的一些数据利用的新形式，却因数权法定的限制而无法及时上升为数权，对于产生的数权纠纷也无法解决，容易造成社会失范与失序。数据关系会越来越复杂，数权制度不可能对各种数权做出详细的规定，因此，也不能完全依赖立法对数权予以承认。这就是说，我们在规定数权法定原则时，一方面需要明确数权法定原则，另一方面需要兼顾数权法定的强行性和开放性，使这一原则保持一定的弹性，从而能够适应不断变化的客观世界。因为，任何体系都不是封闭的、终极的，数权也一样。

第二章

数据权

科技进步不断地扩展人们对权利范畴的探索，随之深入以后，不仅仅是对人们权利意识的开拓，更是对传统权利领域的变革。一个新的既有别于物又超越了人的东西开始进入法律关系的视野，这就是"数"。"数据不仅可以成为法律调整的对象，还可被权利化为新的权利形态，当前面临的问题是选择何种元概念作为数据确权所使用的概念。"数权的提出恰恰脱离了以人格权、财产权等传统学说为逻辑起点的数据权属定位，在整个权利体系中具有独立的地位，包括数据权、共享权和数据主权。数权具有私权属性、公权属性和主权属性，分别表现为"数据权利""数据权力""数据主权"。数据权利与数据权力往往是相互对抗、博弈和制衡的存在。按照类型划分，数据权通常可以分为个人数据权、企业数据权和政府数据权。因而，界定不同类型数据，探讨合理的数据权属安排形式，并分析相应数据法律保护体系，以寻求一种平衡显得十分必要。

第一节　数据的权利与权力

权利属于法律的范畴，而权力是政治的概念。引入"权利—权力范式"，有利于法学学科就数据法律问题研究涉及的基本概念达成共识，进而以相适的概念体系、观察视角和研究方法等来解释和解决数据法律问题。[1]人类社会正在进入以数据生产力为主要标志的新阶段，人们开始重新考量人与数据的关系，考虑数据的权利与权力问题。数据既是一种权利范式，也是一种权力叙事。具体而言，数据是一种新的生产要素、一种新的创新资源、一种新的组织方式、一种新的权利类型、一种新的权力体现。对数据的利用成为财富增长的重要方式，对数据权利的保护及数据权力的限制成为数字文明的重要特征。

1　文禹衡：《数据确权的范式嬗变、概念选择与归属主体》，《东北师大学报》（哲学社会科学版）2019 年第 5 期。

（一）从数到数权

1. 数是万物的本源

数是人类在认知客观世界前形成的观念。在人类采集、狩猎等生产活动中，通过对不同类事物的比较，数的概念开始萌芽。"逐渐认识到事物之间存在某种共通的特征，即事物的单位性，同时也意识到非同类事物之间数量的其他共同特点，如在数量上相互间可以构成对应的关系，这种非同类事物所共有的数量的抽象性质，就是数。"[1] 哲学家罗素对数的抽象性总结道："仅仅在文明的高级阶段上，我们方能以一串数（自然数串）作为我们发现的起点。"[2] 早在古埃及、古罗马和古代中国，人们开始用数来诠释世界的法则和关系，并逐渐产生用数进行贸易往来和计数统计等行为。

"存在于人脑中的数的观念，是人类对世界本源追问与反思的最初尝试"[3]，这是毕达哥拉斯学派"万物皆数"的哲学源头。毕达哥拉斯将数上升为具有本体论意义的万物始基，认为数不是质的规定，而是渗透到所有物质中的一种属性，是一切事物的共同属性。事物的质会消失，而数却无始无终，它可以解释万物、承载万物、掌控万物。"万物皆数"所理解的数不仅只是普通计算方式，

1　刘红、胡新和：《数据革命：从数到大数据的历史考察》，《自然辩证法通讯》2013 年第 6 期。

2　[英] B.罗素：《数理哲学导论》，晏成书译，商务印书馆，1982，第 8 页。

3　高剑平、齐志远：《大数据与当代社会秩序重建》，《自然辩证法研究》2019 年第 5 期。

还包括由数出发对万物的理解。它寻找到万物共同的属性，将万物概念以数的形式归于人脑，以数的思想认识世界，以数的比例规划世界，以数的和谐构建世界。数在毕达哥拉斯看来不仅是现实世界的本源，也是现代科技创造的虚拟世界的本源，或者说是人类精神世界的本源，换言之，数是世界万物的本源。

在数字构建虚拟世界的过程中，似乎每一步都折射出"万物皆数"的思想。从基本的计数方式到开始运算，再到模型建立，以及向人们展示的方法和最后的存储与传播，数字贯穿整个过程的每个细节，涉及的所有相关事物都有自身的数字信息。"一切其他事物都表明，其整个的本性都是对数的模仿。"[1]虚拟世界的物品以数字信息的形式存储起来，便于以后再以数字的形式读取。这似乎在计算机上机械地演示了毕达哥拉斯的"数是万物之源"的认识，也使得数字成为规则的理想在现代数码中被实现。

2. 从数据到大数据

数据是人类对客观世界因果关系的认知。数据从某种意义上是数的概念的延伸和扩展，是人类社会科学发展到一定阶段的必然产物。"以微电子、电子通讯和计算机等技术为核心的信息技术浪潮引发了新一轮技术革命，推动人类逐渐迈进信息社会。"[2]数据的现代思维孕育而生，"用数据说话"成为一种认知世界的理论方法。"数据"一词源于拉丁语"datum"，最早出现在13世纪，

1　汝信：《西方美学史》，中国社会科学出版社，2005，第39页。
2　张新宝：《从隐私到个人信息：利益再衡量的理论与制度安排》，《中国法学》2015年第3期。

含义为授予的物品。从哲学的角度来看，"数据是人类认知活动的产物，是对客观事物的主观反映，是对事物现象进行表征的一种逻辑语言"[1]；在计算机领域，数据泛指任何可利用计算机处理的材料，包含各种文字、数字及图表等。由此可见，数据源于记录客观世界的需求，人类的实践以数据为工具，数据突破表征特定属性，跨越时间和空间，成为推演事物运动、变化规律的依据和基础，并建立起现代社会文明。

大数据是人类对客观世界整体关系的认知。"大数据是以容量大、类型多、存取速度快、应用价值高为主要特征的数据集合，正快速发展为对数量巨大、来源分散、格式多样的数据进行采集、存储和关联分析，从中发现新知识、创造新价值、提升新能力的新一代信息技术和服务业态。"[2]大数据是信息化发展的新阶段，它已经不是一个新概念，而是正在到来的新时代，是一种多维的无限变量，推动人类对客观世界的认识从因果性到关联性转移，并以"系统方法为基础，立足部分与部分、部分与整体、系统与环境的'关系'考察客观世界。数据作为人类认识世界的工具，其所描述的客观事物只是主体化的部分世界，并非整体世界，而大数据意味着人类认知范围在时间和空间维度上的扩展及其由部分

---

1 刘红、胡新和：《数据革命：从数到大数据的历史考察》，《自然辩证法通讯》2013 年第 6 期。

2 中华人民共和国国务院：《促进大数据发展行动纲要》，2015 年 8 月 31 日。

向整体的延伸"[1]。

中国共产党十九届四中全会指出，要"健全劳动、资本、土地、知识、技术、管理、数据等生产要素由市场评价贡献、按贡献决定报酬的机制"，这是中央首次提出数据可作为生产要素按贡献参与分配。一方面，数据作为一种资源，如同土地、劳动力、资本等生产要素，可以推动全球经济增长和世界各国的社会发展；另一方面，数据作为一种社会关系的构建力量，是时代的核心，与物质、能源一起成为自然世界人类活动所必需的三大要素，并从描述事物的符号变成世界万物的本质属性之一。大数据是数据的集合，但又不仅仅是数据。大数据已成为当代社会秩序重构的重要力量，引领人类进入数字文明时代。大数据的包容性将打破国家、政府、组织、公众间的固有边界，其最大效应是"为我们创造了一个'共同的世界'，一个我们无论如何都只能共同分享的世界"[2]。大数据时代，国家竞争的焦点从资本、土地、人口、资源的争夺转向对数据的争夺，将出现"数据强国"和"数据弱国"之分，全球格局将产生颠覆性变革。

3. 数权的提出

随着数据不断朝着资源化、资产化、资本化趋势推进，从数据到数权成为人类迈向数字文明的必然趋势。数据权利化、权力化、制度化是大势所趋，数据秩序将成为未来社会的第一秩序。数权有

1　参见高剑平、齐志远《大数据与当代社会秩序重建》，《自然辩证法研究》2019 年第 5 期。

2　贝克、邓正来、沈国麟：《风险社会与中国——与德国社会学家乌尔里希·贝克的对话》，《社会学研究》2010 年第 5 期。

四"新"：第一，数权是一种新的权利客体；第二，数权是一种新的权利类型；第三，数权是一种新的权利属性；第四，数权是一种新的权利权能（见表2-1）。数权的提出，是建立数据规则的前提条件，是"把握好数字化、网络化、智能化发展机遇，处理好大数据发展在法律、安全、政府治理等方面挑战"的重要基石。

表 2-1　数权的特征

特征	概略
权利客体	数据并非民法意义上的"物"（即非物权客体），既不是物理上的"实体物"，也不是知识产权所表述的"无形物"。数据是一种独立的客观存在，是物质世界、精神世界之外的一种数字世界。数据权利的主体是特定的权利人，包含数据所指向的特定对象以及数据的收集、存储、传输、处理者等（包含自然人、法人、非法人组织等），权利主体不同，其权限也有所不同。数据权利的客体是特定的数据集，数据是由一系列数字、代码、图像、文字等组成，单一数字或代码等并无价值，只有经过组合、整合、聚合的重混才产生价值，因此，数权客体应当是有规律和价值的特定数据集
权利类型	按照传统意义上的法律解释，人的权利分为两种：人格权与财产权。在数字时代，人类在各种各样的数字生态中留下深浅不一的"数据足迹"。一方面，这些数据是人类的行为碎片，是个人参与社会活动的重要载体、人格延伸的重要途径，应维护数据主体之为人的尊严，享有自由不受剥夺、名誉不受侮辱、隐私不被窥探、信息不被盗用的权利；另一方面，这些数据也是重要的社会资源，"数据有价"，能为数据主体带来经济收益，因而有必要赋予数据财产权，这使得数据成为一种集人格权和财产权于一体的综合性权利
权利属性	数权是公权和私权的统一体，既包括以国家为中心构建体现国家尊严的数据主权，也包括以个人为中心构建凸显个人福祉的数据权利。数权的法律属性，不仅要从个人权利等私法的角度分析，还要从国家安全等公法的高度分析。也就是说，数权需要私法自治，同样也需要公法干涉

特征	概略
权利权能	物权具有所有权的独占性、排他性，同一物之上不得存在两个所有权，任何人都负有不妨害权利人对物的绝对支配权。数权不再是一种独占权，而是一种不具排他性的共享权，往往表现为"一数多权"，这是数权的核心与本质。"数权的本质是共享权"这一重要法理论断的提出，将成为改写文明规则的标志性历史事件

需要特别指出的是，数权具有私权属性、公权属性和主权属性。在私权属性范畴，数据权按数据掌握主体分为个人数据权与企业数据权，个人数据资源与企业数据资源被视为数据权客体。数权的公权属性具有丰富的公共性和集体性意涵，是以国家和政府为实施主体，以公共利益最大化为价值取向，强力维护公共事务参与秩序的一种集体性权力，具有自我扩张性。数权的主权属性体现为数据主权是国家主权的重要组成部分。作为国家主权的必要补充，数据主权丰富和扩展了传统国家主权的内涵和外延，是国家主权适应现代化虚拟空间治理、维护国家主权独立的必然选择。

"新的权利或权力能否出现，归根结底取决于生产活动能否产生物质财富增加，从而提供新的利益实体和实现利益要求的可能性。"[1]数据赋权，基于"数据人"会产生相关的权利和法律关系，如数据权、共享权、数据主权等。这里的数权并非一套独立的权利体系，而是基于数据空间产生的现行立法体系无法调整的意向

---

1 董之伟:《法权与宪政》，山东人民出版社，2001，第297页。

权利。这种意向权利脱离既有权利保障体系后产生的数权纠纷又缺少与新型数据处理行为相对应的法律接口，从而成为一种新型纠纷。当出现新的权利关系时，传统的法律关系面临不可逾越的体系障碍，要构建一套切实有效的数据规范与治理体系。

（二）数据的权利

1. 数据权利是一项新型权利

数据的权利伴随数据的产生而产生、伴随大数据的发展而凸显。数据权利既是一种宪法性权利，也是一种民事性权利，兼具人格权属性与财产权属性，是一项新型权利。数据权利的主体包含数据所指向的特定对象以及数据的收集、存储、传输、处理者等，权利主体不同，其权限也有所不同；数据权利的客体是有规律和价值的特定数据集，多指个人数据，其保护的核心权利是个人数据权。个人数据权在大陆法系国家被普遍接受，并且在立法中被视为基本权利。个人数据权是一项宪法性权利，我国《宪法》第38条为个人数据权成为基本权利提供了宪法依据。[1] 此外，个人数据权强调个人人格独立和行为自由，符合私权个人利益及其享有、实现的行为自由的基本价值取向，也是一项民事权利。从资

---

[1] 林来梵教授认为，《宪法》第 38 条内容分解为两个部分：前一部分为"中华人民共和国公民的人格尊严不受侵犯"，类似于表达了德国"人的尊严"那样的基础性宪法价值的内容；后一部分为"禁止用任何方法对公民进行侮辱、诽谤和诬告陷害"，表达了一项个别性权利的保障内容，大抵相当于宪法上的人格权。参见林来梵、骆正言《宪法上的人格权》，《法学家》2008年第 5 期。

产化视角看，数据资产具有通用性、外部性、不可耗尽等独有特性。基于此，在纯学术推演的理想状态下，完整的数据权可以根据应用情况分为多个权利束，如占有权、使用权、收益权、共享权、跨境传输权等。权利人可以同时拥有一个或多个权利束，不同权利束下，数据资产的价值也会不同（见图2-1）。

图2-1 数据权的权利束理论

资料来源：德勤、阿里研究院：《数据资产化之路——数据资产的估值与行业实践》，2019年10月29日。

2. 数据权利的法益厘定

"权利就是法律规范授予人的，旨在满足其个人利益的意思力，即享受特定利益的法律之力。"[1]权利是法律体系中最成熟的范

---

1 ［德］汉斯·布洛克斯、［德］沃尔夫·迪特里希·瓦尔克：《德国民法总论》（第41版），张艳译，中国人民大学出版社，2019，第276页。

畴，深刻揭示权利与事实利益之间的内在联系，[1] 权利地位的变化说明了现今国家与个人的关系正向权利主导式的方向发展。西方经典权利理论认为，在抽象意义上，权利与自由、利益和正义相关，甚至可以说私权利直接就是自由、利益和正义。私权利是指以满足个人需要为目的的个人权利，以体现和维护个人利益为主，这种"个人"从根本上是私人性质的。因而，"从私权利角度看，数据权是企业、其他组织和公民拥有的对依附于自身的数据和自己获取数据的所有权"[2]。

近半个世纪以来，有关个人数据保护的立法已经成为全球范围内最为瞩目的立法运动之一。各国对于个人数据的保护与使用，都采取了公法规制与私法赋权双管齐下的治理模式。[3]1970年，德国黑森州制定的《数据保护法》成为世界上第一部专门性个人数据保护法，并设立数据保护委员会，专门监管黑森州政府官方文件的存储、传输，防止非法获取、修订和破坏。1973年，瑞典从保护个人数据的角度通过世界上第一部明确限制个人跨境数据转移的法律——《瑞典数据保护法》。1974年，面对个人数据的滥用，美国议会开始考虑保护个人数据，并最终通过《隐私法案》。在区域或全球合作层面，1980年，经济合作与发展组织（OECD）就有关数据保护的各国国内法进行协调或统一，并颁布了有关隐私

1　吕志祥、张强:《大数据背景下数据权利的法理分析》,《昆明理工大学学报》（社会科学版）2019 年第 1 期。

2　吕廷君:《数据权体系及其法治意义》,《中共中央党校学报》2017 年第 5 期。

3　程啸:《论大数据时代的个人数据权利》,《中国社会科学》2018 年第 3 期。

保护以及数据跨境流动的相关指引——《隐私保护及个人数据跨境流通指导纲领》，旨在建议保护个人资料的隐私与自由。20世纪70年代，欧盟开始号召各国进行数据立法，并随着技术和社会的不断变化持续推进有关个人数据保护的立法工作，特别是2018年实施的《一般数据保护条例》更是重新定义了个人数据授权及赋予数据主体拥有对自身数据的被遗忘权和删除权等内容。

个人数据权体系是对现实诉求的理论回应，必然要经历从"应有权利"到"法定权利"再到"实然权利"的历史转变。[1]"个人数据权体系从应然到实然的过程，仰赖应有权利对个案的熏陶唤起个别主体的权利自觉意识进而发展为社会绝大多数人的权利诉求共识。在此基础上，应以立法形式肯定这种权利诉求，并将之以相应制度设置确定下来。"[2]随着数据化进程的推进，我国《刑法》修正案、《消费者权益保护法》修正案及《网络安全法》等基本或主要法律引入了个人数据保护相关规则。关于个人数据保护具有基础地位的《民法总则》第111条，首次以一般性法律的方式确立了自然人的个人信息受法律保护的权利，突出了个人信息获取及使用的合法性原则，《民法总则》引入个人信息或数据保护权利具有重大意义。

1　施鹏鹏：《基本权利谱系与法国刑事诉讼的新发展———以〈欧洲人权公约〉及欧洲人权法院判例对法国刑事诉讼的影响为中心》，《暨南学报》（哲学社会科学版）2013年第7期。

2　温昱：《个人数据权利体系论纲——兼论〈芝麻服务协议的权利空白〉》，《甘肃政法学院学报》2019年第2期。

3. 数据权利的社会情境

数据权利的理解离不开对当下国内外社会情境的准确把握。近年来，全球各地的互联网用户一直与大型科技公司进行一项浮士德式的交易[1]——上交个人数据，获取服务。绝大部分用户在很长时间内只意识到个人免费获取服务这一表层含义，忽略了科技公司也在免费获取、免费使用你的数据这一深层含义。个人数据不仅被有意识地商业化利用，还时常出现被泄露、贩卖、滥用的情形。[2] 无数案例表明，数据可以成为权利的客体。在国外，2007年谷歌街景侵犯隐私案件、2011年索尼游戏机数据遭窃案、2013年棱镜门事件、2014年韩国三大信用卡公司数据泄露事件、2015年 Anthem 8000万个人信息被窃事件、2016年土耳其国民信息数据泄露事件、2017年 Gmail（谷歌邮箱）和雅虎账户售卖案、2018年 Facebook 剑桥分析事件、2019年领英1.59亿用户数据被叫卖事件等（见表2-2）。在国内，也发生多起电商、门户网站、互联网金融平台"泄密门"事件，既有邮箱账号、密码外泄又有银行卡信息泄露等问题。人们对数据泄露、贩卖、滥用等一系列问题的重视程度空前高涨。

1　浮士德式交易是一种心理障碍，主要内容是：一个人对一种看似最有价值的物质的盲目崇拜，从而使他失去了理解人生中其他有价值东西或精神的理由和机会。

2　西坡：《沉默的数据权利正在觉醒》，《人民政协报》2018年4月25日。

表 2-2 国外典型数据安全事件

年份	经典案例	事件简述
2007	谷歌街景侵犯隐私案件	谷歌公司因非法通过街景地图利用汽车和卡车，收集一路上未加密的私人无线网络中的电子邮件、密码等个人信息，而遭遇多起与隐私权有关的诉讼，此诉讼一度被称为美国有史以来最大的窃录案件，谷歌公司也因此遭受数十亿美元的损失
2011	索尼游戏机数据遭窃案	日本索尼公司的 PlayStation 游戏网络（PSN）遭受黑客袭击，导致 7700 万在线游戏用户的资料被盗，其中包括用户的姓名、居住地址、电子邮件、生日、登录密码、密码提示问题等重要信息，成为当时最严重的黑客入侵窃取数据事件
2013	棱镜门事件	美国国家安全局（NSA）前雇员爱德华·斯诺登将该局"棱镜"（PRISM）监听项目的秘密文档披露给了英国《卫报》。报道称，NSA 监控了数百万用户的通话记录。美国于 2007 年启动了一个代号为"棱镜"的秘密监控项目，直接进入美国网际网络公司的中心服务器里挖掘数据、收集情报，包括微软、雅虎、谷歌、苹果等在内的 9 家国际网络巨头皆参与其中
2014	韩国三大信用卡公司数据泄露事件	信用评级公司职员朴某等在受信用卡公司委托开发电脑程序的过程中，非法收集和泄露 KB 国民卡、乐天卡及 NH 农协卡公司的 1.04 亿条用户个人信息，在大量泄露的信息中，除了姓名、电话号码、住所、公司名等个人信息以外，还包含身份证号码、贷款交易内容、信用卡认可免税书等 5391 条敏感的信用信息，占全部泄露信息的一半以上，是韩国史上发生的最大规模的信用卡个人信息泄露事件
2015	Anthem 8000 万个人信息被窃事件	黑客从美国医疗保险商 Anthem 窃走 8000 万名客户信息，包括客户姓名、出生日期、医疗身份证、社会保障号码、住址、电子邮件以及就业信息（包括收入数据），成为美国最大医疗相关机构泄露事件

年份	经典案例	事件简述
2016	土耳其国民信息数据泄露事件	近 5000 万名土耳其公民个人信息牵涉其中，包括姓名、身份证号、父母名字、住址等等一连串敏感信息被黑客打包放在芬兰某 IP 地址下，人们可通过 P2P 任意下载其感兴趣的数据
2017	Gmail（谷歌邮箱）和雅虎账户售卖案	大量 Gmail（谷歌邮箱）、雅虎账号和 PlayStation 网络账号密码在暗网被一位名为 "suntzu583" 的供应商公开售卖。出售的 Gmail 总数为 4928888 个，被分成了三份出售，包括电子邮箱和明文密码
2018	Facebook 剑桥分析事件	一家名为 "剑桥分析" 的数据分析公司（这家公司曾在 2016 年美国总统竞选期间为现任总统特朗普提供数据分析服务）及其关联公司 "战略通讯实验室" 窃取并私自保留了 5000 万 Facebook 用户数据，抓取和使用用户信息操纵总统大选
2019	领英 1.59 亿用户数据被叫卖事件	一位名为 Andrew 的黑客在 Pastebin 网站上叫卖领英网站 1.59 亿用户的敏感数据的恶性数据泄露事件。为了表示数据的真实性，该黑客还放出 100 名用户的登录凭证，其中甚至包括知名 CEO 的登录数据

"数字时代的个人数据不仅被视为重要的生产要素，而且被视为'数字市场的货币。'"[1] 我们正在进入一个全新的基于共享理念的"使用权时代"，科技思想家凯文·凯利旗帜鲜明地提出："我可以为它们（商品或服务）付费，但我不会拥有

---

[1] 在 2012 年的"数字、生活与设计创新大会"上，欧盟司法、基本权利和公民事务专员维维安·雷丁（Viviane Reding）表示，个人数据已成为"当今数字市场的货币"。

它们……在某种程度上，使用权也变成了所有权。"[1]数据也是如此，但是对数据毫无限制地使用将会破坏人类共同的有序生活。具体来看，以大数据技术运用为代表的现代社会，人为风险已逐步取代自然风险成为威胁人类生存的主要风险，如何管控风险和保障安全成为现代社会发展的利益诉求，数据主体的权利被忽略导致的无序及社会新秩序的利益平衡机制亟待构建。

由于个人所处的社会情境不同，数据主体的利益诉求差异显著，呈现明显的利益分化状态。期望获得个人数据财产利益、个人数据人格利益、个人数据隐私利益，甚至通过个人数据权达到限制国家公权的目的，都是利益分化状态的具体表现。然而，实现个人利益需要耗费社会资源，通过社会利益的保障才能达成个人权利。因此，个人数据权利的实现通常依赖于社会利益，在个人数据保护法律法规制定过程中，应当以社会利益优先于个人数据权利为价值导向。但是，不同社会利益的优先程度也有所差别，即便需要通过限制个人数据权利来保护社会利益，这种限制也应当存在一定的"度"，遵循一些基本原则。[2]

1　[美]凯文·凯利：《技术元素》，张行舟等译，电子工业出版社，2012，第111页。

2　王秀秀：《大数据背景下个人数据保护立法理论》，浙江大学出版社，2018，第143～172页。

（三）数据的权力

1. 权力的转移

权力的本质是公权力。权力表征着人与人之间的一种社会关系，存在于动态的运行之中，[1]始终是"整个社会的正式代表，是社会在一个有形组织中的集体表现"[2]。公权力在性质上也是一种权利，但它是一种特殊的权利，国家权力是国家权利的表现形式，其作为国家的主要象征，是国家一切职能活动的根本前提，具有三个基本特征：第一，公权力的主体是公众而非个人，公共性是公权力的核心内涵，公权力体现的是一种公有性、共享性和共同性；第二，公权力的客体应该指向公共事务，涉及私权利的事务不应该动用公权力去干涉，否则就会构成对私权利的侵犯；第三，公权力的来源和基础是公共利益，公权力是承担着公共责任并且为公共利益服务的，否则公权力就很有可能私化或变成私有。[3]

联合国发布的一份报告指出："数据旨在实现对社会存在的理性化改造，并且能够实现对观念与意义系统的'理性生产'，正因如此，数据成为当下和未来一种关键的战略资源。"

1　焦石文：《中国权力结构转型的哲学研究》，中共中央党校博士学位论文，2009。

2　中共中央编译局：《马克思恩格斯全集》（第19卷），人民出版社，1963，第242页。

3　郝继明：《公权力的异化及其控制》，《社科纵横》2008年第7期。

从本质上说，这种战略资源便是数据权力。数据权力是一种现代权力，而现代权力是支配理性和为理性所支配的二元性权力。从政治学理论视角看，数据权力遵循权力的逻辑，蕴含着能力逻辑和结构逻辑，不断生产、重塑和支配新的政治经济社会关系。能力逻辑展现的是其角色性、对象性和技术性维度，结构逻辑展现的是其关系性、规则性和格局性维度。这两种逻辑既蕴含着积极的内生力量，也因其对社会权力系统的冲击而可能诱致公共领域和私人领域的风险错配和冲突，对此我们需要建构并形成一种理性、审慎的数据权力共识和数据治理理念。

与知识一样，数据也是"最民主的权力之源"。随着数据权力的发展，传统权力也在发生转移和转化。一是全球权力中心正在发生地区性转移。在数字技术的推动下，中国、印度等新兴国家发展迅速，其综合国力、国际影响力及话语权不断提升，而美国和欧盟陷入群体性相对衰落，世界的权力中心正在向东方转移。二是权力从高层次向低层次流动，并且逐渐扩散到大多数人手中。在知识密集型企业里，管理人员、技术专家和工人掌握了更多权力，印证了"知识是最民主的权力之源"。三是权力由低质权力向高质权力的转化。在数字经济时代，主要是以数据为权力，数据具有暴力和财富所不具备的改变世界面貌和社会面貌的功能。四是新的以数据作为衡量标准的权力中心正在形成。那些掌握了信息情报、最新科技知识和关键数据资源的数据阶层成为权

力中心。¹

2. 数据权力的扩张

数据即权力，权力亦数据，权力是可以数据化的。数据成为一种不可或缺的权力，甚至从某种意义上说，谁拥有数据谁就将掌握权力，一种新的权力体制——数据权力正在崛起。数据权力改变了传统的国家与社会的二元对立框架，形成了公权力与私权利复杂博弈的新格局。数据公权与数据私权是对抗统一的辩证关系，国家公权力与社会私权力在一定条件下形成一定的共谋治理机制，防止社会私权利的膨胀。私权利同样会基于相关权利诉求形成一定的合作机制，共同抑制公权力的扩张和滥用。

在大数据时代，权力的适用范围从原来的政治、法律领域扩展到商业、医疗、教育、文化等社会生活的各个方面，这无疑扩大了数据权力享有者行使权力的空间，使滥用权力的行为变得更具隐蔽性，造成数据权力制约难度的加深。"账户作为赛博空间主体和真实世界主体之间的连接点，通过网上的活动稳定地积累数据，依据数据对其场景化行为的评价反过来进一步成为影响其未

---

1 1990 年，托夫勒在《权力的转移》中指出，权力作为一种支配他人的力量，自古以来就通过暴力、财富和知识这三条途径来实现。在第三次文明浪潮中，知识将成为权力的象征，谁拥有知识，谁就拥有权力。但知识和暴力、财富不同，后两者具有排他性，一种暴力或财富在被一个人或一个集团所拥有时，其他人或集团就不能拥有；而知识没有排他性，同一种知识可以同时为不同的人所占有。因此，"知识是最民主的权力之源"。谁掌握了知识的控制权和传播权，谁就拥有了权力的主动权。大数据时代，每一个"数据中心"在一定意义上成为一种"权利／权力中心"，这些"权利／权力中心"将拥有话语权。

来活动的重要约束力量。"[1] 在此过程中，人们无法在事实上参与、左右别人收集与使用其数据的行为，完全无法对已经失控的个人数据使用进行任何控制，即便没有秘密被揭露、没有人在监视，数据隐私权也会受到侵犯，这种焦虑与忧虑比直接的权力侵犯更让人担忧。

此外，权力的低层次化和分散化，使得更多人在了解和参与权力的同时也给权力制约带来新的问题。在权力的转移过程中，政府的权力也在发生变化，一种分权的、多元化的民主正在形成，这对于国家治理中预防权力过分集中及所带来的腐败行为具有重要影响。此背景下，"一种形式的权力或许被摧毁了，但另一种正在取代它"[2]，这意味着大数据时代迈向多元治理的结构性转向会引发法律关系的深刻变革，必须在有可能出现数据权力滥用的社会生活领域加强相关法律法规的制定。

3. 数据权力的结构

"权力来自社会结构，某种特定的权力来自社会结构中的某个特定位置。"[3] 社会结构是权力结构存在的基础，有什么样的社会结构，必然会有相应的权力结构与之适应。数据权力的结构逻辑是

1　胡凌：《超越代码：从赛博空间到物理世界的控制／生产机制》，《华东政法大学学报》2018 年第 1 期。

2　［美］劳伦斯·莱斯格：《代码 2.0：网络空间中的法律》，李旭、沈伟伟译，清华大学出版社，2009，第 87 页。

3　康晓光：《权力的转移——转型时期中国权力格局的变迁》，浙江人民出版社，1999，第 51 页。

致力于现代文明体系自我发展和维持的产物。[1]数据权力的政治社会结构是数据权力结构的公共意义系统，它解释了数据权力会塑造出什么结构的公共秩序。其作用主要体现在政治社会化实践上，这种实践贯穿微观领域与宏观领域，它是享有数据权力的权威主体通过各种资源对社会进行控制、动员、说服、汲取乃至符号生产等实践过程而构建的一种国家行为。数据权力的经济演化结构是一个"萌芽—形成—成熟—僵滞—衰退—裂变—萌芽"的循环过程，是社会经济形态和规律变迁的历史，数据权力的出现为其注入或然性和不确定性。数据权力将对既有的市场格局形成挑战，对资本的博弈姿态造成影响，对微观产权的社会化再分配形成诱导。数据权力的观念生活结构是人类意义系统和文化系统的整体性架构，相比前两种结构，该结构更加多元和复杂。数据不再是权力结构的剩余，而是以权力的姿态参与观念生活结构的整合重组。将来，人们可能不再完全以血缘、族群、姓氏、地域为定位，而是以数据身份、物联社区、网络区位彼此认同。

---

1 林奇富、贺竞超:《大数据权力：一种现代权力逻辑及其经验反思》,《东北大学学报》(社会科学版) 2016 年第 5 期。

第二节 数据权的类型

数据确权既是权利运用和保护的基础，也是利益保护的重要手段。"数据相关的利益主体分为个人、企业、其他组织与国家，不同的利益主体对数据权益的享有范畴与属性又存在差异。"[1]大数据产业的发展催生了数据主体、数据控制者、数据利用者等相关的新型权益主体。从数据权主体看，数据权的类型包括个人数据权、企业数据权和政府数据权。"权利一旦确定，首要问题是设计其权能结构，权能发生作用的具体表现形式即为权项之确立。"[2]在利益驱动下，不同的利益主体必然会对相关权益的保护和法律制度提出新的诉求。顺承而来，只有对数据权的学说理论及其权能建构进行深入研究，才能更好地实现对数据的全面保护。

1　李晓宇:《权利与利益区分视点下数据权益的类型化保护》,《知识产权》2019年第3期。

2　陈振涛:《个人信息权的权能构造及权项分析》,《福建法学》2017年第1期。

（一）个人数据权

1. 个人数据

大数据时代背景下，数据及其衍生产物时刻影响着个人生活，同时作为个体我们每个人的方方面面都以数据化的形式被收集、整理、使用。[1]海量的个人数据蕴含着巨大的经济价值和战略价值。一方面，通过利用个人数据，不断完善数据产品的技术和功能，用户也享受到了数据发展带来的实惠和便利；另一方面，每个人都是数据源的主体，如果个人数据不能得到充分的保护，容易出现非法收集、出售、使用个人数据，侵犯个人人格权、财产权等问题。个人数据被商业化利用，由于其承载人格利益而间接激活了商业价值。可以说，个人数据的权利安排直接决定了数据的流通、共享以及数据产业的发展。

个人数据，又称个人信息和个人资料。[2]例如，欧盟《一般数据保护条例》规定："个人数据是指任何指向一个已识别或可识别的自然人的信息。该可识别的自然人能够被直接或者间接地识别，尤其是通过参照如姓名、身份证号码、身份识别、定位数据此类标识，或通过参照针对该自然人一个或多个如物理、生理、遗传、心

1　史霖东：《浅析个人数据权利的保护》，《福州党校学报》2019 年第 2 期。

2　个人数据存在不同称谓，如"个人资料""个人信息"等，但概念的不同主要源于不同的法律传统和使用习惯，并无本质区别，在大数据技术下信息多以数据形式存在，因而此处称为"个人数据"。

理、经济、文化或社会身份的要素。"[1] 日本《个人信息保护法》规定，个人信息是指能够识别特定个人的信息，既包括姓名等公开确定的信息，也包括能够容易与其他信息相比照并能够通过比照确定特定个人的信息。[2] 我国《网络安全法》定义："个人信息是指以电子或者其他方式记录的能够单独或者与其他信息结合识别自然人个人身份的各种信息，包括但不限于自然人的姓名、出生日期、身份证件号码、个人生物识别信息、住址、电话号码等。"[3] 学界主流观点认为，对个人数据认定的实质性标准是"可识别性"。"个人数据能够与特定个人产生连接，对其处理会对该自然人的生活造成影响甚至损害，这正是个人数据需要被保护的原因。"[4]

"个人数据权利涉及自然人的民事权益保护与数据企业的数据活动自由关系的协调。"[5]"个人数据权是由数据主体决定涉及自身的个人数据被何人以何种方式进行收集、处理和分析的权利，是对自身数据的一种控制权。"[6] 个人对个人数据权利的主张，表现在个人在法律层面对自身数据人格权益与财产性权益不受非法侵害的诉求。具体而言，数据相关的新型权利主要表现为：网络用户

---

1 参见欧盟《一般数据保护条例》（GDPR）第 4 条第 1 款。

2 温昱：《大数据的法律属性及分类意义》，《甘肃社会科学》2018 年第 6 期。

3 参见《中华人民共和国网络安全法》第七十六条。

4 温昱：《个人数据权利体系论纲——兼论〈芝麻服务协议的权利空白〉》，《甘肃政法学院学报》2019 年第 2 期。

5 程啸：《论大数据时代的个人数据权利》，《中国社会科学》2018 年第 3 期。

6 相丽玲、高倩云：《大数据时代个人数据权的特征、基本属性与内容探析》，《情报理论与探索》2018 年第 9 期。

除主张立法承认的隐私权，还主张个人数据自决权、个人数据可携带权、个人数据被遗忘权、个人数据转移权和个人数据专有访问权等（见表2-3）。可以看出，"数据权益已不再只是单纯的一种权利，而是不同权利集合而成的权利束"[1]。

表2-3 个人数据权利体系

权利	权利描述
隐私权	数据隐私不仅包含个人的身份识别，还包括一个人的行为轨迹、消费倾向、习惯等关联信息。国际上一般认为，数据隐私权主要指隐私信息不被非法披露，而非指个人对信息的控制和支配
信息权	信息权又称为信息自决权，即限制数据处理的权利。个人信息权强调的是个人对自己信息的控制，不仅包括信息的更新、删除，还包括了解信息的用途、去向和使用情况等
知情权	个人清楚对其数据是如何被收集处理的权利
访问权	访问其个人数据的权利。欧盟《一般数据保护条例》规定，数据控制者应当为用户实现该权利提供相应的流程。数据控制者不能基于提供该服务而收费，除非数据主体的请求明显过量，超过负担
反对权	反对权是指始终有权随时拒绝数据控制者基于其合法利益处理个人数据，始终有权拒绝基于个人数据的市场营销行为
可携带权	用户可以无障碍地将其个人数据从一个数据控制者处转移至另一个数据控制者处
修改权	为保证数据的准确性，数据主体有权要求对数据进行修正
被遗忘权	当用户依法撤回同意或者数据控制者不再有合法理由继续处理数据时，用户有权要求删除数据

资料来源：孙伟：《数据开放中的数据权、开放机制和元数据标准——全球范围内的经验》，载中国城市规划学会城市交通规划学术委员会《创新驱动与智慧发展论——2018年中国城市交通规划年会论文集》，中国建筑工业出版社，2018。

---

1 李晓宇：《权利与利益区分视点下数据权益的类型化保护》，《知识产权》2019年第3期。

2. 个人数据权是一项新型的人格权

数据包含用户的使用习惯、生活情况、通信隐私以及其他各种可以识别出个人身份的信息，包括姓名权、肖像权等具体人格权保护的内容。基于这种识别特性与识别利益，数据权利必然包含人格权这一观点，毋庸置疑。[1]但是，通过匿名化处理或仅具备低敏感度的个人数据，如网页浏览记录、个人消费习惯等信息数据，并不必然与数据主体的人格和身份相关联，也不符合人格侵权的私密性要求。另外，从权利救济的角度看，由于数据收集和使用的保密性，无法证明谁收集和使用了哪些数据与侵权行为有因果关系，给侵权人的认定和侵权证明带来了很大的困难。

作为一种新的社会资源，数据的收集和利用应当构建一种新型的人格权对其进行规范和保护。首先，从权利内涵的特征出发，个人数据权以人格利益为保护对象，数据主体具有控制和支配自身数据的权利属性，具有特定的权利内涵；其次，从权利客体的丰富性出发，个人数据一般包括个人信息、个人隐私数据和个人敏感数据，其中有些数据，如姓名、肖像、隐私等，已经上升到特定的人格权。此外，从保护机制的有效性看，如果将个人数据权界定为财产权，对其提供的保护则具有局限性。

因此，如果将个人数据权作为新型的人格权，则能够保证不会因个人身份的差异而导致计算方式有所区别，从而维护了人格平等这一宗旨。"设立新型权利的方式能够将法律关系直观化，规

---

[1]　闫立东：《以"权利束"视角探究数据权利》，《东方法学》2019 年第 2 期。

则应用者可以凭借权利客体具象化地考察规则。"[1] 正如王利明教授所言，"个人信息应该作为一种人格权客体进行私法保护，并制定个人信息保护法"[2]。数字文明时代，个人数据权理应被确立为一项独立的新型人格权，其目的是保护数据主体的权益不受侵犯，个人数据不受滥用和肆意传播。目前，数据权中所涉及的人格权，是一种法定权利，已经得到了法学界与法律实务界的认可。同样，在我国民法典[3]编纂之中，将人格权独立成编，并将个人信息保护纳入人格权法的保护之中，这对社会各方普遍关注的新技术发展带来的挑战做出了回应。

3. 个人数据权是一项独立的财产权

"个人数据潜在经济价值的凸显让我们不可以忽视它所蕴含的财产属性，个人数据权也不可能仅仅作为人格权的客体进行保护"[4]，这将抑制互联网数据的流动和大数据产业的发展。此外，随

---

1 张素华、李雅男：《数据保护的路径选择》，《学术界》2018 年第 7 期。

2 王利明：《论个人信息权的法律保护——以个人信息权与隐私权的界分为中心》，《现代法学》2013 年第 4 期。

3 2019 年 8 月 22 日，十三届全国人大常委会第十二次会议在北京举行，会议对《民法典人格权编（草案）》进行了三审，完善了对个人信息保护的相关规定，其中新增规定：人格权是民事主体享有的生命权、身体权、健康权、姓名权、名称权、肖像权、名誉权、荣誉权、隐私权等权利。并将隐私的定义修改为"自然人不愿为他人知晓的私密空间、私密活动和私密信息等"，并增加规定，任何组织或者个人不得搜查、进入、窥视、拍摄他人的宾馆房间等私密空间。

4 尽管个人数据荷载的人格要素具有人格利益和经济利益属性，但其人格利益可以援引人格权获得保护，而且数据人格要素所具有的经济利益完全可以实现财产化。关于"数据的人格要素财产化"，参见文禹衡《数据产权的私法构造》，湘潭大学博士学位论文，2018。

着个人数据的广泛利用和传播，越来越多的经济纠纷使得个人数据的财产属性变得越来越重要，而这些都不是简单的人格权所能涵盖的。特别是在数字经济背景下，个人数据的经济价值更为明显。如果把数据完全归为人格权保护的范畴，那么它就属于与人格尊严相关的权利客体，这会在一定程度上禁锢数据流通和产业发展。因此，确定个人数据的财产权属性有利于规范数据交易双方的行为，给数据市场行为提供一个合法有序的交易环境，同时也有利于个人数据权的保护。

数据信息不同于人格权、商业秘密、知识产权等的保护，它应该作为一项独立的权利受到保护，可以称之为数据财产权。数据财产权是一种不完整的所有权，持有人或控制人不能对其持有或控制的数据进行任意处置，不能损害相关权利人的合法权益，并进而应当以信息的存在形态为标准划分和构建相关权利制度体系。[1]基于此，个人数据权即为数据主体在数字时代中的独立的财产权利，数据财产权是权利人直接支配特定的数据财产并排除他人干涉的权利，它是大数据时代诞生的一种新类型的财产权形态。其权能包括数据财产权人对自己的数据财产享有的占有、使用、收益、处分的权利。[2]因此，数据财产权并非单向静态权利，而是一组所有权体系。

---

[1] 邓刚宏：《大数据权利属性的法律逻辑分析——兼论个人数据权的保护路径》，《江海学刊》2018年第6期。

[2] 齐爱民、盘佳：《数据权、数据主权的确立与大数据保护的基本原则》，《苏州大学学报》（哲学社会科学版）2015年第1期。

首先，个人数据作为数据主体的私有财产，具有物质财产性，自身的价值可转化成数据所有者或占有者取得的金钱等物质性利益。其次，个人数据权具有可让与性，其所有者或占有者可在法律允许的范围内将其权利转让给他人，从而达到数尽其用的目的。最后，个人数据权具有可救济性，当数据主体的权利受到侵害时可根据相关法律规定恢复对个人数据权的支配或对因此造成的损失进行求偿。因此，个人数据权作为一项独立的财产权，既能保障合法化数据产业的运作，也能保证数据主体和数据控制者利益的实现。

（二）企业数据权

1. 企业数据

数字经济时代，数据已经渗透到各行各业，成为重要的生产要素和企业的重要资产。企业利用数据，可以显著提高决策、创新和经营水平，但大数据的发展在为企业创造巨大财富的同时，也对数据安全和隐私保护构成了严重威胁。同时，数据具有"使用非损耗"的属性，表面上看似不具有稀缺性，但因数据蕴藏着经济利益，其被企业采集并存储在施加了技术措施的"数据集合"中，使数据资源变得稀缺起来，由此导致企业之间的数据争夺战愈发激烈。[1]例如，顺丰与菜鸟的"物流数据"之争、新浪微博与

---

1 文禹衡：《数据确权的范式嬗变、概念选择与归属主体》，《东北师大学报》（哲学社会科学版）2019年第5期。

脉脉的"微博数据"之争、华为与腾讯的"微信数据"之争，这在较大程度上凸显了商业领域中数据确权的紧迫性。"企业数据是企业在投入巨大物力、人力和财力的基础上，运用人工智能工具软件、数学统计分析技术与数据挖掘技术对海量复杂的原始数据之间的关系进行建模，再经过深度开发与系统整合最终得以制作生产的衍生数据。"[1]企业数据既包括反映企业基本状况的数据，主要是指企业财务数据、运营数据（研发、采购、生产、销售等）以及人力资源数据，也包括企业通过合同授权直接或间接收集的个人数据集合。[2]企业数据本身蕴含着巨大的使用和利用价值，但企业数据的使用并不是不受限制。比如，企业收集数据时，必须明示其收集、使用数据的目的、方式和范围，并经用户同意。企业使用数据时，既不能超过用户授权范围和收集时用户声明的初始目的和用途等约定，也不能对数据利用自由、公共安全、公共利益产生损害。

2. 企业数据权能配置

对于企业数据而言，其所涉及的个人法益可以从两个方面来把握：一方面，从收集的角度看，企业获取的数据有相当一部分来自数据主体；另一方面，从数据流通和应用的角度看，企业不仅是数据收集者，更是数据的处理者和使用者，数据财产化或商

1　李晓宇：《权利与利益区分视点下数据权益的类型化保护》，《知识产权》2019 年第 3 期。

2　石丹：《大数据时代数据权属及其保护路径研究》，《西安交通大学学报》（社会科学版）2018 年第 3 期。

品化是企业数据的重要特征，企业收集、存储、分析和出售数据已成为一种常态。大规模的数据采集和处理已经成为互联网企业的核心竞争力之一，这些企业往往把收集到的数据作为核心财产。因此，企业强调的是数据利用的自由，以及企业自身收集、整理后的数据未经其同意，他人不得随意使用。"企业作为数据主体，企业主张对其生产经营的相关数据享有绝对数据所有权，对收集、整理的数据拥有财产权。"[1]

有学者主张，在数据资产化的背景下，基于数据经营和利益驱动的机制需求，应当承认数据企业的数据经营权和数据资产权，其中，数据经营权具有某种专营权的性质，具有特定事项的专向性和排他性，是依据法律授权或行政特许方式设立的，而数据资产权是法律对数据经营者的数据资产化经营利益的一种绝对化赋权。[2]但是，"企业数据利益本质上是一种支配属性的控制权，企业数据控制权呈现的排他性效力是一种弱于所有权，但强于相对权的支配权"[3]。企业数据控制权具有积极权能和消极权能。积极权能表现为企业作为权利人有权直接加工、收集、利用和交易自身数据，无须他人的行为介入即可实现；消极权能表现为企业对企

1　企业数据财产权就是企业拥有对相关数据的支配、处置和获益等财产的权利，包括控制权、报酬权、修改权、完整权、请求司法救济权等权利。参见王渊、黄道丽、杨松儒《数据权的权利性质及其归属研究》，《科学管理研究》2017 年第 5 期。

2　龙卫球:《数据新型财产权构建及其体系研究》，《政法论坛》2017 年第 4 期。

3　李晓宇:《权利与利益区分视点下数据权益的类型化保护》，《知识产权》2019 年第 3 期。

业数据的权利具备排斥他人不当干涉的对世效力。

在数权相关纠纷案件中，法院也有区分权利与利益的判决，比如淘宝公司诉美景公司大数据产品案中[1]，淘宝公司声称对"通过一定算法，经过匿名脱敏化、过滤处理和提炼整合后形成的衍生数据"享有数据财产权。美景公司运用技术手段开发的名为"咕咕互助平台"的软件与平台，获取了淘宝公司的衍生数据，并用于商业用途。淘宝公司认为美景公司的行为构成不正当竞争，侵犯了自己的数据财产权。法院一方面承认淘宝对原始数据经过收集、脱敏化处理、提炼整合的衍生数据享有竞争性财产权益，另一方面否认淘宝公司对原始数据及衍生数据享有财产权，然而，对于企业衍生数据的竞争性财产权益究竟是什么，法院并未给出直接回应。

3. 企业数据的新型权利保护途径

现有司法裁判主要在《反不正当竞争法》规范下处理企业数据的保护问题。但企业数据保护正在作为一个具有独立意义的全新问题呈现出来，应该及时为其进行法律创制。"从私法保护角度来说，企业数据保护走出借用传统法律的策略转向数据新型财产权化新机制，时所必然、事所必然。"[2]但也有学者认为，"从法律属性上看，企业数据权益既不是物权，也不单纯只是一种知识产权或财产性权利，它是由不同权益集合而成的权利束，

1　参见杭州铁路运输法院（2017）浙 8601 民初 4034 号民事判决书。

2　龙卫球：《再论企业数据保护的财产权化路径》，《东方法学》2018 年第 3 期。

囊括了法定化权利及受法律保护的利益两种类型。"[1]基于大数据时代的新技术背景，涉及企业数据及其信息的法律就必然从单纯关注对数据的可控性转变为既关注数据的可控性，更关注对数据的合理流动、使用和防止数据权力的滥用，传统单纯地从秘密（包括国家秘密、商业秘密）或知识产权的角度设定的刑事法律规范显然就存在扩张的可能。[2]因此，在现有企业数据未被法定化权利保护之前，从受法律保护利益角度，即新型权利视角探寻企业数据的法律保护，不失为一种合理的过渡方式。也有学者提出，"以企业数据控制权作为新型权利保护企业数据利益"[3]。企业数据不能依靠实物占有，而要通过法律赋予企业"独占权利"来展示其权利的存在。从占有效果上看，受制于个人数据权的限制，企业不能完全控制自己收集和占有的数据，个人享有对其数据删除、更正和撤回等权利。在法律制度和规范上，必须对企业数据权加以限制和规范，特别是对相关企业的数据收集、处理和使用行为要进行规制。在实践中，无论是数据技术的应用还是网络竞争的手段，都在不断地变化和发展。数据运营商、网络用户和公众之间相应的利益格局也是一个寻求平衡和再平衡的动态过程。

1　李扬、李晓宇：《大数据时代企业数据权益的性质界定及其保护模式建构》，《学海》2019 年第 4 期。

2　唐稷尧：《大数据时代中国刑法对企业数据权的保护与规制论纲》，《山东警察学院学报》2019 年第 3 期。

3　李晓宇：《权利与利益区分视点下数据权益的类型化保护》，《知识产权》2019 年第 3 期。

（三）政府数据权

1. 政府数据

数据作为政府的重要资产，是政府治理的重要手段，更是政府治理的成果体现。通过块上集聚形成一种内在关联性的数据，预示着广泛的公共需求和公共问题，蕴含着巨大的价值和能量。这些数据深刻改变政府治理理念、治理范式、治理内容和治理手段，彻底改变传统的以信息控制与垄断来维护威权的治理模式，真正建立起一套"用数据说话、用数据决策、用数据管理和用数据创新"的全新机制，从而推进数字政府建设。

一般而言，政府数据是指人民政府及其行政机关在依法履行职责过程中制作或者获取的，以一定形式记录、保存的各类数据资源。[1]具体来说，政府各个部门持有构成社会基础的大量原始数据，包括气象数据、道路交通数据、电力数据、司法案件数据、海关数据、出入境数据等等。政府数据只是众多大数据资源中的一类，特指政府部门多年来，在数据收集、信息系统建设及业务办理过程中集聚的大数据。政府数据关系国计民生，与百姓的生活密切相关，如果将这部分数据利用起来，数据开发者可以利用政府数据开发创新性应用，提供更好的服务，创造更多的价值，推动经济增长乃至经济发展方式的转型。

1　石丹：《大数据时代数据权属及其保护路径研究》，《西安交通大学学报》（社会科学版）2018 年第 3 期。

中共十九届四中全会提出，"建立健全运用互联网、大数据、人工智能等技术手段进行行政管理的制度规则。推进数字政府建设，加强数据有序共享，依法保护个人信息"。与个人数据和企业数据不同，作为公权力机关并非市场主体，政府数据应当保留公有物品特质。应该说，除了依据相关法律规定应当予以保密的数据，政府数据应当由全体公众共享，并作为开放数据处理，供数据从业人员开发利用。目前，国务院正在建设全国一体化的国家大数据中心，推进技术融合、业务融合、数据融合，实现跨层级、跨地域、跨系统、跨部门、跨业务的协同管理和服务，各地政府也在推进政府数据融合共享，很多地方政府还明确支持采购社会数据。

2. 政府数据权利体系的构建

政府是政府数据的管理者，甚至在一定程度上是数据的最先获得者，政府成为政府数据最重要的主体。政府数据既可以为行政机关做出科学决策提供依据，同时，政府数据还具有资源特性，可被反复复制和传播利用。不同"数据"这样抽象概括的概念难以界定，"政府数据"因主体的特殊性，可以缩减其范围，并根据在不同场合或情境下的共享推断出不同的权利属性。政府数据开放共享是大数据发展的重要基础，正在成为时代发展的潮流，但是政府数据开放共享应当在法治的轨道上进行。

如果行政机关是政府数据的提供者，至少可以确定其对所提供的数据享有一定程度的支配权能，即所有权和使用权。行政机关作为政府数据的使用者，一方面对自己所拥有的数据具有进行完全开发利用的权利，另一方面对其他政府部门提供的政府数据具有"附加限制"的使用权。这种"附加限制"主要是指对不属于本部门的政府数据进行加工、利用和流转共享的限制：一是局限于"履行行政职责"，出于"商业利益"的"数据交易行为""数据交换行为"都应被禁止；二是仅限于数据共享的部门之间，未参与数据共享的部门不应纳入共享的主体范围。[1]根据政府数据共享的特殊性，从现有物权理论基础衍生出的"所有权"和"使用权"，可以在一定程度上缓解政府数据共享的权属桎梏。

但是，政府数据权作为一种新型的数据权利，不止于所有权和使用权，仍然有很多权利属性有待开发。有学者提出，"政府代表国家行使对大数据的管理权，表现为数据获取权、控制权、发展规划权和使用许可权"[2]。为了国家安全和社会公共利益，政府有权通过一定技术手段获取有关政治、经济、文化、社会和生态等领域的数据，这种无偿或者有偿获取数据资源的权力属于行政法领域的政府管理权。[3]因此，面对以大数据资源和技术为核心引发

1　张亚楠：《政府数据共享：内在要义、法治壁垒及其破解之道》，《理论探索》2019 年第 5 期。

2　吕廷君：《数据权体系及其法治意义》，《中共中央党校学报》2017 年第 5 期。

3　数据控制权是数据管理权的常态化权力，是指政府对所获取大数据的掌控和日常管理，包括按照流程对大数据进行分类、整理、存储和保护等管控行为。数据发展规划权是政府对大数据发展的统筹安排，包括大数据政策的制定、未来阶段性发展计划和对大数据开发主体的协调等多种管理权限。数据的许可使用权是政府数据管理权中的一项核心权力，大数据的许可使用不仅涉及国家安全、公共利益，更关涉企业、社会组织和公民的权利，因而大数据的许可使用权成为社会关注焦点和法律制度创设的核心内容。参见吕廷君《数据权体系及其法治意义》，《中共中央党校学报》2017 年第 5 期。

的系统性法律制度变革，亟待我们构建一种以数据权体系为核心的多元权力、权利系统为基础的新型法律制度。

3. 政府数据开放与治理

虽然目前世界各国关于数据权尚无定论，但是其资源性价值不可被否认，而流动于政府部门之间的政府数据因共享主体为行政机关、共享范围仅限于依法履行职责、共享行为仅限于"使用"或者"提供"两种，因此政府数据共享具有现实的可行性。[1]政府数据是社会数据资源中最大量、最重要、最核心的组成部分，具有极高的增值效益。然而，往往由于政府不愿或难以向社会开放数据，大量高价值数据长期得不到有效利用。"从公权与私权关系角度看，数据权是公民的一项基本权利，公民享有政府掌控数据的知情权，政府有开放政府数据的义务。"[2]

政府数据开放是数据开放的一部分，是指政府对于其所产生、收集和拥有的、具有正当归属的数据，经过知识共享的许可后可以对外公布，并允许互相共享、传播和修改，甚至对其进行商业使用。[3]近年来，各国也在积极制定开放政府政策，逐步建立、完善相关法律制度，引导、规范政府数据开放活动。政府数据开放是大数据时代公众对政府数据资源需求由知情需求上升为使用需

1　张亚楠：《政府数据共享：内在要义、法治壁垒及其破解之道》，《理论探索》2019 年第 5 期。

2　吕廷君：《数据权体系及其法治意义》，《中共中央党校学报》2017 年第 5 期。

3　陈尚龙：《大数据时代政府数据开放的立法研究》，《地方立法研究》2019 年第 2 期。

求的客观要求。但实现数据的增值利用，需重构与政府部门之间的关系，并充分考虑政府数据资产的所有权和利益分配，不断完善政府数据资产所有权、使用权与收益权等机制；加强政府数据治理的成本控制，考虑数据治理的可持续性等问题。

在国家大数据战略发展的背景下，政府数据开放共享应建立完善的政策和法规体系，可以"将整个政策体系分为基础设施层、数据管理层和政府治理层"[1]。具体而言，需要进一步考虑如何解决政府、企业、社会以及黑客等不同利益相关者之间数据开发利用权力的不对等问题，明晰不同主体的职能边界、活动轨迹与任务清单，以实现政府数据经济社会价值与个体数据价值最大化之间的平衡。[2]同时，需要从全局视野加强政府数据治理的统筹建设和顶层设计，并建立跨地域、跨部门、跨系统的开放式数据共享体系，形成政府与社会多元互动的数据治理新格局。既强调政府数据的资产属性，也注重政府数据价值体系的重构和挖掘，并从理论、制度、方法等角度寻求数据治理的路径。

1　黄如花、温芳芳、黄雯：《我国政府数据开放共享政策体系构建》，《图书情报工作》2018年第9期。

2　夏义堃：《试论政府数据治理的内涵、生成背景与主要问题》，《图书情报工作》2018年第9期。

第三节　数据权的对抗

　　进入大数据时代，权利与权力的内涵和外延都发生了巨大的变化。数据私权与数据公权在网络空间中往往是相互对抗、相互博弈和相互制衡的存在。从数据相关权利配置上看，个人、企业基于自身利益考量提出不同类型的权利诉求，在深层次意义上是个人数据权益与企业数据利用之间，个人与政府、企业与企业之间数据控制权的利益博弈。数据权利的让渡与数据权力的衰退是数据权发展的必然趋势，是个体差异与群体共享的必然要求。因此，只有在数据相关权利清单扩展与深化后对既有稳定性权利体系进行突破和修正，平衡协调个人、企业、政府在数据方面的权益，大数据的价值才有望得到最大化释放。

（一）数据私权的让渡

1. 数据的私权属性

　　个人数据来源于个人行为，其权利当然归属于提供和占有数据的个人，个人占有是私权制度产生的前提性条件和正当性基础。

所谓私权，即私的权利，它是一种私人的权利、私有的权利和私益的权利。部分数据具有个人独占性，也可以说其具有私权属性。数据的特性决定了私权属性具有多元特征，主要体现为人格属性与财产属性。数据权是人格权和财产权的综合体，这两种权利属性既同时存在又不可分割，使得数据权利突破了传统民事权利的边界，成为一项新型民事权利，无法利用传统的民事法律对其进行规制，构建新的权利保护制度成为必须和必然。数据人格权和数据财产权的双重利益属性均具经济价值，因而分析数据的私权属性主要是为了进一步论证对数据权的保护应采用人格权的保护模式抑或财产权的保护模式。

2. 数据权利的扩散

数据权利虽然是大数据时代才提出的，但其理念早已有之。诸如个体信息、个人隐私、知识规律、商业秘密等传统意义上的数据已经被各国纳入民事权利的范畴。数据权利的提出，既是上述传统民事权利的发展，也是一项新型权利的构建。这是因为数据权利的客体已经扩展到具有普遍意义的数据层面，它不仅仅包含有明确含义的个人信息、知识规律等，还包含着无数看似没有关联的数据。利用数据技术对这些数据进行运用和挖掘正是大数据时代的核心要义，而由此产生的权利已经突破了传统民事权利的范畴。在数据保护意识日渐觉醒的背景下，数据权利正获得快速成长。但是，不同于以往私权利的发展，数据权利的发展带有明显的扩散性。首先是数据权利客体的扩散。数据权利的客体从知识、秘密、隐私等部分客体逐步扩散为一切数据，而这些数据也正从传统的电子数据扩散为一切形式的记录，这就使得数据权利无处不在。其次是数据权利主体的扩散。这种扩散是数量和类型的双重扩散。在类型上，数据权利的主体从普通的自然人逐步向团体、企业、政府等法人组织或非法人组织扩散。在数量上，只要是数据的拥有者，就具有一定的数据权利诉求，随着大数据的深度发展，发出这种诉求的主体也必将越来越多。最后是数据权利使用的扩散。随着数据量的激增及其资源属性的明确，数据权利的行使范围会越来越大，使用频率也会越来越高，数据权利使用呈现明显的扩散性。

3. 数据权利的共享

个人是数据的生产者，政府是数据的最大拥有者，企业则是推动支持数据发展应用的中坚力量。企业在数据利益的驱动下，投入了大量的资本和人力资源，不断开发和改进数据技术，不断创新数据生产、收集和分析方法，不断完善各项数据活动、理顺各种数据关系，从而达成数据繁荣和经济高效化。然而，从传统的信息保护到《一般数据保护条例》，数据私权从弱保护状态进入强保护状态，而无论是弱保护还是强保护，都不利于大数据的发展，会造成数据权的失衡。要实现数据权的均衡，在数据公权的限制之外，适当地数据私权让渡显得尤为重要。如果对个人数据加以极其严格的无差别保护，则可能出现以下不利结果。一方面，大数据的发展离不开良好的数据环境，而完善和活跃的数据流通是构建良好数据环境的重要基石。在这种保护模式下，数据流通将严重受阻，大数据的发展也将成为无本之木、无源之水，例如"史上最严数据保护法案"《一般数据保护条例》所带来的巨额 GDP 损失风险。[1]另一方面，大数据蕴含大价值，在巨大的利益面前，过于严苛的保护反而会增加数据犯罪的风险，使得个人数据保护陷入越保护越危险、越管理越混乱的恶性循环。

数据具有非独占性、非消耗性和可复制性等典型特征，不应因保护而成为稀有资源，应是普遍化、日常化、便利化的"用生资源"[2]。数据私权让渡，其本质都是为了尽可能消除数据壁垒，促进数据流通，从而最大化地释放数据价值。在让渡和限制的中间地带，便是共享。数据共享是大数据时代的基本价值理念，数据权利的共享不仅是数据自身发展的诉求，更是促进数权从失衡到平衡的重要手段。

从资源角度看，数据作为典型的"用生资源"，最大化使用是其本质要求，而共享是实现这一要求的最佳途径。从权利视角看，共享和占有是数权与物权的本质区别。其原因在于，在物的使用权让渡中，占有权的存在让物的权利主体的利益不会因此受到损害，权利主体仍旧对该物具有控制权。但数权不同，一旦数据的使用权让渡，获取数据的一方就完整地拥有了数据本身，数据就会脱离初始权利人的掌控，此时对数据本身的占有权就因此失去

---

1 《一般数据保护条例》在个人数据保护方面十分严格，对于科技金融产业，条例的实施将进一步加剧个人获得信贷的难度，据德勤会计师事务所估计，条例将令欧盟境内消费信贷下降 19%，给 GDP 造成每年 830 亿欧元的损失并引发 140 万人失业问题。

2 用生资源，即不会因被使用而产生消耗，反而会因被使用而增加的资源，如数据、技术、知识等。

了意义，数权突破了"一物一权"和"物必有体"的局限，往往表现为一数多权。对于数据来说，强调数权的共享权与强调物权的占有权一样重要，这是从物尽其用到数尽其用的必然。[1]

（二）数据公权的限制

1. 数据的公权属性

数据权力具有公权的属性。从数据权力的结果导向看，虚拟网络世界作为现实世界的镜像世界，使得公权有了新的载体空间和实现形式，公众在享受网络和技术带来便捷的同时也无法摆脱在网络世界中遭受恶意攻击的担忧、晦暗权力的裹挟和无所遁形的恐惧。虚拟网络空间和现实物理社会的高度融合，形成了两者既相互独立又相互影响的格局。数据权力的行使结果会影响法律所保护的公共利益。从经济学角度认识，大数据可以构成"准公共物品"，具有"公私兼备"的法律性质。从属性看它是一种私权，但从权利行使的结果与影响看其又会影响到公共利益，具有公权属性。数据私权需要受到法律规制，个人不能"垄断数据"，不能为了保护个人数据权利而牺牲公共利益。如果没有公共利益的平衡，追逐私利就会变成社会导向，数据产权制度反而成为大数据产业发展的羁绊。在我国社会主义法律体系中，公权和私权都受法律的规制和保护。保障个人数据权利只是目的之一，更重要的

1　大数据战略重点实验室：《块数据5.0：数据社会学的理论与方法》，中信出版社，2019，第266页。

是公共利益的维护，使数据的价值发挥到最大化。[1]"数据权的提出恰恰符合道义论，即公民向政府主张数据权是救济性、防范性和负面主张性的，主要是为了保护公民免于公权力以及其他庞大数据控制者对私权利的侵犯。"[2]

2. 数据权力的扩张

公权力本身具有强制性和天然扩张性，所以有对其进行制约的必要性。大数据时代，数权制度的缺失和公权力的自我扩张性导致了数据公权的滥用，使得数据私权受到了不同程度的损害，主要体现在以下两个方面。

第一，公权私用。多元治理主体的权利与权力边界模糊使得公权和私权在一定程度上表现出相互侵扰的现象。往往只有在服从数据公权的管制时，公民才能享有行使数据私权的自由。但是在现实中，经常出现数据公权私用现象，从而影响数据私权的安全性。数据公权私用有两种表现形式：一种是数据公权被滥用，违反正常使用程序和规则，侵犯公民私权使用自由；另一种是一些平台通过寻租和设租，使得公民数据私权受损。

第二，权力重心偏移。在物理世界中，公权总是强于私权，

1　经济学家薛兆丰教授在解析《互联网经济治理手册》阶段性成果时表示，治理规则会朝着一个平衡点移动。这个平衡点就是数据资产价值最大化。谁能把数据用好，数据就更可能是谁的。那些能够把数据资产所具有的潜在价值发挥到最大的治理规则，能够使数据资产发挥最大效益的产权界定原则，就是好的规则，就是稳定的规则，就是大家都愿意遵守的规则，就是能活下去、活得好的规则。

2　刘建刚:《数据权的证成》,《北京政法职业学院学报》2016 年第 4 期。

公权的天然强扩张性往往压缩私权空间，这种冲突在网络空间仍然延续。数据权力主体逐渐转变为在资源上占有相对优势的主体，而这些资源大多是大数据或与大数据相关的资源；数据权力对现代权力的价值重构使资本使用发生了变化，数据权力应用改变了以往权力主体在市场中的地位，剥夺弱势大数据拥有者的主体权力，构建出新的资本权力主体；同时，数据权力的增强会助推权力占有者控制和垄断市场的能力。[1]现代信息技术的发展为官、企、民之间的信息不对称添加了砝码，并严重偏向于掌握公权力的一端。[2]

公权和私权的界限正在被重新划分，私权对抗公权的生存空间正被日益压缩。数据权力在性质上有着绝对绝缘性和虚拟性，存在权力运用中的数据风险和盲点，这就很可能在处理主客体的利益关系中造成社会失范和政治失序的伦理黑洞。[3]数据权力的适当扩张是大数据初期获得快速发展的重要条件，但其不受限制的自我扩张必然会导致数据权利的被压缩或被侵害。只有保证数据权利与数据权力间的大致平衡，才能为大数据的长足发展赢得更多彼此信任的空间。[4]

1　佟林杰、郭诚诚：《大数据权力扩张、异化及规制路径》，《商业经济研究》2019 年第 4 期。

2　郑戈：《在鼓励创新与保护人权之间——法律如何回应大数据技术革新的挑战》，《探索与争鸣》2016 年第 7 期。

3　林奇富、贺竞超：《大数据权力：一种现代权力逻辑及其经验反思》，《东北大学学报》（社会科学版）2016 年第 5 期。

4　何鼎鼎：《数据权力如何尊重用户权利》，《人民日报》2018 年 3 月 23 日。

3.数据权力的衰退

数据权力与数据权利是一对孪生兄弟。在以权利对抗权力的传统法律架构下，通过个人信息的自我控制防止政府权力滥用造成对个人隐私的侵害。[1]几乎在数据权利快速成长的同时，数据权力也在加速形成。一方面，大数据发展带来数据权利诉求的日益增加，要求数据权力的构建作为数据权利的合法性依据和实际性保障，离开国家权力的数据权利是不存在的；另一方面，大数据作为一项新事物，让其发展不失控是政府的首要原则，这就需要对相应的数据权力做出一定限制和规范，将数据权利的使用控制在合理范围和合理途径。

在大数据发展过程中，如果不对数据权力加以规制，就会出现诸如不作为、乱作为、过分干预等情况，数据权力的实施将会严重受挫，数据权利的保障也无从谈起，无论是对大数据发展还是社会稳定来说，其危害都是巨大的。只有规范数据公权，防止数据公权的滥用，才能真正保护好数据私权。但是，规范数据公权绝不意味着削弱数据公权的权威，而是通过相关的规则、程序规范数据公权的行使，这样不仅不会削弱数据公权权威，反而会使数据公权得到更好的发挥。

从长远来看，数据权力的扩张是必然，数据权力的衰退也是必然。数据的价值不在于大而在于用，在数据活动日益活跃的今

1　王秀哲：《大数据时代个人信息法律保护制度之重构》，《法学论坛》2018年第6期。

天，数据权力虽然正在不断发展甚至扩张，但到一定阶段后，其必然走向衰退。这是因为在大数据发展初期需要强力的数据权力作为行政支撑和法律支撑，在短时间内给大数据提供充足的发展动力。但随着大数据行业成熟后，有些数据权力的存在就成为大数据进一步发展的阻碍，数据权利的诉求也需要数据权力的让步以获取更大的发展空间，由此带来了数据权力的衰退。但这个衰退并不是消亡，它是在确保国家安全、隐私保护等数据安全的基本原则上的权力让渡，这种权力让渡是由数据自由流动的特性所决定的，是数据价值得以充分释放的基础，对未来社会发展起着极其重要的作用。

（三）数据私权公法化

1. 数据私权公法化

古罗马的法学家最早将法律分为公法和私法，乌尔比安[1]从法的目的入手，将以保护国家利益、公共利益为目的的法律称为公法，将以保护私人利益为目的的法律称为私法。目前，大陆法系的法学家多数赞同调整关系说，该说认为："私法是调整平等主体之间民事生活关系的法律，而公法则是调整国家机关之间、国家与公民之间政治生活关系的法律。在这种理论下，调整国家与公民之间民事关系的法律，也属于私法的范畴。在我国，最

1　乌尔比安在法学上首创"公法"和"私法"的体系，主张保护奴隶主私有财产制，对后世资产阶级法学曾具有重大影响。其代表作品有《敕令评论》《萨比尼评注》《法律论》等。

为典型的公法就是刑法、行政法等，而私法即为民事法律部分。在调整关系说的理论支撑下，公法和私法的划分是有一道明确界限的。"[1]

私权的公法化是指在本来属于平等主体之间的私权领域中，出于某种需要，公权力介入其中，并对私权自治行为进行一定程度的干预。[2]随着数字化进程的推进，由个人数据权利引发的各种社会矛盾不断积累和爆发，公权力介入的频率也在不断攀升。首先，由于数据鸿沟、数据垄断等差距的存在，各私权主体地位不对等，而私权自治造成极端不公平时，出于对弱势群体的权利保护，对极少数强者滥用垄断权的抑制，公法将本来属于私权领域的内容吸纳进来，以便公权力能合法介入其中，使私权的公法化得以实现。其次，由于数据私权具有财产权属性，当对数据私权的侵害明显损害公共利益时，可以将其纳入民事私权范畴。私权即民事权利，在民事权利法律关系中，即使是国家机关也应当处于平等的地位，包括对数据私权在内的民事权利的处分也应当充分尊重民事主体的意志。

个人数据权作为一种新型的民事权利主义的契合，对于该权利的立法目的更倾向于保护利益本身，防御数据权利遭受其他主体的侵害，并在法律领域内，使得数据权利可以更加直观地发挥其作用，数据权利在私法领域的认可要与其受损害时的救济方式

1　陈鸿至：《公法私法化问题初探》，《法制与社会》2018年第2期。

2　王春业：《公权私法化、私权公法化及行政法学内容的完善》，《内蒙古社会科学》（汉文版）2008年第1期。

紧密关联，数据权利需要私法领域与公法领域联动保护。[1]数据私权的公法化造成私法自治原则受限，但这并没有对民法的本质和私权的本质产生影响。数据私权公法化一方面强调国家对数据权利制度的干预，另一方面强调创造者个人利益与社会利益平衡机制的建立，但这些绝不可能改变数据权的本质属性，使其从私权演变成私权与公权的混合体。

2. 数据私权公法化趋势

当今时代，公权力对数据权利保护的介入因素逐步增多，导致各种侵权行为不仅侵害了数据权利人的权利，制约了企业发展的活力，也严重侵犯了社会公共利益。数据权利保护应立足个体，维护公民对个人数据及其处理活动所享有的各项权利。但是，对权利进行规定容易被虚化，仅仅规定权利是不够的。此外，个人数据相关的各方在数据处理能力上存在的较大差别将产生不平衡的竞争优势，而这种不平衡的竞争优势会成为一些主体攫取其他主体的利益的工具。因此作为公权力的政府成为个人数据保护和大数据产业发展的平衡者，在确保数据安全的同时激发数据活力，不断推进数字经济健康发展，真正实现数据为民所用、造福于民。

"面对国家对个人信息权利的威胁，民法并不能提供充分的保护，亟待从法律保留、正当程序和比例原则出发，对公权力加以

1　吕志祥、张强：《大数据背景下数据权利的法理分析》，《昆明理工大学学报》（社会科学版）2019 年第 1 期。

规范。"[1]比如,《中华人民共和国护照法》和《中华人民共和国居民身份证法》都要求对收集到的个人信息给予保护的规定。截至目前,我国尚未出台专门的个人数据保护法,虽然涉及个人数据保护的有70多部法律法规,但都是通过事后处罚给予救济,并没有事前的保护。关于对个人数据的间接保护,一般是通过保护公民的个人隐私、人格尊严等与个人数据相关的范畴加以保护。

在此背景下,公法和私法相互渗透、融合成为数权保护发展的重要趋势。一方面,"私权领域不断受到公法的侵入,以弥补传统私法调整之不足,出现了私权公法化现象"。[2]另一方面,国家运用传统的公法方式,借鉴和引入大量的私法制度和观念,以便更好地实现公法目的,出现了公权私法化现象。总体而言,应该将个人数据作为公共物品来规制,对个人数据使用进行治理的主体应该是政府专门机构,治理的法律性质应该是公法而不是私法,进而治理是为了公共利益和公共安全而促进个人数据的自由共享。[3]

3. 数据私权公法化的时代价值

从民法角度,受保护的权利应当具备人身或财产性质,作为个人行为的留痕,数据权利无疑具有人身性,传统上将其作为隐

1　张新宝:《我国个人信息保护法立法主要矛盾研讨》,《吉林大学社会科学学报》2018年第5期。

2　王春业:《公权私法化、私权公法化及行政法学内容的完善》,《内蒙古社会科学》(汉文版)2008年第1期。

3　吴伟光:《大数据技术下个人数据信息私权保护论批判》,《政治与法律》2016年第7期。

私权，进行严格的保护。[1]而在大数据环境下，个人数据的财产属性正在不断强化，面对数据主体权利遭受侵害的危机，只有建立健全相关权利救济机制，数据主体权利才能得到真正有效的保障。数据主体认为自己的合法权益受到侵害，或者行政机关的行政行为存在违法，有权向相关机关提起复议或者提起行政诉讼，要求对行政机关的行为进行审查，对于发现行政机关违法或者不当的行为进行撤销或者确认违法，造成公民合法权益受到侵害的，应当赔偿公民的损失。行政诉讼作为解决行政纠纷的主要方式，在未来将发挥巨大作用。在我国的司法实践中，公民的个人数据权遭受侵害并不在行政诉讼的受案范围，面对现实需求，应扩大原有的受案范围，将个人数据权遭受侵害的情形纳入起诉范围，切实解决数据权行政纠纷，以保障公民的合法权益。需要注意的是，数据私权公法化虽然有助于保护弱势群体和维护公共利益，但也是公权滥用的重要因素。因此，要克服私权公法化的危害，要制约公权本身，防止滥用公权。

---

1 《侵权责任法》将隐私权纳入其保护的民事权益内,《全国人大常委会关于加强网络信息保护的决定》规定，任何组织和个人不得窃取或者以其他非法方式获取公民个人电子信息，不得出售或者非法向他人提供公民个人电子信息。

第四节　数据权的保护

数据资源分配及其引发的社会性问题，应该遵循"技术带来的问题，首先依靠技术解决"，但是现有技术似乎无法提供有效的解决方案，此时就需要转向法律制度层面寻求解决之道。[1]然而，数据客体特定性、独立性的缺失及主体分散化、多元化的杂糅使得数据权难以证成，再加上高昂的数据权利界定成本和数据权利化后面临的诸多窘况更加大了数据权成行的难度。现实复杂的数权纠纷又亟须法律的因应调适，以及数据利益亟待制度化的稳定保障。因此，构建以技术治理为核心，并不断健全和加强伦理准则和立法保障，是当下数据权保护的一种绝佳解决方案。

（一）数据权的技术之治

1. 数据权的技术治理

技术是保护数据安全的有效途径，可从以下两方面着手：一

---

[1]　文禹衡：《数据确权的范式嬗变、概念选择与归属主体》，《东北师大学报》（哲学社会科学版）2019年第5期。

方面国家与企业增加资金对数据安全技术进行研发与创新，不断提升网络系统设备的安全性能，从技术层面保障数据安全；另一方面要借鉴不同领域的方法和模式，实现数据安全技术保护从传统向现代的平稳转变。数据当然受到代码或技术规则的控制，需要通过电脑终端或存储介质而存在及转让，因此需要通过技术手段防止他人的窃取。[1] 甚至有学者认为："数据不是民事权利的客体，难以被权利化，只能服从于代码规则，数据的保护问题应当交由技术手段而非法律手段解决。"[2]

海量数据存储安全是释放大数据应用价值的前提，当数据存储在用户终端时，其保护措施应该由传统落后的被动防护转变为主动反击。传统的确权手段采用提交权属证明和专家评审的模式，缺乏技术可信度，且存在潜在的篡改等不可控因素。为解决这些问题，迫切需要操作性强的确权方案，正如现代军事领域的弹道防御系统一样，其反导系统也可以作为防止数据泄露和滥用等威胁的参考，及时对可疑事件进行安全性分析，当确定为危险侵权时对其进行拦截，从而实现对数据的递进式防护。技术治理方式区别于以国家为核心的法律治理方式，甚至在某些场合对法律治理方式产生一定制约。

1　例如，在"北京百度网讯科技有限公司与上海杰图软件技术有限公司不正当竞争纠纷案"中，被告百度公司就是通过爬虫技术而获取了原告汉涛公司所运营的大众点评网上用户点评的数据，并在百度地图、百度知道等产品上进行使用。参见上海知识产权法院（2016）沪 73 民终 242 号民事判决书。

2　梅夏英：《数据的法律属性及其民法定位》，《中国社会科学》2016 年第 9 期。

区块链技术为数据权保护提供了一种新的解决方案。区块链技术也称为分布式账本技术，是一串使用密码学方法相关联产生的数据块，是分布式数据存储、点对点传输、共识机制、加密算法等计算机技术的新型应用模式。[1]首先，通过引入审计中心和水印中心，以分离大数据完整性审计和水印生成的职责；其次，基于数据持有性证明技术和抽样技术，实现对大数据完整性的轻量级审计；再次，利用数字水印技术的特殊安全性质，实现对大数据起源的确认；最后，针对整个确权过程中涉及的证据的完整性和持久性，利用区块链的原生特点实现确权结果与相关证据的强一致性。因此，区块链技术可用于满足数据的完整性、可限制性以及可审计性等数据安全需求，也解决了数据共享最基础的信任问题。

2. 代码技术规制

在大数据时代，法律规制须放弃传统习惯上的强制干预方式，采取更多的技术策略和措施，将法律规制转化为相应的法律技术化规制。随着互联网的融合化、实体化、智能化发展，造就网络空间的软件和硬件越来越实际地控制和规制着该空间，而"代码就是法律"[2]。在知识产权、隐私和言论自由等相关的方面，制定标准和编写代码就是一种新型的规制形式和控制力量。而数据的生

1　何蒲、于戈、张岩峰、鲍玉斌：《区块链技术与应用前瞻综述》，《计算机科学》2017年第4期。

2　［美］劳伦斯·莱斯格：《代码2.0：网络空间中的法律》，李旭、沈伟伟译，清华大学出版社，2009，第6页。

成、翻译、传输和存储都会依赖于代码，数据天然地受代码控制，不服从任何脱离代码的人为干预。代码能够形成一套内嵌于"代码"的网络技术规则，人们能够利用代码来控制人的行为。[1]因此，数据秩序的权利设计或利益分配，都能通过合适的代码来实现。在网络空间中，法律并不能直接干预数据运行本身，合同的明确约定远不如代码架构的自动调整有效。"在数据和算法成为重要的生产要素的宏观背景下，大量的生产生活关系将会由代码来设定、建构和维护。"[2]特别是要尊重法律变革进程中的新兴权利和法益诉求，反映的是虚实空间、人机混合、算法主导时代的行为规律和新型法律关系，在法律概念、法律机制等的建构中融入技术元素，探索从二元规范走向一体融合规则体系的制度安排，从而塑造数字文明时代的新型法治秩序。当然，这绝不是对现代法律的抛弃或替代，而是继承和发展。事实上，代码并不是完全不可控制，其编写修改受人行为的主导，而行为又为法律所调节，如此数据和法律也就有了联系的桥梁，即通过法律—行为—代码—数据这种间接联结关系来彼此影响。[3]所以，在面对数据本身导致的争议（如数据传输进路差异、数据保密性欠佳、数据代码难以转译等）时，要尊重数据技术规则，用代码规范数据秩序。当代码中存在问题时，可再通过法律调整代码设定行为

1　郑智航：《网络社会法律治理与技术治理的二元共治》，《中国法学》2018年第2期。

2　马长山：《智能互联网时代的法律变革》，《法学研究》2018年第4期。

3　张阳：《数据的权利化困境与契约式规制》，《科技与法律》2016年第6期。

来解决数据权纠纷。

3.算法权力规制

数据是信息和社会利益的载体。由于海量数据所需的计算能力超过了人工计算能力，社会资源的分配能力不得不逐渐让位给算法。传统的法律制度往往过于强调数据保护，忽视对算法的规范，但在人工智能时代，我们面临着截然不同的数据生产和流通方式，以及数据利用带来的巨大价值与风险。"权力是社会学和哲学领域的重要概念，凡是特定主体拥有的足以支配他人或影响他人的资源均可称之为权力。"[1]技术作为一种征服自然和改造自然的力量，本身没有价值取向，也不具有权力属性。[2]

但是，"如果技术对人的利益能够直接形成影响和控制，技术便失去纯粹性而具有权力属性"[3]。因此，算法调配资源的力量使其形成了一种事实上的技术权力，可称之为算法权力。[4]算法权力对数据、人的行为和公权力资源的调动能力，使其属性和实现形式不同于其他权力。"商业平台与公共部门均借由算法的力量扩张

1　[德]尤尔根·哈贝马斯:《作为"意识形态"的技术和科学》，李黎、郭官译，学林出版社，1999，第 76 页。

2　刘永谋:《机器与统治——马克思科学技术论的权力之维》，《科学技术哲学研究》2012 年第 1 期。

3　梅夏英、杨晓娜:《自媒体平台网络权力的形成及规范路径——基于对网络言论自由影响的分析》，《河北法学》2017 年第 1 期。

4　算法权力是指一些商业机构和公共部门凭借大数据算法，获得的一种新的权力。

各自的权力版图，产生新的知识生产与治理模式。这使得传统的数据保护路径失灵，个人数据保护的知情同意原则已经基本被架空，对个人敏感数据的划分标准也由于算法的分析而几乎失去意义。"[1]因此，算法可借助数据生产知识、产生利润和控制人类行为，但由此也带来了算法权力异化的风险。

算法权力从不同层面嵌入公权力的运行，甚至在某些领域成为取代公权力的独立决策者。"从控权角度观之，算法解释权基本遵循了以权利制约权力的控权逻辑。"[2]欧盟《一般数据保护条例》即通过赋予解释权提高算法透明度，进而增强算法决策可责性的算法权力规制路径。算法权力的跨越性和隔离性使其在经济政治等领域产生巨大影响，并借由技术"面纱"逃逸现有法律制度的制约，在无形中又进一步巩固了算法权力。因此，应及时调整传统法律制度的规制理念以约束算法权力，对算法应用范围加以限制，建立正当程序制度和问责机制，赋予个人数据权和权利救济措施对抗算法权力的侵害。

（二）数据权的伦理规制

1. 伦理文化与隐私保护

一般来说，隐私是指与公共利益无关的，不愿意为他人干扰

1　张凌寒:《算法权力的兴起、异化及法律规制》,《法商研究》2019 年第 4 期。

2　张恩典:《大数据时代的算法解释权：背景、逻辑与构造》,《法学论坛》2019 年第 4 期。

或不可为他人干扰的私人领域。[1]孔子说："非礼勿视，非礼勿听，非礼勿言，非礼勿动。"礼指的是礼仪、礼教，不符合礼的事情不可以做，要克制自己，不可以蓄意打听别人的秘密，要按照礼的要求做事。尊重他人隐私，这便是儒家思想中的传统隐私观。可以说，礼是我国传统文化的核心，贯穿于整个中国古代社会，礼与法的相互渗透融合，使中国的传统法律文化具有典型的伦理性。中国古代的儒家纲常学说是指导法制建设的理论基础，形成具有中国古代特色的"法律与道德密切结合的伦理法"[2]。换言之，中国古代法律根据就是儒家的"伦理道德"。事实上，任何国家在制定自己的法律，包括隐私权保护制度时，都必须考虑到自己的国家价值取向、法律制度的历史和法律思想的发展史。20世纪，伴随科学技术的飞速发展，人类社会进入了信息时代，人们的交流方式也随之改变，使得信息安全、隐私保护等问题成为社会关注的焦点。"个人数据保护的伦理基础之一，是为了保护人的尊严，防

1　世界隐私组织认为，隐私的概念是和数据保护相结合的，也就是和管理个人信息相结合。"在所有国际上有关人权的范畴中，隐私可能是最难以定义的。隐私的定义因为背景和环境的不同有着很大的变化。其将隐私权分成四种独立却又相互联系的类别，包括信息隐私、身体隐私、通信隐私和地域隐私。其中信息隐私涵盖对规范个人数据的收集、处置的相关制度，如信用信息、医疗信息。政府作为社会的管理者和服务者，是公民个人信息的最大消费者。毋庸置疑，公民对个人信息拥有绝对权利，政府机关不能因为占有就享有对公民个人信息的支配权，而要受到公民的限制和监督。个人信息与隐私权最终体现的是对人权的保护，在法理上具有立法保护的正当性与必然性，其法律地位无可撼动。"

2　张晋藩:《中国法律的传统与近代转型》，法律出版社，2009，第113～129页。

止个人数据信息化把个人物化。"[1]而人格权的产生和演变与伦理文化观念息息相关，每个人都有尊严，隐私权的基础就是维护人的尊严、自由和人格独立。伦理文化不仅对我国的数权保护制度产生了重要影响，而且在司法领域也发挥了极大作用。在具体的司法实践中，通常借助伦理标准来解释法律漏洞或冲突，从而使判决更符合社会道德标准。在当前大数据背景下，政府应建立健全个人隐私保护的法律体系，做到有法可依。企业作为数据的收集者，一方面要合法使用用户数据，另一方面要提高数据安全防御能力。此外，公民个人要树立正确的隐私观。

2. 行业道德自律

"品德是一个人在长期的、一系列的行为中所表现出来的习惯的、稳定的、恒久的、整体的心理状态。"[2]如果是良好的品德，对人类社会的发展大有裨益；但如果形成了"恶德"，造成的危害就可想而知。良好道德的形成是一个长期的过程，大数据时代加强数据利益相关者良好道德的养成刻不容缓。在伦理道德规范相对滞后的网络时代，大数据技术更易得到广泛运用，如果不加强数据利益相关者的道德自律建设，技术异化就有可能失控，造成的灾难性后果难以想象；甚至会造成这样的错觉，"恶德"成为大数据时代的常态，即数据利益相关者一旦形成稳定的"恶德"，"良德"反而成为非常态，大数据技术就会存在巨大的异化风险。

1　郭瑜：《个人数据保护法研究》，北京大学出版社，2012，第 83 ~ 84 页。
2　王海明：《伦理学原理》，北京大学出版社，2009，第 373 页。

美国学者理查德·A.斯皮内洛曾指出，"技术往往比伦理发展得快，而这方面的滞后效应往往会给我们带来相当大的危害"，并提出了三条网络伦理规范的原则。[1]"相较于法律规定，自律规范更能建立'内生机制'，有效降低国家管制成本。"[2]欧盟《一般数据保护条例》即采取了行业主导、政府适度约束的理念，在宏观层面上政府调控和制定个人数据保护的基本框架及原则，而市场则从微观层面发挥自我管理的基础功能。与欧盟采用综合性立法不同，美国采用行业自律模式保护私领域的个人数据。在美国，除了个别领域的联邦特定立法、州立法和普通法以外，民间机构的行业规则、公司内部规章等构成个人数据保护的规范之一。[3]

目前，我国尚无个人数据保护的专门法律，主要采用部门立法的方式分领域保护个人数据；行业自律管理也仅处于初创阶段，涉及个人数据保护的自律规则并不多见。[4]因此，理应在立法先行

1　一是自主原则。自主便是个人有能力决定自己的生活方式，这种思想与个人数据结合时，便成为数据拥有者有权力决定自己的个人数据被用到哪些方面、取得怎样的价值。二是无害原则。使用现代科技处理个人数据并取得相应价值时，不能对数据拥有者产生任何损害，这是保护个人数据的方式之一。三是知情同意原则。"同意"是人主观意愿的表达，而这种主观意愿的表达需要数据主体清楚明了地了解数据的处理方式、目的等，即以知情为前提。参见〔美〕理查德·A.斯皮内洛《世纪道德——信息技术的伦理方面》，刘钢译，中央编译出版社，1998。

2　鲁篱：《行业协会经济自治权研究》，法律出版社，2003，第190～193页。

3　齐爱民：《大数据时代个人信息保护法国际比较研究》，法律出版社，2015，第89页。

4　张继红：《大数据时代个人信息保护行业自律的困境与出路》，《财经法学》2018年第6期。

基础上进一步扩展行业协会发挥自律作用的空间，积极鼓励各行业协会积极参与数据保护行为规范的制定和执行，并能"自下而上"在行业自身客观需求的基础上形成自律机制，再辅之以政府指导，实现政府适度监管与行业自律的有机结合，逐步提升数据保护的实效性。

3. 伦理制度规范

"正义是社会制度的首要价值。"[1]现行伦理制度并不完全是正义的，因为适合于过去的伦理制度并不一定适合于大数据时代。这就要求我们关注现代社会的伦理制度本身正义的元伦理及其实现的问题。因此，一方面必须要完善相关伦理制度，这有助于消除大数据技术异化导致的消极后果，努力保证相关伦理制度本身的正义性，即在进行相关伦理制度设计时必须重点考虑如何在大数据时代消除非人性化、非人道化和非自由化；另一方面必须对数据利益相关者制定出特定的伦理制度规范，以实现相关伦理制度本身的正义，这就要求针对不同的数据利益相关者制定出切实可行的伦理制度规范，促使大数据技术能够实现良性的社会运行。[2]

数据安全不单纯是一个技术问题，更多的是利益、价值和伦理的权衡问题。中央全面深化改革委员会审议通过的《国家科技伦理委员会组建方案》指出，"要抓紧完善制度规范，健全治理机制，强化伦理监管，细化相关法律法规和伦理审查规则，规范各

---

1 ［美］约翰·罗尔斯:《正义论》，何怀宏等译，中国社会科学出版社，1988，第 11 页。

2 陈仕伟:《大数据技术异化的伦理治理》，《自然辩证法研究》2016 年第 1 期。

类科学研究活动"。中共十九届四中全会提出，要"健全科技伦理治理体制"。"隐私不能理解为仅仅是保守秘密，而应该是关于个人信息收集与披露的伦理道德的一套规则体系。"[1]从制度伦理视角分析，数字文明时代数据保护的伦理治理就是要坚守伦理准则。因此，在私权利与公权力合作的社会治理中，需要公权力组织进行控制，以塑造新型社会竞争秩序和伦理道德，同时注重对从业人员数据伦理准则和道德责任的教育培训。

学界普遍认为，应针对大数据技术引发的伦理问题确立相关伦理原则：一是无害性原则，即大数据技术发展应坚持以人为本，服务于人类社会健康发展和人民生活质量提高；二是权责统一原则，即谁收集谁负责、谁使用谁负责；三是尊重自主原则，即数据的存储、删除、使用、知情等权利应充分赋予数据产生者。[2]由于历史原因，我国尚未充分形成自律性强的企业群体和伦理规范，因而不能像美国那样更多地依赖行业自律机制，这就迫使政府成为数据制度、法律和道德的塑造者。

（三）数据权的立法保护

1. 数据权立法保护的必要性

"法律并非抽象的机械规则，而是承载着一定的社会价值，反

1　吴伟光：《大数据技术下个人数据信息私权保护论批判》，《政治与法律》2016 年第 7 期。

2　杨维东：《有效应对大数据技术的伦理问题》，《人民日报》2018 年 3 月 23 日。

映着人们的行为规律和生活经验。"[1]因此，法律的建构不能忽视社会现实，法律的调整需要以社会的实际需要为基础，法律规范的功能要求我们建构与社会发展相适应的数据权保护体系。当今社会，数据主体的数据权益诉求日益增长和多元，且热衷于将新的利益诉求定性为新型权利，甚至呼吁以立法的方式明确保护其诉求。个人（用户）和企业基于自身利益提出不同类型的权利诉求，从深层次意义上看是个人数据权与企业数据利用、企业与企业数据控制权之间的利益博弈，也是数据相关权利清单扩展与深化后对现有稳定性权利体系的突破和修正。由于数据主体所处的社会情境不同，其数据利益诉求差异显著，呈现出明显的利益分化态势。因此，平衡协调个人、企业以及相关公众在数据方面的权益，不仅仅是司法所面临的新难题，也是对立法者智慧的考验。[2]21世纪以来各国数据立法活动如火如荼，我国也正在加快个人信息保护法的制定。[3]从现行立法条款上看，对企业数据权似乎没有具体的立法规定，只能通过《反不正当竞争法》等进行保护与规制。同时，政府数据的管理和开放需要建立一套完善的制度体系，尤其需要配套相应的技术标准和法规建设。深刻认识数据保护的国际立法趋势，采取有效的数据保护措施，构建合理的法律制度体

1　马长山：《智能互联网时代的法律变革》，《法学研究》2018 年第 4 期。

2　李晓宇：《权利与利益区分视点下数据权益的类型化保护》，《知识产权》2019 年第 3 期。

3　2018 年 9 月，全国人大常委会公布《十三届全国人大常委会立法规划》，个人信息保护法是其中第 61 个立法项目。

系。

2. 数据权的法制化困境

数据能否权利化，要进行审慎的逻辑证成。实际上，无论是正向演绎论证，抑或反向假设推演，数据权利化进路障碍重重。[1]互联网企业在收集、利用用户数据的整个过程中都可能会侵权，但侵权法对其进行规制是非常困难的，因为数据收集和分析是以用户看不见的方式进行的，即使用户怀疑自己的权利受到侵犯，也可能不知道该起诉谁，或者缺乏必要的证据证明侵权人的责任和索赔。此外，数据产权制度是政府规制数据流动的产物，但需要根据社会效率做出切实的调整，以确保数据使用者、数据处理者和公众之间的利益平衡，构建平衡共赢的数据权益分配机制，为各利益相关方有序利用数据提供保障。但我国对数据权的法律保护还存在诸多不足。首先，缺乏法理研究。《民法总则》等相关法律中提到了数据保护的相关措施，但实质上数据权的界定及其权利性质、构成等主要内容并无具体规定，无法适应当前公民对个人数据权的诉求。其次，缺乏宪法支撑。我国《宪法》并没有明确将个人数据权作为与其他权利一样的保护对象。再次，我国没有专门的个人数据保护法。个人数据权的保护较为分散且模糊。此外，民法学者重点强调的是数据主体享有的知情权、访问权、更正权、可携带权和被遗忘权等权利。

1　张阳:《数据的权利化困境与契约式规制》,《科技与法律》2016 年第 6 期。

即使获得明确的个人同意，企业也不能完全地享有个人数据的控制权，企业在对个人数据收集、加工和处理的同时必须保障数据主体的基本权利。[1]最后，企业、政府应当提高大数据应用领域的透明度，鼓励企业数据、政府数据开放共享，促进数据产品的开发利用。平衡数据权和数据产业发展之间的关键在于明确企业使用和处理数据的权限。而我国对于数据权保护的规定并不具体，甚至并不以"数据权"作为一项内容来加以保护。

3. 数据权保护制度建构

数据权的保护不能单一地强调某类主体的权益保护，而是需要站在利益平衡的角度，对个人、企业和政府等不同权利主体间的数据关系进行调配。法律作为调整社会关系的行为规范之一，数据权保护制度能够对复杂的数据关系社会发挥出定分止争的作用。因此，数据权保护制度的建构需从法律上明确政府、企业、个人在数据权属关系中的地位，界定数据权的内涵和边界，合理配置数据权利人和数据使用人的权利义务关系，并按照不同类型的数据进行分类分级保护，最终制定既符合国情又与国际接轨的数据确权法律和制度。[2]

首先，个人数据权应当作为一项基本权利予以保护。《欧盟基

---

1 石丹：《企业数据财产权利的法律保护与制度构建》，《电子知识产权》2019年第6期。

2 朱磊：《通过立法明确数据权属关系》，《经济日报》2019年5月21日。

本权利宪章》[1]第8条规定："任何人都享有对关乎自身的个人数据的保护权利"以及"该数据应当基于特定目的和相关个人的同意，或者其他法律规定的合法依据，适当地予以处理。"可以看出，欧盟将个人数据保护提升至欧盟法律体系中受到最高保护的基本权利层面。我国应加快数据权保护立法，将"个人数据权"作为一项独立的、基本的公民权利加以直接保护。

其次，借鉴其他权利保护路径构建基本数据权益保护制度。数据权除具有数据权益的开放性、共享性等特征外，也具有财产权、知识产权、人格权的某些特征，这些特征的叠加也就导致了不可能按照现行权利体系中某种单一的权利类型构建权利保护制度。[2]在界定数据所有权问题上，需要与现行法律制度中的权利保护制度相衔接，并借鉴不同产权制度的设计。

最后，妥善处理大数据时代各种复杂的新型关系。一是厘清政府部门数据收集与个人数据保护之间的关系，在考虑国家安全利益的同时，个人数据权需要进行部分让渡，但政府在收集个人

1　《欧盟基本权利宪章》不同于传统的人权法律文件，例如《欧洲人权公约》，它不是一部普遍适用且独立存在的人权法案，它仅仅在欧盟机构和成员国实施欧盟法律时适用。欧盟和欧盟成员国法律应当依据《欧盟基本权利宪章》，并将《欧盟基本权利宪章》作为最低要求，欧盟法和欧盟成员国法律中的规定与《欧盟基本权利宪章》相冲突的，不得适用。参见 Menno Mostert, Annelien L.,Bredenoord,Bartvander Sloot,Johannes J. M. van Delden, "From Privacy to Data Protection in the EU: Implications for Big Data Health Research", *European Journal of Health Law*, 2017（25）.

2　邓刚宏：《大数据权利属性的法律逻辑分析——兼论个人数据权的保护路径》，《江海学刊》2018 年第 6 期。

数据时应严格遵守法定程序，明确目的和用途等。二是区分企业数据权与个人数据保护的边界，企业掌握的大数据基本上都源自个人数据，一方面应当考虑个人隐私等人格利益的保护；另一方面要考虑企业数据权保护，尤其是个人数据进行匿名化、脱敏处理后形成的大数据，应当获得比较充分的财产权保护。[1]三是政府、企业或个人可能侵犯公民的个人数据权，但无论是何种侵犯，都须采取相应的救济措施进行保护。

1　宋建宝:《加强大数据司法保护 保障国家大数据战略实施》,《人民法院报》2019 年 7 月 22 日。

第三章

共享权

数据已成为国家基础性战略资源。同地球上所有的资源一样，数据也具有明显的稀缺性特征，但它可以通过共享变得富足，其价值也会因此而扩大。可以说，共享是人类应对数据稀缺难题、扩大数据价值的重要手段，是人类文明发展的必然趋势和时代要求。为促进数据有序开发和共享，我们提出"共享权"的概念，将数据的共享价值上升为一种权利。共享权是基于利他而形成的权利，是数权的本质，它的诞生必将重构人类的法律规则、社会秩序和经济基础。

第一节　共享权的证成

共享经济的兴起使人们开始重新审视共享的问题，但通过观察人类文明的发展历史，我们发现，共享的理念早已渗透到对物与数的利用之中，已经成为一种基本的、常态化的利用方式。借贷、交易、共享、开放等都是常见的共享类型，共享价值早已深入人心，成为人类的基本价值之一。为保护共享价值，我们提出了"共享权"的概念，将共享价值作为数据的基本价值进行保护。它同自由权、平等权一样，是人类的一项基本权利。

（一）从物的共享到数的共享

自古以来，共享就深深融入人们的生产生活之中，物品的租借与交易、人们之间的沟通交流、企业之间的合作共赢等都可以纳入共享范畴。随着大数据时代的到来与共享经济的兴起，公共数据开放、商业数据交易与个人数据共享在经济社会活动中逐渐发挥着越来越重要的作用，成为挖掘数据价值最重要的手段。

1. 共享意识的发展

共享是人类文明的重要标志之一。从现代语意上看，共享具有公共、分享的含义，出自《东周列国志》，"齐景公不独乐，愿共享"，体现了人类的共享情怀。《礼记·礼运》提出"大道之行，天下为公"，第一次阐释了"天下为公""大同社会"的概念。这种情怀与概念表达了人类共享的理念与意识。同时，古希腊也有共享思想的体现，如政治共同体，它包括城邦公民的共同目标、共同利益、共同价值等。但随着大工业生产和现代启蒙理性的兴起，共享范式逐渐发生转变，它在超越兼爱、和合、公平等单纯道德分享的基础上，更加强调社会契约和理性价值，成为解决个人与社会关系的理性规范。[1] 但在共享经济兴起之前，共享价值一直被人们忽略。共享经济起源于协同消费，美国社会学教授菲尔森和斯佩思于1978年首次提出了"协同消费"的概念，将其视为"一个或多个人在与他人进行联合活动过程中消费经济产品或服务"的活动。1984年，马丁·L.威茨曼在《分享经济：用分享制代替工资制》一书中提出了"分享经济"的概念，其核心是研究工人与资本家如何分享企业收益的问题。他侧重于微观的利润分配，主张建立新的利益分享制度和财税政策以解决西方经济发展过程中出现的通胀与滞胀并存的问题。2010年，瑞奇·柏慈曼和卢·罗格斯在《我的就是你的》一书中首次对共享经济形态进

---

[1] 刘玲：《公平正义和共享发展的历史根源与统一治理格局》，《海南大学学报》（人文社会科学版）2019 年第 4 期。

行了定义和解释，提出"这是一种新的消费和生活方式"。随着Uber、Airbnb、滴滴出行等基于共享理念的企业迅速发展并延伸至人们生产生活的各个方面，人们开始重新认识共享价值。至此，共享突破了单个企业边界，扩展到企业外部的社会，再突破所有权关系进行资源共享。

2. 共享类型的探析

共享意识衍生出多种类型的共享，分工协作、语言交流、文字记录、商品交易、数据共享等等，都是常见的共享类型，也是推动人类文明发展的重要力量。从共享的客体来看，共享主要分为物的共享与数的共享。其中，物的共享是看得见、摸得着的共享，属于物理世界的共享；而数的共享则是看不见、摸不着的共享，属于虚拟世界的共享，语言、文字、数据、信息等都可以纳入数的共享范畴。

远古时期，为应对大自然的挑战，人们不得不联合起来，将自己的能力与他人共享，有人制陶织网、有人采集野果、有人进行狩猎等等，极大地提升了人们的生产生活能力。至此，人类有了立足之本，一个个群居的原始部落开始形成，这为人类成为地球的主人奠定了坚实基础。可以说，分工协作是人类运用的一种重要共享力量，它既是自然环境的选择，也是人类自身发展所需。语言是交流的工具，而交流则是人类的一种共享类型。关于语言的诞生，目前仍是学术界尚未完全解决的重大问题，还存在诸多争议。我们认为，语言是人类与大自然对抗的产物。人类在协同劳动过程中需要交流，仅依靠动作比划远远无法满足人们应对恶劣自然环境的需要，急需有声的语言提升协作交流的效率。通过语言，人们可以向他人分享自己的思想和看法，变革沟通的表达方式，极大地提升生产效率。迄今为止，语言依旧是人类进行沟通的主要表达方式，尚无一种方式能够完全取代它。文字是人类特有的、脱胎于远古壁画的共享工具。远古人类多在山洞墙壁上刻画图案，用以记录英雄的事迹，但这种繁杂的记录方式远远满足不了人类发展的需要。最终，壁画演变成象物的文字——象形文字、楔形文字等等，再演变成今天各种各样的文字类型。文字的出现是人类文明史上的大事，它以独特的魅力承载着人类的生存经验、发展成果、知识文明等，并将它们共享给他人、后人，不断驱动人类文明向前进步。语言和文字都是共享的媒介，但两者存在很大的不同，语言侧重于信息共享，而文字侧重于信息和知识。信息的交流与知识的传承都是人类历史上较早的共享行为，它们对人类的贡献是根本性与革命性的，助推人类从物种演化、万物竞争中脱颖而出，最终成为地球的主人。[1]

商品交易是现代社会的重要特征之一，也是一种很重要的共享类型。从最初的物物交换到货币的出现，再到经济理论的形成，商品交易的规模不断扩大，至今已经成为人类不可或缺的社会经济活动。共享可分为有偿共享与无偿共享，而商品交易常常表现为有偿共享，将自身拥有的物品分享给他人，并获得一定的报酬，

1　大数据战略重点实验室：《块数据 5.0：数据社会学的理论与方法》，中信出版社，2019，第 188 页。

增强了人们的共享动力，从而实现共享主体客体双赢，破解了商品稀缺性的难题。随着大数据时代的到来，数据作为人类重要的生产资料被纳入共享的范围。但由于历史发展的惯性与顶层规划的缺失，形成了大量"数据孤岛"，数据资源得不到有效利用。数据具有关联性特征，只有打破"数据孤岛"，增强数据的关联性，才能充分发挥数据的价值，而共享则是打破"数据孤岛"的重要手段。数据共享主要包括数据开放与数据交易两种方式，目前均处于发展初级阶段，还有很多问题尚未解决。但作为大数据发展最重要的引擎，数据共享拥有很大的发展空间。

3. 共享的价值意蕴

在人类历史上，每一次生产力的飞跃都会推动人类文明大踏步前进。而共享专注于公共利益最大化，推动人类生产生活方式发生深刻变革，大幅提升人类的生产生活水平，为人类文明向前发展开创了新的范式。当我们审视共享时发现，共享对主体、对象及内容都有着不同向度的存在，这使得共享在回应人类经济社会发展时具有独特的功能。从主体看，共享覆盖范围具有宽泛性，能够破解任何形式和概念上的差异与歧视，任何人都可以成为共享主体。从对象看，人类的一切文明成果都可以进行共享。从内容看，人类文明各方面的进步都可以囊括在内。共享的这些特质为人类经济社会发展提供了现实路径，同时说明共享反映了人类经济社会发展的本质要求，为人类追求美好生活和文明进步提供了正向预期。共享是人类生存与发展的重要动力，它可以增强人们的集体力量，有效地利用与改造自然；可以促进人们交流，提高协同效率；可以传承智慧，推动人类不断向前；可以推动人们开展商业活动，破解资源稀缺性难题；还可以打造数字空间，将人类带入数字文明新时代。无论是过去、现在还是未来，共享对人类共同生活都具有不可估量的意义。

（二）从剩余价值到共享价值

马克思主义认为，生产力与生产关系、经济基础与上层建筑之间的矛盾是推动人类社会从低级阶段走向高级阶段的基本动力。资本主义历史开启以来，社会生产力优于过去任何时代，人类社会取得巨大进步。但在资本逻辑下，技术革命、产业变革、政治革命、哲学革命等都为资本增值而服务，导致资本对剩余价值的掠夺和控制越来越疯狂，人们在异化的路上越走越远，[1]剩余价值理论越发丧失了解释力，共享价值理论应运而生。

1. 价值理论的发展

价值理论作为经济学领域重要的理论之一，其源头可以追溯到商品的诞生。一件物品之所以能够成为商品，就是因为商品凝结了物品的价值，没有价值的物品很难成为商品。亚里士多德在继承古希腊先哲、智者特别是苏格拉底与柏拉图的思想基础上，构建了一个比较完整的价值思想体系，这是价值理论的萌芽。但在之后2000年的时间里，亚里士多德的价值思想缺乏实践的沃土，

1　胡守勇：《共享发展理念的世界历史意义》，《马克思主义研究》2018年第4期。

价值理论一直未能成型。

亚当·斯密在《国民财富的性质和原因的研究》一书中创立了系统的政治经济学体系。他认为，生产商品所耗费的劳动量决定商品价值，即商品的价值等于当时该商品所能购买的劳动量，因此价值决定交换价值，而劳动量是衡量交换价值和价值的唯一正确的尺度，并把价格分解为工资、利润和地租三种收入。[1]亚当·斯密的研究为后人开展价值理论的研究打下了坚实的基础，但亚当·斯密的理论是不完备的，缺乏劳动力与生产价格的论述，混淆了价值创造与价值分配的关系，使得价值理论分化成为以下三个流派。

以李嘉图、马克思为代表的劳动价值论学派。该学派侧重于从供给侧对价值进行分析。李嘉图修正了亚当·斯密关于"没有使用价值的商品也具有交换价值"的说法，认为"价值由耗费的劳动决定而不是由购买的劳动决定"，这使李嘉图成为劳动价值理论的最终完成者。但随着生产力的提高，商品的相对过剩开始出现，许多商品的价值在市场中无法得到实现，李嘉图价值体系因此而解体。马克思在继承李嘉图价值理论的基础上，提出了商品二重性与劳动二重性学说，将劳动分为创造使用价值的特殊劳动和创造价值的一般劳动，并提出了剩余价值理论，实现价值向生产价格转化。[2]马克思的价值理论反映的是商品交换背后人与人之

1　管德华、孔小红：《西方价值理论的演进》，中国经济出版社，2013，第8页。

2　孟奎：《经济学三大价值理论的比较》，《经济纵横》2013年第7期。

间深刻的社会关系，是人与人的关系，这是他与李嘉图的劳动价值理论的根本性区别。

以门格尔、杰文斯、瓦尔拉斯、克拉克为代表的边际价值理论学派。该学派主张需求决定论，他们把价值归结为主观评价的边际效用。[1] 该学派认为，消费量变动所引起的效用变动即为边际效用，即价值决定于商品的边际效用，并提出了边际生产力理论，这颠覆了价值实体的客观性，彻底否定了劳动价值论。由于边际价值理论侧重于消费领域的研究，注重的是消费和分配，并系统地对消费者均衡（交换的均衡）和生产者均衡（劳动和资本投入的均衡）进行了阐述，使得经济研究中不大被重视的消费领域被提到了中心位置，为微观经济学体系的建立奠定了基础，成为现代西方经济学的起源。[2]

以马歇尔、萨缪尔森为代表的均衡价值理论学派。该学派认为，在商品价值的决定上，供给和需求两方面的力量都不容忽视，商品的价值要由市场力量即供求均衡来决定，生产或消费无法单独决定商品的价值。可以看出，均衡价值理论是在劳动价值理论与边际价值理论基础上提出的综合性方案，它反映的是人与物之间的关系，即某种物品与整个社会需要的关系，往大了说，就是

1　边际效用是指某种物品的消费量每增加一单位所增加的满足程度。边际的含义是增量，指自变量增加所引起的因变量的增加量。在边际效用中，自变量是某物品的消费量，而因变量则是满足程度或效用。

2　管德华、孔小红：《西方价值理论的演进》，中国经济出版社，2013，第99～102页。

人与自然的关系。它通过收益计算[1]来反映人们的需要程度与物品稀缺程度或者获得物品的难易程度之间的关系，这对当前经济现象具有很强的诠释力。[2]因此，自马歇尔提出均衡价值理论以来，一直都占据着西方经济学的主流地位。

但是自马歇尔创立均衡价值理论之后，价值理论领域一直都缺乏真正的突破。特别是在互联网诞生之后，全球化、网络化、信息化、虚拟化的态势越来越明显，三大价值理论都无法对当前经济现象做出令人信服的诠释，难以指导现代经济的运行。很多新兴经济学理论如信息经济学、公共经济学、博弈论、新制度经济学、心理经济学等都提出了各自的新价值理论，但都只是对三大价值理论的发展和补充，无法形成统一的有机整体，不具备普遍适用性。因此，当前经济社会发展呼吁新的价值理论。

2. 从剩余价值到共享价值

从经济社会形态看，当今世界分为资本主义与社会主义，马克思、恩格斯提出的剩余价值理论是分析资本主义生产过程的理论。对于剩余价值，他们曾这样表述："剩余价值就是商品价值超过消耗掉的产品形成要素及生产资料和劳动力的价值而形成的余额。"[3]他们把资本主义的生产过程概括为剩余价值的生产过程。

1　收益计算主要计算满足社会需求所带来的效用与满足社会需求所付出代价之间的成本。

2　孟奎:《经济学三大价值理论的比较》,《经济纵横》2013 年第 7 期。

3　中共中央编译局:《马克思恩格斯全集》(第 23 卷), 人民出版社, 1972, 第 235 页。

在生产领域，剩余价值以商品的形式完成生产；而在流通领域，剩余价值以商品的销售来实现。这样，剩余价值的生产和实现之间就形成了尖锐的矛盾：生产者会在商品的生产过程中尽可能多地占有剩余价值，以取得更高的利润；与此同时，剩余价值率的提高将会阻碍商品剩余价值在流通领域的实现，经济危机由此产生。[1] 马克思与恩格斯用剩余价值理论揭示了资本主义经济运行最本质的规律、资产阶级与无产阶级对立的经济根源、资本主义必然走向灭亡的根本原因。但剩余价值理论无法反映社会主义经济社会的本质特征，当然目前也没有任何一种价值理论能够对社会主义经济做出完美诠释。在这种情况下，随着共享经济的兴起，共享价值重新为人们重视，共享价值理论脱颖而出，对社会主义乃至整个社会的价值规律做出了新的诠释。

所谓共享价值理论，是指围绕共享行为产生的价值而形成的理论。从地球资源的稀缺性看，地球上所有的资源都是有用的，我们必须充分利用好这些资源。同时，我们共同拥有一个地球，人人都享有利用地球资源的权利。[2] 它要求我们必须通过共享来提高地球资源的利用效率，这是共享价值形成的源泉和必要性。在价值形成过程中，劳动、资本、土地三种生产要素的提供者都发挥了作用，直接或间接地进行了共享，理应参与价值分配。因此，共享能够产生价值。同剩余价值理论一样，共享价值理论的基础

1　孟奎：《经济学三大价值理论的比较》，《经济纵横》2013 年第 7 期。

2　大数据战略重点实验室：《块数据 5.0：数据社会学的理论与方法》，中信出版社，2019，第 194 页。

也是劳动价值理论。不论是资本主义还是社会主义，共享价值理论都倡导劳动者要能够享受自己创造的价值，它使按劳分配与按生产要素分配有机地结合起来，为社会的收入分配奠定了理论基础，在全社会形成利益共同体，调动各方的生产积极性，进一步解放和发展生产力。

3. 共享价值的创造

随着时代的发展，共享不断在全世界拓展着影响力，共享价值也随之扩大。首先，互联网、大数据、人工智能等新一代信息技术的兴起，降低了共享成本，同时共享平台极大地提高了供需双方的匹配效率，将共享物的边际成本几乎降至为零，扩大了共享规模。其次，由于物质、文化等资源不断丰富，使共享拥有坚实的资源基础。一方面，人们不再以取得所有权作为终极目标，愿意与他人共享自己的物品，为共享价值的创造提供了资源基础；另一方面，不同阶层的消费能力差异为资源的流动提供了环境。最后，人们的生产生活理念发生了变化，社会整体的共享经济意识在不断觉醒和升华，人们愿意通过共享重新配置资源，这大大提高了资源的使用效率，减少了商品和资源的过度生产，降低了外部依赖性，从而创造了共享价值。[1]

共享既是一种经济模式，也是一种社会模式，其价值主要体现在以下三个方面。一是提供了更多的主动权、安全性与透明度。在传统经济模式下，市场缺乏透明度，商品与服务质量存在很大

1　刘根荣：《共享经济：传统经济模式的颠覆者》，《经济学家》2017年第5期。

的不确定性，消费者并不具备消费主动权。而共享经济可以让消费者掌握更多的信息，增加了商品与服务的透明度，从而掌握消费的主动权，保障消费安全。二是解决了共享双方的信任危机。不论是商品交易还是信息交流，由于共享双方信息不对称，彼此之间存在天生的不信任感，从而制约商品交易或信息交流的发生，共享的出现增进了双方的信任，让共享行为随处可见。三是提升了共享双方的福利水平。供给者通过共享提供产品或服务而获得收益，而消费者可以通过共享以更低的价格获取商品或服务，双方的福利水平都可以得到改善。

从共享价值的创造机理看，共享价值的形成至少包含以下几个要素。一是活跃的共享行为。只有共享行为才能创造共享价值，这是共享价值产生的源泉。在共享模式下，只要拥有资源，就可以与他人进行共享。任何人、任何组织都可以成为共享主体；任何商品与服务，无论是有形的还是无形的，只要是有价值、有需求的物品或数据都能成为共享客体。二是共享平台。共享行为必须借助共享平台来实现，这是创造共享价值的基础。在这个过程中，共享平台主要承担着提供供求信息、实现供求匹配等中介服务职能。因为共享资源分散化地存在于社会中，必须要通过共享平台进行集中、整合、展示、关联与交易，集聚潜在的供给者和需求者，实现共享资源跨时空的对接。三是资源的使用权共享，这是创造共享价值的核心动力。在传统模式下，如果要使用商品，必须先获得其所有权，然后才有使用权，这浪费了大量的资源。共享将所有权与使用权进行分离，形成了一种"不求所有，但求

所用"的格局，实现了使用权共享。四是完善的信任机制，这是
创造共享价值的纽带。共享行为主要发生在陌生人之间，因此需
要建立一个完善可信的信任体系来解决陌生人的信任问题，这是
产生共享行为的重要保障。五是开放的共享系统，这是创造共享
价值的活力保证。开放的共享系统要降低共享准入门槛，而不是
限制人们的进出，否则共享规模会因共享主体的受限、共享资源
的枯竭而缩小，使共享丧失活力。只有开放才能保证共享以低成
本的手段迅速扩大规模，创造更多共享价值。[1]

（三）自由权、平等权与共享权

共享能否作为一种权利？这是一个值得探讨的问题。共享权
理论发源于德国，至今已经形成比较成熟的理论体系，并且在不
同时期有很大的变化。

1. 作为自由权替代物的共享权

作为自由权替代物的共享权，其要义是用共享权取代自由权
在权利体系中的核心地位，这是德国行政法学家福斯多夫的重要
观点。福斯多夫在1938年发表的名篇《当成服务主体之行政》[2]第
三部分关于"共享权"的讨论是共享权理论的起源，影响深远。

1　刘根荣:《共享经济：传统经济模式的颠覆者》,《经济学家》2017 年第 5 期。

2　台湾学者陈新民曾翻译该文的主体部分，并将之载于其著作《公法学札记》
　　第三篇"'服务行政'及'生存照顾'概念的原始面貌———谈福斯多夫的
　　'当作服务主体的行政'"。本书关于福斯多夫共享权理论的介绍，参见陈新
　　民《公法学札记》，法律出版社，2010，第 39 ~ 80 页。

福斯多夫认为，作为自由权替代物的共享权源于国民生活方式的改变，是对自由法治国思想的抛弃。在自由法治国时代，行政法学强调保护个人自由权，但随着生存照顾相对于其他国家任务而言占有了优先地位，个人自由权的重要性已经逐渐降低。因此，必须建立一个公平的社会秩序且保障个人能共享此秩序，这是福斯多夫更新行政法学原理的主要原因。而要建立一个公平的社会秩序，就必须放弃自由权，选择共享权。传统的自由权不具有明显的经济性，而作为自由权替代物的共享权强调经济性、公平性、公共性。福斯多夫通过引入"生存照顾"和"共享权"的概念，使行政法与行政法学的范围得以极大地扩展，因此被誉为"给付行政理论"的鼻祖。福斯多夫关于"共享权替代自由权"的研究产生了很大的影响。他改变了自由权独树一帜的局面，使共享权的讨论延续至今。同时，他将服务行政与共享权进行有机联系，将参政权与社会救助排除在共享权之外，迄今得以沿用。然而，福斯多夫将共享权作为自由权的替代物，夸大了工业革命后自由权与自由法治国的弊端，忽视了基础性和稳定性；夸大了共享权的正面性，忽略了负面性。这注定将共享权作为自由权替代物的观点只能是昙花一现。二战后的德国基本法对于自由权的侧重，就是对福斯多夫否定自由权、拔高共享权观点的否定。

2. 作为自由权并列物的共享权

福斯多夫在1959年出版的著作《服务行政的法律问题》中放弃了共享权替代自由权的说法，而将自由权作为侵害行政的指导理念、共享权则作为给付行政的指导理念予以二分化。自此，福斯多夫关于共享权的观念发生了重大变化，共享权成为自由权的并列物。他在书中提出了"生存照顾"的辅助性理论，认为社会成员的生存照顾问题应由社会来解决，只有在社会不能解决其成员的生存照顾问题时，才需要发挥国家的"补充功能"。这种"补充功能"意味着"生存照顾"的概念不再具有以往的主动性，而成为一个被动性的概念。之前被福斯多夫贬抑的个人力量、社会力量重新得到肯定，减弱了个人对国家与共享权的依赖。[1] 如果说福斯多夫以共享权替代自由权的观点反映了对自由权的轻视与"革命"思维，那么把共享权与自由权相提并论则反映了其对自由权的尊重与"改良"思维。随着社会的发展，人类生活的条件、方式和需求都发生了变化，呈现出利益多元化的特点，这就需要人权法律制度做出回应。人权并不是僵化和封闭的，自由权也不是人权的全部，工业革命后产生的共享权应在人权体系中占有一席之地。福斯多夫正视服务行政的兴起与发展，提出了作为自由权并列物的共享权理论，将共享权与自由权分别作为服务行政与侵害行政的指导理念，完善了服务行政理论，对现代行政法学产生了巨大的影响。不过，这种影响主要体现在观念层面而不是规范层面，是宏观而不是微观的。因此，福斯多夫的"作为自由权并列物的共享权"并不是一个完全自主、逻辑自洽、内涵清晰、外延明确的概念。[2]

1　罗英:《全面深化改革背景下共享权之定位》,《求索》2014 年第 6 期。
2　罗英:《全面深化改革背景下共享权之定位》,《求索》2014 年第 6 期。

3. 作为平等权衍生物的共享权

无论福斯多夫把共享权作为自由权的替代物还是其并列物，其主观上是从行政法学的角度、客观上是从行政学的角度来切入的，而不是从人权与宪法的角度来切入。他对于共享权的研究主要是围绕"生存照顾"的概念而展开，仅是其服务行政理论的重要组成部分。但当代德国主流的共享权理论是基于德国基本法，强调共享权是平等权的衍生权利。这种共享权意指国家已提供某种给付让一些人进行享受，但分配不公，不能享受者可以根据平等权主张共享，亦被称为"衍生的给付请求权"，即共享权是由德国基本法中的社会国原则与平等权结合所衍生的"给付请求权"。德国基本法规定了社会国原则，强调了国家承担与履行的社会义务，这意味着共享权有其一定的空间。但基本法对社会基本权的谨慎态度又意味着共享权的空间有限。社会国原则与平等权的结合，产生了获得学术界与实务界普遍认同的、作为平等权衍生物的共享权。这种共享权是以客观存在的给付为前提条件，明确了共享权的界限。不仅如此，德国联邦法院还对共享权的条件与范围进行了规定，认为国家只为某些人提供给付而没有为另一些人提供，并不是未获得给付者主张共享权的充分条件；只有在国家未给另一些人提供给付时是恣意的或是有违宪法特定的区别禁止时，才可能导出未获得给付者的共享权。[1]

1　赵宏：《社会国与公民的社会基本权：基本权利在社会国下的拓展与限定》，《比较法研究》2010 年第 5 期。

（四）共享权的正当性基础

传统的物权法律体系是建立在对物私有的基础上，追求对物的独享。物的私有或独享形成了一种有效的激励机制，激发了人们的创造力，促进了物的有效利用。但"物尽其用"作为物权立法的目标之一，时至今日都没有得以实现，而开放存取与共享经济改变了人们对物的利用方式，引发了人们的反思。在传统的物权法律体系中，由于物权"排他性"结构和"一物一权"原则的存在，共享并不被人们充分重视。但通过认真审视物权法系的历史渊源和当前的发展状况，可以看出共享的理念早已渗透在对物的利用当中，已经成为一种基本的、常态化的利用方式。[1]

随着社会不断向前发展，生产资料出现了两种变化：一部分生产资料变得越来越富足，另一部分生产资料则更加稀缺。对于稀缺的生产资料来说，共享是非常必要的，它能提高稀缺生产资料的利用效率，使有限生产资料惠及更多的人，同时缓和人们在稀缺生产资料面前不断增长的欲望。对于富足的生产资料，其生产成本将不断降低，甚至变成零成本。这时，对富足生产资料进行独享变得不再重要，而对其进行共享则成为必然。数据虽然是一种稀缺的生产资料，但它可以通过共享变得富足，无限产生效益，且不会损害数据的内容，其复制共享的成本极低，几乎可忽

1　大数据战略重点实验室：《数权法1.0：数权的理论基础》，社会科学文献出版社，2018，第223页。

略不计。[1]因此，对于数据而言，对数据进行有效利用才是最核心的问题，而共享是最重要的途径。

同时，技术的发展改变了原来以机械与化学为主的技术格局，打破了既有的利益平衡，也给现有的权利体系带来了很大的冲击。一方面，现有的权利体系无法有效应对现有的数据安全问题，人们长期遭受数据侵犯等问题的困扰；另一方面，现有的权利体系制约了数据的规范传播，人们对数据的获取、自由表达等受到限制，数据的利用效率低下，其价值没有得到有效释放。人们对现行权利体系的适用性、合理性都提出了质疑，也曾通过技术手段解决了一部分问题。但对于数据权益问题，技术只是外因，其内因是权利本身的矛盾。传统以占有为核心构建的权利体系已经不适应数字文明的发展需要，亟待构建一套以共享为核心的权利体系，实现数据自由、安全、平等的流通，即"共享权"。

从价值角度看，数据具有共享价值，这也是数据最大的价值。但从当前数据共享的情况看，数据的共享价值分配不科学、不合理，数据剥削现象严重，制约了数据的自由化、平等化发展。然而，通过技术手段对数据的共享价值进行分配，其作用是有限的，只有将数据的共享价值上升为一种权利才是破解数据利益分配不均的根本途径。从权利的角度看，共享权作为人类的一项基本权利已经得到了学术界的认可，并逐渐成为全人类的共识。因此，我

1　大数据战略重点实验室：《数权法 1.0：数权的理论基础》，社会科学文献出版社，2018，第 223 页。

们提出了"共享权"的概念，把共享价值作为数据的基本价值进行保护，并将数据的共享价值进行权利化，是合理正当的。

当数据作为一种生产资料，驱动传统的生产关系结构发生变革并重构社会关系时，社会分工不再需要市场交易来分享稀缺的资源和劳动贡献，数据占有权便失去了价值意义，人类将进入一个由共享权建构的社会新秩序中。共享权使数据所有权和使用权的分离成为可能，形成了一种"不求所有，但求所用"的共享发展格局。同时，因数据具有"一数多权"的特征，其天然的非物质客体性和多元主体性决定了有效利用数据的前提是对数据进行共享。因此，共享权是数字文明时代的必要要件。

第二节　共享权的主张

数权的本质是共享权。通过共享权，在同一数据上形成了独立完整的数权，使得数据可以同时被多个主体控制和利用，增加了数据的价值。传统权利的设定是以利己为基础，是保护自身的权利。而共享权的设立是以利他为基础，是保障数据共享价值的权利。得益于极低的复制成本，数据的共享价值是无限的，远远大于数据的原始价值。因此，保护数据的共享价值比保护数据的原始价值更为重要。但共享权和隐私权存在激烈的矛盾冲突，为充分挖掘数据资源的价值，必须实现共享权与隐私权的平衡。

（一）共享权：数权的本质

法律保护权利，权利保护价值。创设数权的目的是保护数据价值。数据拥有原始价值与共享价值，但数据的共享价值是无限的，远远大于数据的原始价值。因此，数权更多的是保护数据的共享价值。除了保护，数权还需促进数据产业持续健康发展，这就需要增加数据的价值。而数据原始价值的增加在于扩大生产，共享价值的增加在于持续共享，其中共享的成本远远低于扩大生产的成本。因此，数据价值增加的关键在于共享价值的增加。共享权则成为数据共享价值增加的核心引擎，是数权的本质。

1. 共享权与占有权

共享和占有是数权与物权的本质区别。物权包括占有权、使用权、收益权和处分权。占有权就是对标的物的控制权，控制（即占有权）是所有权的基本。没有占有权，其他三项权能的行使都会受到影响，只有真正拥有占有权，使用权、收益权和处分权才能更好地行使。人类社会出现的私有制和个人所有制都是以占有为最终目的的。但随着共享经济的兴起，人们意识到占有权并不重要，重要的是其他人能否使用它。共享的本质就是将使用权和收益权进行分享，从而获得相应的利益。[1]使用权的让渡使闲置资源得以充分利用，但其前提是对拥有占有权的权利主体具有让渡使用权的意愿，其本质还是对"占有权"的拥有。因为物权的本质是占有，其根源在于物的排他性，它决定了物不能同时具有多个权利主体，占有成为掌握物权的唯一途径。

在物权的让渡过程中，占有权的存在让其权利主体的利益不会受到损害，权利主体仍旧对该物享有控制权。与物权不同，由于可以被无限复制，且成本极低、不产生损耗，数据可以同时拥有多个权利主体。在这样的情况下，对数据是否拥有占有权并不

---

[1] 何哲：《网络文明时代的人类社会形态与秩序构建》，《南京社会科学》2017年第4期。

影响人们对数据的控制和使用。在不具备占有权的时候，人们一样可以行使数据的使用权、收益权和处分权。一旦数据的使用权被让渡，获取数据的一方就完整地拥有数据本身，数据就会脱离初始权利人的控制，此时对数据享有占有权就失去了意义。数据要产生价值或实现价值最大化，就必须将数据共享给他人使用，这必然与占有权产生冲突。因此，强调数权的共享权与强调物权的占有权同样重要，这是数尽其用发展的必然结果。此外，数据的真正价值在于低成本的无限复制，这是数字文明得以发展的根本，决定了共享成为大数据时代的本质需求、共享权成为数权的本质权利。脱离了这一根本，将物权的占有权强行套用在数权之上，将会极大地束缚数据的应用和发展，违背甚至破坏数权对数据进行保护与发展的本意。[1]

2. "一物一权"与"一数多权"

"一物一权"是物权支配性的本质表征。物的形态随着科技的进步而逐渐丰富，物权类型不断增加，所有权的权能分离日趋复杂，人类对物的利用形式也在不断发生变化。在审判实践中，"一物一权"受到了"一物多权""多物一权"的冲击，它们都在一定程度上取得了法律的间接默认与模糊许可，这突破了"一物一权"的原有之义。与"一物一权"的主张不同，数据的无形属性和可复制性使得数据可以存在多种利益形态。共享权的创设使数据可

---

1 大数据战略重点实验室:《数权法 1.0: 数权的理论基础》，社会科学文献出版社，2018，第 159 页。

以存在多个主体，各主体之间并不是对一个数权进行共享，而是各自拥有独立而又完整的数权，形成了一种"不求所有，但求所用"的共享格局。

数据具有可复制性、非消耗性和特殊公共性等特点，可以存在"一数多权"。这决定了赋予任何主体对数据的绝对支配权，都会背离共享的发展理念。随着时代的发展、科技的进步，当物的成本下降甚至接近零成本时，物的占有将变得不再必要。对于富足而零边际成本的数据资源来说更是如此，倡导"一数多权"的共享则成为一种必然趋势。从长远看，稀缺的资源也会变得富足，传统意义上的资源稀缺将被共享打破。"当我们从技术的视角来看待问题时，真正短缺的资源是很少的，真正的问题主要是如何利用资源。"[1]

3. 共享权的内涵

共享权为数字文明时代提供一种公益和私利相平衡的数权观，有助于激发民众参与数字文明建设的创造力。共享权的核心是数据利益的平衡，无论是数据的公共利益大于私人利益，还是数据的私人利益大于公共利益，都违背了自由平等的基本精神。因此，数据利益分配的不平衡将会从根本上打击人们创造数据财富的积极性和主动性。创设共享权的意义在于，对传统的"重私利、轻公益"的权利观和数据观进行修正，倡导一种公益与私利

---

1 ［美］彼得·戴曼迪斯、［美］史蒂芬·科特勒：《富足：改变人类未来的4大力量》，贾拥民译，浙江人民出版社，2014，第8页。

相平衡的数权观。共享权是数据利用的前提，这既是建设数字文明的根本要求，也是构建社会新秩序的本质要义。[1]

共享权是数字文明基本制度的重要组成部分，它将利他主义作为根本依据。从公平的视角看，数据公益和私利的分配是数字文明的核心问题。首先，共享权必须保证数据公益和私利分配的平衡，体现公平性，如此才能理顺数据主体公益与私利之间的关系。其次，数据的公益和私利分配是绝对的、客观的和普遍的，任何人都不能凭主观意志随意约定，任何对数据的公益和私利分配进行主观的、相对的、过度的诠释，都有悖于其公平性。因此，共享权对数字文明新秩序的构建具有非常重要的现实意义。[2]

共享权有助于协调不同数据主体之间的冲突，为化解数据利益矛盾提供了价值依据。共享权坚持数据公益和私利的平衡，为数字文明制度体系的构建提供了价值导向基础，让公平成为数字文明基本制度的首要价值。根据数据公益和私利平衡分配的原则，可建立化解数据主体之间矛盾的法律规范，健全数据主体之间的数据利益协调机制，畅通数据主体表达自身数据利益诉求的渠道，解决由数据利益冲突而引发的各类社会危机，使数据主体能够"各尽所能、各得其所"。同时，共享权有助于化解因数据垄断带来的资源分配不均、机会不等、社会不公等矛盾，解决社会公平

1　龙荣远、杨官华:《数权、数权制度与数权法研究》,《科技与法律》2018 年第 5 期。

2　大数据战略重点实验室:《数权法 1.0：数权的理论基础》, 社会科学文献出版社, 2018, 第 225 页。

正义的问题，实现数据资源的最优配置与零边际成本，增加数据财富，促进数字文明时代经济社会协调发展。

（二）共享权的逻辑起点

共享权是一种与占有权相对应的权利。占有权保护的是数据主体的利益，是基于利己而产生的权利。从一定程度上讲，占有权是扩大数据生产的根本动力。但人类不可能无限度地生产数据资源，数据占有必将导致资源的巨大浪费，这决定了占有权无法适应数据的发展需要。稀缺性的客观事实更加强调发展的利他性，由于数据极低的复制成本，数据与共享能够天然结合，共享权终将取代占有权，成为推动数字文明发展的核心动力。共享权是一项基于利他而产生的权利。它把利他作为理念基础，塑造了人们的数据共享思维，并把数据共享给他人进行使用，挖掘数据的共享价值。从这个意义上讲，利他是共享权的逻辑起点。

数权的利他性。利他主义历来被视为道德行为的典型特征，但在法律领域，它仅仅表现为"见义勇为""拔刀相助"等少数行为。因此，人们只能要求道德上的利他性，法律上只能要求利己性。但从数据人的基本属性看，数据人的利己性特征难以获得足够的支撑。其原因在于，数据人能够帮助人类更好地工作、生活，工具性价值决定了其天然的利他性。数据人的利他性给人类带来了巨大益处，人们会基于利益而选择同数据人进行交互，进而催生出更多的利他主义行为。如果数据人在法律领域取得必要的权利基础，那么利他主义行为将深刻影响数据的权利属性。有学者认为，具有利他主义倾向的物种在生态竞争中会处于不利地位，并减少该物种的社会适应度。[1]但是，博弈论与生物进化论的交叉研究表明，相较于自私的群体，具有利他主义精神的群体在生态竞争中更具备进化优势。[2]由此来看，数权的利他属性未必构成权利竞争上的劣势。相反，能更好地促进人类的发展。此外，数权的利他性还有助于促进人们与数据人之间的交互。因为数据人在做出利他行为的同时，也传递了一种交互信号，以寻求更多的行动空间和合作机会。起初只是一小部分人从中获得收益，但随着更多的人参与其中，利他主义行为就能从偶然的交互关系上升为特定的法律关系，以保障人类能够从利他主义行为中获得持续的收益。为此，国家基于增进社会数据福祉、推动人类进步的需要，必须创设"利他主义行为"的保护机制，即利他主义权利。这种权利属性既是人类因自身发展需求而赋予数据人的拟制权利，同时也是数据人利他功能的法律表征。[3]

利他主义与数权共享。在大数据时代，数据共享作为典型的角色外行为，对团队和组织的发展具有显著的促进作用。然而，当组织内的个体存在一定的竞争关系时，数据共享则有可能给个体权益带来损害。因此，出于自身利益的考虑，人们往往不会主

1　李建会、项晓乐:《超越自我利益：达尔文的"利他难题"及其解决》,《自然辩证法研究》2009 年第 9 期。

2　刘鹤玲:《从竞争进化到合作进化：达尔文自然选择学说的新发展》,《科学技术与辩证法》2005 年第 1 期。

3　张玉洁:《论人工智能时代的机器人权利及其风险规制》,《东方法学》2017年第 6 期。

动共享数据。在这样的情景下，个体的数据共享行为主要源于利他主义的驱动，具体表现为四种形式：一是个体的助人特质，个体愿意向他人主动共享数据而不求回报；二是互惠性利他，例如在人情关系社会中，个体所表现出的亲社会合作、互助行为；三是声誉导向利他，例如人们价值观结构中表现出的"好人"取向，个体为了维护自身声誉或应然价值期望而做出利他行为；四是命令式共享，例如遵照上级的命令而向他人共享数据。由此可见，利他主义对个体的亲社会行为（合作、互利或助人行为等）具有明显的促进作用。[1]从性质看，共享权具有鲜明的亲社会行为特征，是一种有利于组织发展的角色外行为，是组织公民行为的重要构成维度，即共享权与个体的亲社会、助人、合作、奉献等行为具有一致的属性特征。因此，利他主义对人们的数据共享意愿与行为具有显著的正向影响。共享的本质精神是利他，而利他主义为共享权的实现提供了不可或缺的条件基础。利他主义具有促使他人得益的行为倾向，是一种内化的精神需求和一种外化的自觉行动。在大数据时代下，这种利他主义的最大公约数是促进数据的权利、利用、保护与价值融为一体。利他主义的价值主张提升了人们让渡数权、共享数权的主观意愿，推动共享权设立，从而促进数据让渡行为、共享行为的正向转化。

数据人的共享权。传统上，基本权利被认为是公民权最基本、

---

[1]　郑建君、付晓洁：《利他动机对中小学教师知识共享的影响——组织认同和组织支持感的调节作用》，《心理发展与教育》2019 年第 4 期。

最核心的组成部分，其存在基础主要来自权利的基本价值和普遍性。在这个意义上，共享权作为数据人的基本权利，为数据人假设提供了必要的保障。数据人首要的基本权利是共享权，但目前来看，共享权同其他权利保障之间存在明显的冲突。一方面，由于数据资源内含商业价值、个人隐私甚至国家安全信息，社会公众和商业组织会捍卫自身的数权，并积极寻求权利保护（如被遗忘权、数据财产权等），从而抑制数据的共享范围，这显然不利于共享权的功能实现；另一方面，数据人依赖于数据分析，在缺乏共享权的情况下，数据人可能会遭遇诸多侵权风险。因此，法律究竟是保护公民的权利，还是支持数据人的权利共享需求？做出任何选择都有可能导致另一方的强烈反击。当下，虽然能在一定程度上保护个人隐私，但共享权所带来的社会变革远非数据保护的价值所能衡量，同时私权领域的数权保护在公权领域仅获得了极小的胜利，共享权的行使才是未来数字文明的发展趋势。在这个意义上，法律应从以下两方面做出尝试：一方面建立明确的数据保密等级及公开等级，保护公民、商业组织的数据隐私权或商业秘密；另一方面积极推动各类数据资源共享，肯定数据人的共享权，减少权利冲突。

（三）共享权与隐私权的平衡

实现数据流通与共享是数字文明时代产业升级、科技创新和提升政府治理能力的必然选择。但数据共享和隐私保护之间存在天然的利益冲突且关系日趋紧张，其原因在于数据公共利益与个人利益的博弈、数据财产利益与人格利益的分歧。因此，要充分挖掘数据资源的价值，必须实现共享权与隐私权的平衡。

公共利益与个人利益的博弈。共享权与隐私权之间的冲突在一定程度上可以归结为数据的公共利益与个人利益的相互博弈。一方面，无论是在目的上还是在功能上共享权都具有显著的公共属性。就目的而言，共享权的创设是为了促进数据共享，盘活数据资源，实现数据在政府、企业、公众之间自由流转与共享。就功能而言，数据蕴含着巨大的经济和社会价值，其自由流通与共享有助于加快政府职能转变、提升政府治理能力，提升公共服务质量；同时，数据共享可以为产业发展提供充足的数据基础，让用户享受到更快、更精准的服务，节省时间和精力成本，促进社会资源的优化配置，实现数据资源效益的提升。另一方面，隐私权自诞生之初就强调"不受他人干涉"，旨在保障个人所享有的私人空间不受他人干扰的权利，体现出明显的私法自治特征。但随着社会发展和科技进步，隐私权的内涵在逐渐扩张，其范围扩大到自决隐私、空间隐私和信息隐私等领域。但是，"凡是涉及个人不愿意公开的隐私，无论该隐私的公开会给权利人造成积极影响还是消极影响，只要该数据不属于公共领域并且本人不愿意共享，就应当受到隐私权的保护"。[1]隐私权自始至终都将维护个人尊严和自主能力放在首位，使得个人有所隐藏、有所保留，从而能够对抗外界的各种压力，维护自身的利益。正如王利明教授所

1　张新宝:《隐私权的法律保护》，群众出版社，1998，第21页。

言，隐私权天然具有一定的"反社会性"，它将私人领域与社会领域进行隔离，使自己享受一种独处的、不受打扰的安宁生活，在一定程度上这种需求与社会的需求是对立的。[1]因此，肩负促进产业和社会发展重任的共享权与维护私人合法权益的隐私权之间的冲突，其实质上是产生于"数据收集—数据利用—数据流转"这一循环共享过程中的公共利益与私人利益的博弈。

财产利益与人格利益的分歧。共享权与隐私权发生冲突的另一原因是数据财产利益与人格利益之间的分歧。一方面，数据蕴含的财产利益越发凸显，商业化的数据活动日益增加，把数据仅视为具有人格价值是不符合实际的。数据既有财产利益又有人格利益，已经成为一种可以获利的无形财产。我们应充分认识到数据的财产属性，强化数据的经济驱动功能。另一方面，传统隐私权是基于数据所蕴含的人格价值而强调对数据的保护，相较于数据的财产利益，数据的人格价值同样不容忽视。我们每天都在不断产生数据，这些数据通过共享集合在一起，形成一个关于"衣食住行乃至未来行动"的详细侧写，而且这种描述往往比我们的主观判断更加准确。因此，通过数据共享可以窥视人们的生活乃至精神状态，导致人们处于数据的监视之下，形成"圆形监狱"。公民生活方式的自主选择和自身生活事务的自由意志、隐私空间的秘密与安宁、自身数据的控制可能受到数据共享的侵害，甚至无法确定所做出的决定是自己的选择还是数据的选择。因此，数

---

1 王利明:《人格权法研究》，中国人民大学出版社，2005，第604页。

据具有双重利益，数据共享注重对数据财产利益的保护，隐私保护则更加关注数据的人格利益，两者在保护利益上的分歧导致了共享权与隐私权之间的冲突。[1]

共享权与隐私权的平衡路径。定分止争是法律的基本功能之一，这一功能的实现在于达成多元利益的平衡。具体而言，共享权强调数据的自由流转与共享，代表公共利益与财产利益；隐私权则代表私人利益与人格利益，两者之间难免存在冲突。然而，两者也并不是完全对立的。在某种程度上，公共利益与私人利益的诉求具有一致性，即公共利益是具有普遍性的私人利益的集合。同时，保障权利人的财产利益也并不排斥保护其人格利益。因此，面对共享权与隐私权之间的冲突，不能简单地以任何一方为主，而应实现公共利益与私人利益、财产利益和人格利益的平衡。换言之，数权法既要保护个人的人格和尊严，又要考量共享权的有效运行，对隐私权做出一些限制。同时，共享权和隐私权如同一枚硬币的两面。为维护公共利益、促进经济发展，需要实现数据在政府、企业以及公众之间的自由流转与共享。此时，隐私权应做出一定限缩，将部分非核心利益让渡给共享权，作为其实现核心利益的基础条件。同时，共享权也不能毫无限制地野蛮生长，理应受到隐私权的约束。但通过审视各国现行法律制度可以发现，数据立法严重滞后于数据产业发展的现实需要。因此，为回应社

---

1 王岩、叶明:《人工智能时代个人数据共享与隐私保护之间的冲突与平衡》，《理论导刊》2019年第1期。

会实践和理论发展的需要，实现数据利用与保护的双赢，有必要尽快制定数权法，通过立法化解共享权与隐私权之间的冲突，对共享权与隐私权的基本问题加以规范，明确权利的范围及限制，严格规定共享权的实现程序，强化共享权的执行监管，健全共享权侵犯隐私的责任和救济机制。

第三节 共享权的内容

按照属性分类，我们把共享权分为公共数据共享权、商业数据共享权、个人数据共享权三种类型，对不同类型的共享数据进行规范，实现数据共享自由、有序发展，增加数据的共享价值。同时，我们从物权的权能进行延伸，规定了数据的共享获取权、共享使用权、共享收益权、共享处分权四项权能，为人们行使共享权奠定了基础。但数据又可分为公共数据与非公共数据，为实现这两类数据的充分利用，我们把共享权的权能进行分离，分别设定了公益数权与用益数权，它们是共享权的基本实现方式。

（一）共享权的类型

公共数据共享权的设立，一方面通过数据共享打破公共部门的"数据孤岛"，另一方面通过数据开放释放公共数据红利。商业数据在三种数据类型中占比较低，但公共数据与个人数据在一定的条件下都能转化为商业数据，因此，是最具有发展潜力的一类数据，这是由市场经济活动决定的。通过设立商业数据共享权，促进商业数据转化、扩大数据的交易规模、增加数据的使用价值。个人数据蕴含着巨大的价值，通过设立个人数据共享权，保障人们共享数据的利益，激发个人生产与共享数据的活力。

1. 公共数据共享权

公共数据共享权是对公共数据进行共享的权利。所谓公共数据，在法理上是指与公共利益切实相关的数据资源。其中，政务数据是最重要也是规模最大的公共数据，因为政府在履行公共职能的同时会收集体量巨大的数据资源。据统计，政府集聚了80%的数据资源。但公共数据被严重地分割在不同的政府部门，形成了大量的"数据孤岛"，加上有些数据因涉及部门利益而缺乏共享动力，最终形成海量政府数据缺少整合而严重浪费的局面。同时，马太效应下的数据运动很容易形成"数据鸿沟"，公众往往因处于边缘化地位而不能够很好地享受数据带来的红利，公众的数据权益"相对剥削感"日益强烈。但是从本质上讲，公共数据是属于全体人民的公共财产，国家应该在保障个人隐私、商业秘密和国家安全的前提下，让这些数据回归全体人民。从这个意义上讲，公共数据共享权的设立就是一场全体人民向政府部门争取公共数据权利的共享运动。与此同时，公众数权意识的觉醒，使得公共数据共享权的设立刻不容缓。

公共数据共享权是一项社会对公共数据资源进行控制与使用的基本的公民权利，这项权利一方面来源于人们履行接受和支持数据采集的义务，另一方面来源于公共数据从本质上属于全体人民的公共属性。一般情况下，除涉及个人隐私、商业秘密和国家安全的敏感数据，人们对所有的公共数据都有权知晓、使用和共享。因此，公共数据共享权可分为两类：一类是在公共部门内部进行数据共享的权利，简称"部门数据共享权"，它促进公共数据在公共部门内部进行自由流动，有助于打破部门之间的条块分割，可供共享的数据资源较多；另一类是向全社会进行数据开放的权利，简称"公共数据开放权"，相较于共享数据，开放数据的规模较小，一些涉密的公共数据无法向社会公开。

公共数据共享权强调人们知晓数据的价值追求，但这并不意味着公共数据共享权是公民知情权在公共数据领域的翻版或简单升级。公民知情权是指公民依法享有要求国家机关公开某些信息的权利，聚焦于政务信息的获得与知情，落脚于透明政府的建设。而公共数据共享权强调的是公共数据的共享与利用：一方面，人们对于公共数据的需求早已超越了提高政府运行透明度的阶段，更多的是利用和挖掘公共数据创造社会经济价值；另一方面，公共数据共享权要求公共部门及时主动共享数据，是基于信息请求的被动公开走向数据主动共享的公共服务观念的升级。在法理上，虽然尚无关于公共数据共享权的直接或明确的表述，但这并不妨碍公共数据共享权成为一项基本的公民权利。从覆盖的范围看，公共数据共享权的本质是一个权利束，其利益来源于共享公共数据所产生的增值价值。从这个角度看，公共数据共享权作为一种旨在分享公共数据开发成果的公民权利，其本质上是一个权利的混合体：它既可以是基于收益共享的发展权，也可以是行政数据化下的监督权，还可以是弥合信息不对称下的参与权。[1]

2. 商业数据共享权

企业在生产经营过程中汇集了大量的商业数据，这里的商业数据可分为两部分：一是与消费者身份特征或行为特征相联系的商业数据，这部分数据的所有权仍归个人所有，企业不得出售或转让；二是企业获得的消费数据，这部分数据经过汇集、脱敏脱密处理后被视为企业商业数据，可以支配或买卖。通过这种划分，使商业数据的交易持续且有序地进行，商业数据共享权使商业数据的潜在价值不断被挖掘。

数据的价值在于不断被使用、分析与挖掘，而使用的非消耗性使数据的使用率越高，所带来的利益越大，当然带来商业秘密泄露的风险也就越大。随着商业数据潜在价值不断被发现，数据作为一种资源或资产日益被重视，许多企业购买商业数据，以便从中掘金。而这些拥有商业数据的企业潜意识地把自身聚合的数据视为己有，认为数据提供者留下的数据已脱离提供者，变成企业的自有数据资产，从而引发了一系列的商业数据权利纠纷。[2]

基于商业数据的企业往往拥有或者可以收集到大量数据，但不一定拥有从商业数据中提取价值或者催生创新思想的能力。商业数据资源可被多角度、多层次和反复地挖掘和应用，因而商业数据的流通就变得格外重要。只有市场上流通的商业数据都是具

1　程同顺、史猛：《公共数据权和政治民主》，《江海学刊》2018 年第 4 期。

2　杜振华、茶洪旺：《数据产权制度的现实考量》，《重庆社会科学》2016 年第 8 期。

有清晰产权界定的数据，即"有主的数据"，才能保障数据交易市场的秩序。因此，设立商业数据共享权以均衡商业数据各方利益，使各方利益诉求得到保护，让商业数据得到广泛应用，才能使数据价值最大化。

商业数据共享权是对商业数据进行共享的权利。从某种意义上讲，商业数据的共享是商业数据交易的代称，因此商业数据共享权也可称为商业数据交易权。当前，商业数据的规模较小，但可以通过公共数据开放、个人数据共享转化为商业数据，成为商业数据的一部分。数据只有进行商业化应用才能最大限度地释放价值，因此，数据的商业化是大势所趋，商业数据共享权是最具有发展潜力的共享权类型。通过商业数据共享权，促进商业数据在全社会范围内自由流动，让更多的人有机会使用数据，从而扩大数据的共享价值。

3. 个人数据共享权

人是数据的初始来源，对数据的研究要回归到以人为原点的分析范式。在一定程度上，可以认为所有的数据都是个人数据。同时，数据中包含的个人信息，可以和某个特定的自然人相联系，甚至涉及个人的敏感信息和核心隐私。如果这些数据没有进行脱敏化处理或者处理不完整，他人就能从关联的数据中了解个人相关的信息和隐私，从而侵害个人数据权利。同时，随着现代科学技术的发展，个人数据的收集与传输变得越发容易和高效。在某种程度上，数据共享也是收集和传输个人数据的一种方式，是对个人数据的再次使用。共享数据中蕴藏着大量的个人信息，所以个人数据共享权应当以合法的个人数据处理为前提。

数据共享涉及个人数据，在共享链中缺乏对个人数据的全方位保护：一方面会消解初始收集环节对个人数据的保护力度，这主要体现在不加限制的授权，它会使个人数据主体在初次授权后就丧失对个人数据的控制能力，难以确保个人数据的利用符合其预期；另一方面，缺少有效的授权机制，将会使授让方对个人数据使用行为的合法性受到质疑，从而影响个人数据共享的效率。因此，通过设立个人数据共享权，对个人数据共享权益进行科学合理的保护与分配。个人数据共享权是一项鼓励人们配合数据采集者生产更多数据的权利，能激发人们生产数据的动力，为社会提供源源不断的数据资源。从这个层面讲，个人数据共享权是最重要的共享权。

个人数据共享本质上是由他人重新收集、利用个人数据。因此，个人数据共享权涉及两个维度：一是从个人数据收集者的角度而言，个人数据共享权实际上是数据收集者将其所收集的个人数据流转出去的权利，其可能是向特定的主体共享个人数据，也可能是向不特定的主体开放和流转个人数据，让更多的主体拥有数据；二是从被共享者的角度而言，共享除了是对个人数据的再利用，还有被共享者在获得这些个人数据后对其进行加工、利用甚至再次共享。因此，不能任由数据持有者将数据随意共享给他人，被共享者也不能在获得数据之后随意共享或者允许他人使用。[1]个人数据共享权应维护个人对数据的支配、私法自治与人格

1　王利明：《数据共享与个人信息保护》，《现代法学》2019 年第 1 期。

尊严，即在保护个人数据基本权利的前提下，促进个人数据的开放共享。

（二）共享权的权能

共享权有狭义和广义之分。从狭义上讲，共享权是指将数据分享给他人的权利；从广义上讲，共享权是指围绕数据共享行为的全生命周期而产生的权利。这里的共享权主要是指广义上的共享权，主要包括数据的共享获取权、共享使用权、共享收益权、共享处分权四项权能。共享获取权是指人们获取共享数据的权利，共享使用权是指人们使用共享数据的权利，共享收益权是指人们利用共享数据进行收益的权利，共享处分权是指人们对数据进行共享处分的权利。这里的数据既包括共享数据，也包括原始数据。

1. 共享数据获取权

共享数据的获取是基本的数据活动，只有获取数据才能控制数据，才能真正实现数据的共享。为保障人们获取共享数据的正当性、公平性，应设立共享数据获取权。所谓共享数据获取权，是指人们合法合规获取共享数据的权利。共享数据获取权的行使必须受到限制，必须以数据共享人的意志为前提，任何人不能随意地获取数据，否则将会带来严重的数据安全问题。

从主体看，共享数据获取权的主体包括自然人、法人、公共机构等所有共享数据的需求者，具有普遍性。广义的共享获取权既是公法领域公民的基本权利，也是私法领域的重要民事权利。从公法角度看，公民参政议政的前提是数据的自由获取，没有共享数据获取权，公民的基本权利就得不到保障；而国家作为公权主体，同样享有共享数据获取权，没有国家对共享数据的充分获取，国家的政治经济文化发展将缺乏基本的依据。从私法角度而言，共享数据获取权是民事主体完成民事活动的基础性权利，消费者只有对商品数据的充分获取才能实现商品交易的公平公正，缺乏共享数据获取权的保障，民事主体权益的实现只能是一种幻想。共享数据获取权是一种对世权，任何组织和个人都应保障共享数据获取权的实现。[1]

从客体看，共享数据获取权客体是指共享数据获取权所指向的对象，是数据主体利益的承载和依托。作为数据客体的共享数据类型多样、特征各异。从共享数据获取的角度而言，共享数据依据不同的分类标准可分为多种类型。从广义上而言，共享数据获取权的客体包括共享的数据资源、数据技术、数据渠道、数据服务等。狭义的共享数据获取权的客体即共享数据，具有公共性、可再生性、时效性、价值性、稀缺性等特征，这些特性是共享数据获取权设立的前提。只有共享数据获取权得到保障，公众的共享数据需求才能得到满足，共享数据获取权才能最大限度地实现其价值。[2]

从内容看，共享数据获取是一个复杂的过程，共享数据获取权的内容是公众在数据资源、数据技术、数据渠道、数据服务等

1　周淑云：《信息获取权主体探析》，《图书馆》2014 年第 5 期。

2　周淑云、王好运：《信息获取权客体辨析》，《图书馆》2015 年第 1 期。

核心要素上所附着的利益。因此，共享数据获取权包括四项基本权利：共享数据内容选择权、共享数据获取技术知悉权、共享数据传播渠道接触权、共享数据服务质量保障权。共享数据内容选择权是指作为主体拥有对共享数据的内容进行选择的自由；共享数据获取技术知悉权是指主体为获取共享数据内容，有掌握相关共享数据获取技术的权利；共享数据传播渠道接触权是指主体为获取共享数据有接触共享数据媒介的权利；共享数据服务质量保障权是指主体在利用共享数据过程中有权要求有关服务部门提供优质高效和公平的共享数据服务，并保证提供的共享数据内容产品具有较高品质。[1]

2. 共享数据使用权

使用是利用共享数据的手段，是挖掘共享数据价值的方式，这种使用共享数据的权利被称作共享数据使用权。获取共享数据并不是设立共享权的目的，目的是使用它，人们可以通过共享数据来满足权利人的需求，从而获得相应的利益。因此，设立共享数据使用权是必要的，这是由共享数据的使用价值决定的。同时，共享数据使用权可以从共享权中进行分离，成为一项独立的权能，成为构建用益数权与公益数权的重要基础。与传统法学上的使用权不同，共享数据使用权的行使必须符合共享人的意志，因此共享数据使用权是一种受限制的使用权。共享数据使用权是追求数据使用价值、利用数据获取相应利益的权利，主要包括共享

---

1 周淑云、罗雪英：《信息获取权内容辨析》，《情报理论与实践》2014年第5期。

数据处理权、复制权两种类型。其中，处理是使用共享数据的基本方式，通过数据处理可发现、提升共享数据的价值，因此共享数据处理权是共享数据使用权的重要部分。共享数据处理权也可进行共享，但一般是有条件的，使用方只能按照约定方式处理数据。然而，为了增加共享数据的价值，就必须扩大共享数据的规模，以便更多的用户使用它，由于成本极低，复制成为最重要的手段。因此，共享数据复制权在共享数据使用权中也占有重要地位，它是利用共享数据的重要条件，能为完整地再现数据信息提供保障。[1]

3.共享数据收益权

所谓共享数据收益权，是指人们利用共享数据获取收益的权利。人们获取共享数据，除了对其进行使用外，还能获得一定的收益。这种收益是由共享数据派生的，因此共享数据收益权也被称为获取共享数据天然孳息与法定孳息的权利。在现代社会形态中，权利发展的一个重要趋势是从抽象的支配转向具体的利用，共享数据收益权的设立符合时代发展趋势，实现了共享权的分离，但共享数据收益权要受到权利客体的限制。数据交易的目的是获得共享数据的收益，因此数据共享收益权在扩大数据交易规模、构建数据交易秩序方面发挥着重要作用。共享数据资产化是一个获得收益权的过程，它是共享数据收益权在经济上的实现形式，

1　大数据战略重点实验室：《数权法 1.0：数权的理论基础》，社会科学文献出版社，2018，第 195 页。

共享数据只有通过共享数据收益权才能实现其价值，表现出外部性、长期性与多元性等特点。外部性是指共享数据收益权主体使用、共享数据而取得的收益与其付出的成本之比，它决定了共享数据的非绝对性。因此，应对共享数据收益权做出必要的限制，实现私利和公益的平衡。共享数据的收益具有长期性，因为共享数据的价值无法通过一次使用或消费而得到充分挖掘，当新的数据资源被添加和关联时，共享数据的价值就会增加进而带来新的收益。同时，共享数据具有不可磨损性，它可以扩大共享、反复利用、长期收益，共享数据的价值永远达不到最大值，它会随着时间的推移而不断地集聚和扩展。共享数据收益具有多元性，由于数据的不可绝对交割性，不可能实现对数据控制状态的完全转移，同一数据之上可以存在多个收益权主体，获取共享数据的收益。[1]

4. 共享数据处分权

处分是对数据的最终支配，共享数据处分权是人们对共享数据进行处分的权利。从另一个角度看，处分是对数据的最终使用，共享数据处分权是权利人对共享数据进行消费和分享的权利，是共享权的最终体现。共享数据处分权并不会导致共享人丧失数据的控制权，而是通过复制在数据之上形成独立的共享权，使得一项数据可以同时为多个共享权主体所获取和利用。共享数据处分

---

[1]　大数据战略重点实验室：《数权法 1.0：数权的理论基础》，社会科学文献出版社，2018，第 196 页。

权并不会灭失共享数据的原始价值，反而扩大了其共享价值。对于有体物而言，对有体物的处分会导致其所有权的绝对或相对消灭，此时处分权决定了有体物的归属。[1]对数据而言，传统处分权已经不适用于共享数据的保护和利用，对数据的占有并不符合数据的发展趋势。因为数据的价值在于共享，对数据进行控制并不是设立共享权的目的。只有扩大数据的规模，才能让更多的人有机会利用到数据，破解数据稀缺性难题，充分发挥数据的价值。共享数据处分权更多的是着眼于共享数据的利用，它将共享数据利用作为人们追求数据价值的形式，提升到与共享数据归属同等重要的位置。

（三）"用益数权"与"公益数权"

共享权的设立实现了数据在不同主体之间的共享，但不可避免地产生了数据所有与数据利用之间的矛盾。为了破解这种矛盾，我们提出"用益数权"与"公益数权"的概念，它们都是被限制的共享权，也是当前实现共享权的现实选择。它们的设立，使得数据的所有权与使用权的分离成为可能。用益数权是指在一定条件下对他人所有的数据进行使用和收益的权利，有助于更好地实现共享权的价值，是共享权的一种重要实现方式。公益数权是一种被让渡的用益数权，它是指以政府为代表的行政主体、公共机构与公益组织等出于公共利益需要，对公益数据进行获取、管理、

1　陆小华:《信息财产权：民法视角中的新财富保护模式》，法律出版社，2009，第 373 页。

使用和共享的权利。

1. 用益数权

用益数权是对共享数据进行使用和收益的权利，是权利人授予他人享有数据的权利。用益数权是为了解决共享数据所有与利用之间的矛盾而设立的，是在一定条件下对共享数据进行使用和收益的权利。用益数权的设立，是数权从控制走向利用的产物，有助于实现共享权的价值，是共享权的一种实现方式。用益数权的出现是共享权权能分离的结果。它是数据权利人将共享权部分权能予以分离，与他人共享，从而在他人数据上形成的数权。因此，用益数权是在共享权的基础上产生的，其本身就是对共享权的限制。用益数权的设立往往是出于数据权利人的意志，在数据权利人无法实际利用或无法充分发挥数据的价值的情况下，将自己的数据共享给他人进行使用和收益，充分挖掘数据的价值。随着数字文明时代的到来，数据资源的规模不断扩大，用益数权的重要性日益突出。

由于用益数权基于共享数据，与他物权类似，因此可以称其为他数权。同时，由于用益数权必须在约定的范围内对标的数据加以支配，所以又称为限制数权。用益数权的主体是数据权利人之外的其他主体，数据所有权主体不能成为用益数权的主体。因为用益数权是在共享数据上设立的，所以用益数权主体就是在共享数据之上享有权利的自然人、法人或其他组织。用益数权的客体是共享数据，它具有非物质性、可复制性和不可绝对交割等特点，且随着数据利用方式的多样化，特别是由于科学技术的进步和体制机制的创新，共享数据的价值不断增加。因此，为了提高共享数据利用效率，有必要在其之上设立用益数权，这是数权发展的必然趋势。

用益数权是对共享数据的使用价值进行支配的权利。从法律上看，用益数权的主要内容是共享数据的使用、收益。因此，用益数权的内容包括共享数据获取权、共享数据使用权和共享数据收益权。一方面，要对数据进行使用、收益，就必须获取共享数据。没有获取权，用益数权主体就不可能实际使用。由于用益数权需要对共享数据进行使用和收益，获取数据的使用价值，这就决定了用益数权人必须获取标的数据。如果发生用益数权的冲突，主要是共享数据获取权的冲突，因为获取是用益数权设定的先决条件，用益数权主体只有获取共享数据，才能实现对数据的使用和收益，从而获取数据的使用价值。另一方面，用益数权是以共享数据使用与收益为目的的。共享数据使用权是指按照共享数据的性质和用途，依据法律或相关的约定，对共享数据加以利用的权利。设定用益数权就是为了使用共享数据，追求共享数据的使用价值。收益是指通过使用获取共享数据的天然孳息和法定孳息。使用和收益一般是结合在一起的，因为只有对共享数据进行使用才能获得共享数据的收益。因此，用益数权包括共享数据使用权和共享数据收益权，因为用益数权在法学中的直接意义就是使用权，它是以使用为目的而利用共享数据的数权。同时，用益数权是对数据的使用价值的利用，通过利用满足用益数权主体不同的利益需要，从这个意义上讲，用益数权又包括了共享数据收益权。[1]

2. 公益数权

用益数权主要从私权角度强调对数据进行使用、收益的权利。作为与用益数权相对立的一种数权类型，公益数权是指以政府为代表的行政主体、公共机构与公益组织等出于公共利益需要，对公益数据进行获取、管理、使用和处分的权利。从法律属性上看，公益数权是一种被让渡的用益数权，是公民的一项基本数权，它是不以盈利为目的，用于公共事业、公共服务和公共管理的数权的新主张。公益数权属于全民所有，以政府为代表的行政主体、公共机构与公益组织只是出于公共利益需要代为支配。维护公共利益是公益数权的根本目的，也是对私权进行限制的一把利剑。[2]

从维护公共利益的根本出发，公益数权的权能应包括获取权、管理权、使用权和处分权。公众虽然可以利用公益数据获取相应的收益，但公益数权本身不包括收益的权能，因为公众使用公益数据的实质是在行使公益数据的用益数权，而不是公益数权。只有作为公众代表的行政主体、公共机构和公益组织等才有资格行使公益数权，且在行使公益数权过程中，不得利用公益数据进行收益，故公益数权不包括收益的权能。

公益数据获取权是指以政府为代表的行政主体、公共机构和

1　大数据战略重点实验室：《数权法 1.0：数权的理论基础》，社会科学文献出版社，2018，第 203 页。

2　大数据战略重点实验室：《数权法 1.0：数权的理论基础》，社会科学文献出版社，2018，第 212 页。

公益组织依据相关的法律规定，通过一定的途径与方式，及时、准确、完整地获取所需要的各种公益数据的权利。当然，公益数据获取权的行使必须受到限制，否则就会造成数据公权的无限度扩张。公益数据管理权是指以政府为代表的行政主体、公共机构和公益组织为实现公益数据公共使用目的而对公益数据行使的行政管理权。从法律性质上看，公益数据管理权是一项法定义务，因为它是以政府为代表的行政主体、公共机构和公益组织为了保障和增进公共利益、履行行政义务而实施的行政权力。因此，公益数权是行政权，具有公法上的约束力。同时，公益数据管理权可有助于保障民众享有使用公益数据的权利、限制行政机关的恣意行为。公益数据使用权是公益数权的核心内容，是为了对公益数据进行公用，保障和增进公共利益。因此，公益数据使用权是指以政府为代表的行政主体、公共机构和公益组织依法对公益数据加以利用的权利。公益数据处分权是指公益数据的管理机构将其管理的公益数据共享给他人使用的权利。它可分为两种：一种是狭义上的公益数据处分权，是指在行政机关之间对公益数据进行共享的权利，被共享后的数据依然是公益数据，被共享的行政机关享有该数据的部分公益数权的权能，可以对该数据进行使用和管理；另一种是公益数据开放权，是指公益数据的管理机构将其管理的公益数据向企业单位和公民个体开放的权利。企业单位和公众个体在取得公益数据控制权后，公益数据转化为用益数据，进而可以对该数据进行使用和收益。

第四节　共享权的价值

从正义层面讲，共享权是以利他为基础而创设的公共权利，必将与现有的、以利己为基础的个人权利发生冲突，从而推动权利体系不断完善。从秩序层面讲，共享权必将重构数据共享开放的规则，促进数据资源自由、有序流动，构建共享社会新秩序。从经济层面讲，共享价值理论是经济学领域重大的理论发现，必将重构现有的经济价值基础，共享权的提出必将为经济发展注入新动能，成为构建数字经济规则的重要基石。

（一）共享权的正义价值

个人权利和公共权利是一对矛盾关系。前者主张个人权利至高无上，任何人都不能被当作其他人获取利益的手段，并优于社会一般利益；而后者则强调把个人作为实现目的的手段，任何行为、立法和政策的检验都以其是否指向公共利益最大化为标准。启蒙运动以来，个人权利观一直是西方社会的主流。西方社会认为，社会和政府的存在是为了保护个人权利，对社会公共利益的追求不能以牺牲个人权利为代价。但公共权利观也具有相当的影响力，它以大多数人的利益为出发点，而非基于少数人的利益。正义社会要能让大多数人从中获得较大利益，并促使最大净余额的提高，即使以少数人的利益为代价，并使其处于劣势地位。因此，个人权利和公共权利存在天然的冲突，主要分歧在于是否把权利作为一个独立考量的因素。公共权利观把权利看作实现社会总体功利的一个函数，而不是一个变量。与之相反，个人权利则以个人为中心，每个人都是自身利益及促进这些利益的最佳判断者。社会整体功利和任何控制个人的种种方式都无法代替更不能压制个人权利。[1]

个人权利学说和公共权利学说分别从利己和利他的角度阐释了其基本理念。它们都是一种单一的价值选择。在纷繁复杂的现实世界，这种单一的思维模式往往因过于简单而无法进行概括，这也是导致其理论局限性的主要原因。个人权利蕴涵国家中立原则[2]，忽视了国家的积极功能。有学者认为，只有个人才有权利追求自身的价值和善，国家在最弱意义上保护个人追求自己的善。[3]这只看到了"个人的善"，没有注意到国家所应满足的"社会基本

1　董玉荣:《"共享正义观"与利益平衡——实现个人权利和社会功利融合的路径》,《广西社会科学》2010 年第 10 期。

2　国家中立是指国家与善和价值观念的无涉，英国学者约瑟夫·拉兹在《自由的道德》一书中写道:"政府应该对所有关于好生活的理想或者善观念视而不见，不能把某一种特殊的关于好生活的理想视为最有价值的生活方式。"

3　董玉荣:《"共享正义观"与利益平衡——实现个人权利和社会功利融合的路径》,《广西社会科学》2010 年第 10 期。

的善", 从而忽视了国家的积极意义。此外, 个人权利割裂了社会与个人的联系, 对其自身价值的实现无所助益。个人权利强调个人在本体论上的优先性, 社会或国家只是实现理性自利的个人目标的工具。因此, 自由主义从个人权利出发, 赋予了个人以超越一切的权利, 个人权利高于社会公共利益。

公共权利的最大问题是对基本权利的忽视。公共权利的目的是实现公共利益的最大化, 以让渡一部分人的利益为代价, 让其他人获得较大的利益, 从而使社会整体利益增加。公共权利观认为这种让渡是值得的, 由此造成的不平等也是合理的。公共权利关心的是社会公共利益总量的增长, 而不关心这个总量在人们之间的分配。长期以来, 人们一直对公共权利能否量化公共利益感到怀疑。因为公共权利对公共利益的衡量往往借助于直觉, 始终都无法回避不同人有不同主观感受的问题, 因此人们对公共利益很难做到纯客观的计算。[1]

个人权利与公共权利的冲突是社会发展的必然结果, 它可通过共享权解决。首先, 共享权将私人领域的个人权利调整为公共领域中的个人权利。个人并非原子式存在, 而是社会合作体系中的一部分。共享权使人们在合作中相互受益, 这样正义就得到了保证。因此, 共享权的逻辑结果是重视平等价值、关注公共生活中的个人权利, 必然是正义的。其次, 共享权修正了公共权利的

---

[1] 董玉荣:《"共享正义观" 与利益平衡——实现个人权利和社会功利融合的路径》,《广西社会科学》2010 年第 10 期。

总体性。公共权利追求总体性的结果可能会导致部分人的利益丧失，而共享权可以使不平等的安排适合于互惠的目的，通过在平等自由的结构中避免自然环境和社会环境中的偶然因素，人们可以在社会结构中表达相互尊重的正义。这就要求人们不把对方当作手段而是作为目的来对待。因此，共享权保证了自尊互利的人们在社会合作中的有效性与和谐性，避免了公共权利总体性造成的对部分人权利的侵害。最后，共享权可避免公共权利所产生的不平等。共享权强调社会财富的分配对社会上所有人都有利，特别是对处境不利的群体，从而纠正了公共权利把个人选择简单地局限于公共利益最大化。此外，共享权纠正了功利主义的偶然性问题，因为自然禀赋和能力上的差别造成了人们先天上的不平等，而共享权可以在制度上补偿这种自然禀赋上的差别。因此，共享权纠正了人们之间的社会差异和自然禀赋的差异，从而达到实质上的平等正义。

（二）共享权的秩序价值

所谓共享秩序，是指以共享为基本诉求的社会秩序。从广义上看，人类文明自起源以来就存在共享秩序。语言、文字是共享的渠道，分工协作、商品交易是共享的方式，这都是人类文明的一部分。共享是人类社会发展的目标和方向，随着共享权逐渐深入人心，共享秩序开始重新纳入人类文明发展的视野。

共享权变革社会制度安排。从社会正义的角度看，共享的实质正义与制度正义呈现相辅相成的关系。一方面，共享的实质正义是制度正义的基础，判定共享制度是否正义必须以是否能促进生产力的发展、是否与生产方式保持一致为衡量标准。另一方面，共享制度正义是实质正义的保障，是正义价值的具体化和实体化，是实现实质正义的制度保障。[1]因此，有必要通过构建共享制度保障共享权的行使。这个制度必须要协调好经济与社会之间的关系，因为经济是以追求效率为核心目标，保障人们获得更多的物质财富；而社会以追求公平为核心目标，要让更多的人享受到物质财富。在某种程度上，共享经济与共享社会是一对矛盾关系，通过共享制度加以协调才能更好地发挥它们的作用。而共享权就是共享制度安排的结果，这是实现效率与公平之间的平衡点。

共享权优化数据分层结构。所谓数据分层，是指因数据地位差异而造成的数据阶层结构。在这个数据阶层结构中，不仅存在因职业差异而形成的各种身份阶层，还存在因数据能力、数据资源占有量等因素而形成的阶层，且各数据阶层人员之间都存在高度分化的现象，数据结构分层化、等级化和固态化的趋势越发明显。当数据技术、数据资本、数据资源等要素流动性不足时，各类要素不断向高阶层集中，中低阶层获得感低，造成不同阶层的数据资源占有和分配份额比例不均衡。但无论数据政策如何倾斜，都难以改变数据中低阶层的数据财富收入低的状况，其固化的数据阶层地位更加难以改变。通过共享权，充分利用私人占有或公

1 　苗瑞丹、代俊远:《共享发展的理论内涵与实践路径探究》,《思想教育研究》2017 年第 3 期。

共占有闲置数据资源，创造更多可共享的数据商品、机会和服务，满足其他阶层特别是中低阶层的数据需求，实现资源共享和机会共享，打破数据阶层隔阂，使中低阶层有了改善自身处境的机会。共享权的设立使得各个数据阶层都享有利用数据资源的权利和能力，改变了严格按照链条、能力、资源等特定要素来划分数据共享利益的做法，让共享权惠及各阶层人群。[1]

共享权提升政府治理能力。政府在数据资源配置中起着至关重要的作用，影响着数据利益的分配。在传统的秩序形态中，效率和公平往往很难兼顾。但通过共享权，政府可以依靠强大的数据能力实现制度创新，转变政府职能，提高政府治理能力，使政府、市场的职能实现动态平衡，兼顾效率和公平，这也是政府、市场的最大公约数。一方面，共享权最大限度地调动了人才流、资本流和资源流，激活各类数据产业发展要素，增加公共数据财富，让数据福利惠及更多人群。通过共享权的行使，使企业积极追求数据效率与承担社会责任，实现数据的经济和社会利益最大化。另一方面，政府以公众的数据需求为导向，通过共享权为社会提供高质量的数据产品和服务，发挥各方积极性、主动性和创造性，汇聚各方智慧和力量，保障参与者利益。这有助于破解公共数据资源归属和增值部分的分配问题，增强人们的获得感。[2]

1　张国清：《作为共享的正义：兼论中国社会发展的不平衡问题》，《浙江学刊》2018 年第 1 期。

2　田信桥、张国清：《通往共享之路：社会主义为什么是对的》，《浙江社会科学》2018 年第 2 期。

共享权保障数据公平正义。数据共享作为一种新型的资源配置模式，缓解了政府与市场之间数据资源分配不均衡的问题，矫正了数据资源配置和二次配置的不公平性，避免了传统模式所带来的、由信息不对称造成的数据交易不平等与数据资源浪费。共享权弥补了市场对数据社会正义的忽视，实现了社会所有成员平等地享有各种数据资源，并在平等的基础上获得数据权利和经济利益，使公众都能享有基本的数据价值。数据共享在政府与市场领域扮演着协调者角色，让人们在数据资源获取、使用、收益等方面都享有均等的机会。共享权为社会所有成员平等共享数据资源提供了巨大的空间，实现了从注重个人财富与公共财富再分配向注重数据资源平等共享的转变。在数据财富差距扩大化的情况下，通过共享权进行调节是必要的。因此，共享权既要保护个人数据所有权，更要关注基本数据资源的均等共享，从而实现数据正义。[1]

（三）共享权的经济价值

数字经济深刻改变经济发展的动力和方式。共享权的提出激发了人们生产数据、共享数据的动力，为数字经济发展提供源源不断的数据资源。构建以数据为关键要素的数字经济、以共享为主要特征的数据利益分配机制，必将促进数字经济与共享经济深

1　张国清:《作为共享的正义：兼论中国社会发展的不平衡问题》,《浙江学刊》2018 年第 1 期。

度融合。

共享权推动产权制度变革。产权制度是现代经济制度的重要组成部分。在现有产权理论中，产权是经济所有制关系的法律表现形式，包括所有权、占有权、支配权、使用权、收益权和处分权等。当前的经济体制强调产权的完备性、不可让渡性与不可侵犯性，使得产权制度呈现竞争性、排他性的特点。同时，由于巨大的资源财富差距，这种排他性的产权制度使得市场上的资源和财富不断向少数人群聚集，导致产权的交易和流通过度僵化，阻碍了经济发展。因此，过分强调产权的完备性、不可让渡性或不可侵犯性，不利于人才流、资本流、资源流的自由流动，不利于经济的健康自由发展。[1] 共享权为打破产权制度的弊端提供了新思路，共享权在保留数据所有权的基础上共享数据使用权，形成了一种新的产权概念。这种产权观呈现出一种双层结构模式：位于上层的是所有权，决定了数据的归属；位于下层的是共享权，共享了数据的使用权与收益权。它将数据共享给他人使用，有利于盘活数据资源。共享权的基本理念是"不求所有，但求所用"，其本质是弱化数据所有权，强调数据使用权、收益权，推动数据产权私有的观念向数权共享的观念转变，从而实现数据资源自由有序流动，提升数据资源配置效率。因此，共享权在减少资源浪费的同时，扩展了人们的数据需求渠道，实

1　张国清：《作为共享的正义：兼论中国社会发展的不平衡问题》，《浙江学刊》2018 年第 1 期。

现更大范围的数据自由。可以说，共享权为人类提供了一条并不需要通过占有数据资源就能达成愿望、实现数据自由的路径。[1]

共享权增加消费者剩余。所谓消费者剩余，是指消费者在消费一定数量的某种商品时所愿意支付的最高价格与商品的实际价格之间的差额。这是从马歇尔边际价值理论演化出来的概念，用以衡量消费者的额外收益。一方面，共享权为消费者提供了更多的数据选择渠道，削弱了数据厂商的垄断地位，分散了数据的市场力量，改善了数据消费者的被动地位。通过数据价格博弈，更容易满足数据消费者的需求，从而降低数据商品的实际价格，增加数据消费者剩余。另一方面，共享权开启了用益数据市场，降低了数据交易的成本，提高了数据资源的利用率，创造了更多的数据财富。因此，共享权打通了数据供需双方的鸿沟，使其能够充分利用社会上的数据资源，实现数据供需双方精准、自由、有序匹配，降低了机会成本与消费者所支付的实际数据价格，为微观参与主体创造了更大的数据价值，从而增加了数据消费者剩余。[2]

共享权变革竞争范式。共享权改变了传统零和博弈的竞争逻辑，实现了向基于共享价值的新型竞争范式转变。从商业实践看，共享权使数据企业的目标从数据经济价值向数据共享价值转变，对收益的追求也从数据经济收益向数据综合收益扩展。因此，为

1　韩晶、裴文:《共享理念、共享经济培育与经济体制创新改革》,《上海经济研究》2017 年第 8 期。

2　张玉明:《共享经济学》,科学出版社,2017,第 429～431 页。

充分发挥企业创造数据财富、获得数据综合收益的潜力，开展基于共享权的竞争与合作是最现实的选择。可以说，数据竞争与合作是一种存在于企业间的关系统一体，它们共同发挥作用、相互影响，并在一定条件下相互转换。一方面，企业间通过共享权扩大数据交流的规模，促进各类数据扩散，提升数据资源、技术、服务等要素的使用效率，更大程度地发挥数据资源、资本等优势，激发数据创新，扩大数据生产可能性边界，形成协同效应与耦合效应，从而创造出更多的发展机遇与商业机会，帮助企业实现共享数据的增值和价值网络的拓展。另一方面，共享权使企业突破了数据边界的限制，获得更多的数据产品，包括获取更多的数据资源、技术、服务等，增强企业数据创新的动力与能力，同时又能使自己的数据价值剩余获取更多的效益等，创造满足自身的数据价值，更好地满足社会的数据需求。[1]

共享权弥补市场失灵。共享权的提出有助于解决市场的信息不对称和负外部性问题，打破垄断，从而弥补市场失灵。在消除信息不对称方面，消费者缺乏完整的数据，无法充分掌握信息，使其丧失了实际意义上的购买主动权，导致"劣币驱逐良币"的情况发生。基于共享权，信息透明度及市场效率得以巨大提高。在降低负外部性方面，通过共享权，让人们在不增加私有数据财产的情况下达到自己使用和收益的目的，减少了对数据生产

1　肖红军:《共享价值、商业生态圈与企业竞争范式转变》,《改革》2015 年第 7 期。

资料的占有，最大限度地避免了负外部性的影响，缓解了数据稀缺性压力。因此，共享权能够解决市场信息不对称性和负外部性问题，推动资源的精准匹配与充分利用，弥补市场失灵。[1]

1　张玉明:《共享经济学》，科学出版社，2017，第 445～447 页。

第四章

数据主权

数据主权是国家主权的重要组成部分，是国家主权在数据空间的表现和自然延伸。数据主权是指国家对其政权管辖地域内的数据享有的生成、传播、管理、控制、利用和保护的权力，是各国在大数据时代维护国家主权和独立，反对数据垄断和霸权主义的必然要求。数据主权包含数据管辖权、数据独立权、数据平等权、数据自卫权等内容。实践中，国家间数据主权的博弈形成了多重管辖权冲突和国家安全困境的无秩序状态，同时数据主权成为利益重叠交错的领域，存在数据霸权主义、数据保护主义、数据资本主义、数据恐怖主义等问题。为保障数据安全、维护数据主权，国际社会应当积极构建数据主权治理体系，推动数据主权制度合作，构建适应和满足当前态势发展需求的数据主权法律制度，使数据的全球性流动在国际法规制的轨道上造福人类。

第一节　数据主权的兴起

数据跨境流动对传统国家主权观念造成严重冲击，导致了国家主权弱化，数据主权随之应运而生。数据主权是对网络主权的继承和发展。在国家层面，数据主权与网络主权一脉相承，均演化自国家主权的概念，是国家主权的重要组成部分。作为国家主权在大数据时代的产物，数据主权基于数据空间的存在而出现，它是国家主权在数据空间的体现、延伸和反映。由于数据空间的特殊性，数据主权呈现时代性、相对性、合作性、平等性等重要特征。数据主权的提出，对保障数据安全和建设网络强国具有重要意义。

（一）主权的起源

在人类文明发展的早期，国家政体尚未成型，主权意识尚未萌芽。伴随着战争的兴起和国家的建立，主权意识和主权概念逐渐成形并趋于清晰。不同时代不同国家的学者对主权从不同视角进行了阐述，当前，厘清学者们对主权的研究和不同时期主权的时代特征，有助于我们在大数据时代赋予国家主权以新的内涵。

1. 主权思想的萌芽

"主权"[1]这一提法古已有之，其萌芽离不开特定的时间和特定的空间，它是社会变革和经济发展的产物。主权的存在是人类活动的基本条件，能够引领社会从无序走向有序。在古希腊和古罗马时期，国家四分五裂、内忧外患，先哲们认识到只有建立统一的中央集权国家才可以防止国家内讧、共同抵御外敌，因此，他们走上了探索教权和君权的漫漫长路。可见，先哲们早就注意到了主权的存在，并对主权概念的内涵进行了相关研究。虽然他们没有明确提出"主权"这一政治概念，但围绕着国家产生、政体类型、国家治理的研究，实质上已经和我们今天所认知的"主权"十分相似，并为启蒙时期"主权"概念的提出奠定了基础。

古希腊著名思想家亚里士多德被认为是最早阐释主权思想的先哲。他在《政治学》一书中指出，"政体为城邦一切政治组织的依据，其中尤其着重于政治所决定的'最高治权'的组织"[2]。他认为，主权掌握者人数的多少是政体分类的主要标准，国家则是拥有主权掌握者最多的政体，可以凌驾于其他政体之上，因此，国

1　有学者认为，主权与国家主权应当是两种不同的概念，"国家主权只是主权主体性的表现形式之一……如果不将主权与国家主权区分开来，我们将很难对国家主权的概念内涵有准确的把握"。但是在一般情况下人们对主权与国家主权并不做过多的区分，而是用以指代同一个概念。同时由于就主权概念的现代意义而言必然与国家相联系，本书并未区分主权与国家主权概念的不同。

2　[古希腊]亚里士多德：《政治学》，吴寿彭译，商务印书馆，1996，第129页。

家具有统治权。他坚持法治，反对人治，认为法律是最优良的统治者，法律的制定是汇集了大多数人的意见的，具有更大的共识性和可取性。由此可见，国家拥有最高权力的思想初见雏形，亚里士多德虽然未明确使用"主权"的概念，但是已经对国家主权具有对内的最高权有所描述。

国家主权的初始形态来源于古罗马法学家关于人民是国家中权威的、唯一的、最终的载体思想，人民是国家主权的主体、拥有者和行使者的深刻认识。古罗马时期的主权思想可以在一句名言中得到体现："既然人民将所有的权利和权力都交给了国王，那国王的意志就具有法律效力。"[1] 这句话在不同的时期具有不同的解答。当皇帝和国王拥有的权力是至高无上、不受限制的"绝对权力"时，皇帝和国王就被认为是拥有主权，但其主权的来源是人民自然权利的转让。皇帝和国王的权力处在上升或者衰落的动态过程中，他的最高权力是人民委托的，而委托并不意味着放弃，人民依旧掌握着最核心的权利。这种思想虽然与现代的主权思想存在很大的区别，但是可以从中看出"主权在民"的核心意蕴。

2. 主权理论的发展

法国思想家让·博丹是历史上首次赋予主权系统化、具体化定义的人。他认为主权是一国享有的、统一的、不可分割的、凌

---

[1] 转引自陈序经《现代主权论》，张世保译，清华大学出版社，2010，第10页。

驾于法律之上的最高权力。[1]他在《论共和国》一书中指出，众多家庭及其拥有的共同财产组成了国家，这个国家拥有一种最高主权，这种主权不受法律的限制，是一个国家永久的、绝对的、最高的权力。博丹系统地论述了主权的概念及属性等问题，虽然没有对主权来源的合法性做出合理的解释，但是他基于当时国内外社会现状而提出的主权理论为推动主权的发展夯实了基础，是近代主权国家理论发展的源头，同时也对现代主权的提出起到了积极作用。

霍布斯继承了博丹的主权理论思想，并在其基础上进行了扩充和丰富。他提倡"天赋人权"，认为人生来就是自由和平等的，每个人对自然资源都具有平等的天然权利。[2]但是资源是有限的，于是人们通过签订契约将权力交出，不得"主权者"的允许，便不能将自己的人格从承认者身上转移到另一个人或者另一个集体身上。因为这一人格是人与人之间相互订立信约而形成的，这种"授权"行为在签订契约的时候就被赋予了合法性。他认为"主权者"是不受约束、至高无上的，人民只有选择是否签订契约的权利，选择即宣示着他们的政治权利至此终结。可见，霍布斯主权理论看似自圆其说，实则自相矛盾，但是在推动主权理论发展过程中的价值应予以客观肯定。

卢梭的人民主权思想是对主权理论的一次伟大超越，其主权

1　朱琦：《论博丹主权思想中的秩序观》，《贵州社会科学》2015 年第 12 期。

2　杨晓彤：《霍布斯的性恶论与契约国家》，《文学教育》2018 年第 32 期。

理论彻底推翻了封建君主专制制度，引领人民走向了自由和平等的新社会。卢梭认为主权是不可转让的，人民主权是"公意"的体现，是签订社会契约中每个人意志集合中出现交集的部分，权力可以转让而意识不可以转让。基于主权不可转让的思想，主权是不可分割的，因为意识是普遍的，一旦分割就相当于不存在。当意识作为人民这一实体的意志的时候，也就意味着这种公认公开的意志是一种主权约定，构成法律。[1]在卢梭的主权理论中，主权具有相对绝对性，在普遍协议的框架内是绝对的，但是不可超出框架。卢梭基于前人主权思想的高度提出人民主权理论，是一种综合和超越，更是一种关于主权理论发展的启示，而不是主权理论的终结（见表4-1）。

表4-1　几种主权理论

时间	人物	主权理论
1530~1596年	让·博丹	首次赋予主权系统化、具体化的定义；主权是国家的主要标志，是对公民和臣民的不受法律限止的最高权力；主权是指对内具有至高无上的权力、对外具有独立平等的权力
1583~1645年	雨果·格劳修斯	国际法存在的前提是国家主权；所谓国家主权是指国家的最高统治权，即主权者行为不受别人意志或法律支配的权力就是主权；反对人民主权，而主张君主主权；主权是国家存在的基础，也是国家作为国际法主体的条件

1　[法]让-雅克·卢梭:《社会契约论》，杨国政译，陕西人民出版社，2006，第20～21页。

续表

时间	人物	主权理论
1588~1679年	托马斯·霍布斯	个人把自然权利转让给"主权者";批判君权神授论;推崇国家权力,这个"主权"有至高无上的地位
1632~1704年	约翰·洛克	国家主权与政治权力和最高权力相关联,具有立法权、执行权和对外权;有议会主权与人民主权两种倾向;主权并非绝对主权
1712~1778年	让－雅克·卢梭	首次提出完整的人民主权理论;国家主权不能分割,也不能转让,一切人权的表现和运用必须表现人民的意志,法律是"公意",在法律面前人人平等,君主不能高于法律

3. 现代主权的提出

主权从来都不是静止的概念,总是随着社会的实践、科技的创新、经济的发展往复循环、弹性变化。现代主权观念出现的原因有:一是主权国家在谋求生存、获取利益和寻求发展的过程中所产生的内在因素;二是主权国家处于国际环境变化的过程中所面对的外在不可抗力因素。现代主权是人类文明进化里程碑式的成果,它改变了各主权国家的交流方式,推动了国际体系和国际法的巨大变革。一方面,主权离不开国家法律的规制和调节;另一方面,主权理论会随着时代的进步而更加充实和丰满。因此,现代主权理论的出现,不仅是改变混乱无序、建立法律秩序的必然结果,也是从工业文明迈向数字文明的基本要求。

现代主权是对传统主权的继承和发展。在全球化的驱使下,传统主权面临着国际组织的建立和发展、跨国合作愈渐频繁、国际制度的不断涌现等多方面的挑战。这些挑战打破了传统主权的疆域限制,使得主权的界限变得模糊。在传统主权概念的基础上,现代主权理论还包含与国际组织之间进行交流合作、经济往来、资源共享等内容。现代主权不再是军事、政治、经济、技术等领域的绝对独立，而是适应全球化趋势的相对独立，它在传统主权的基础上以适应新疆域的发展而进行内容的扩充和范围的开拓。"传统的主权不仅与实践发生了矛盾，而且限制了人们的思维，束缚了国家的手脚。"[1]现代主权则是理论和实践的结合，突破了传统主权的框架，解决了当前主权面临的困境。

现代主权是国家主权的新形式，而不是最新权利的创设。从现实到虚拟，人类宏观视野的转移都是规则扩展和完善的契机，"第五空间"的出现正是主权理论在实践的过程中不断变化的结果，尽管难以划定有形的边界，但是依靠技术、知识、文化等铸造的虚拟壁垒同样不可逾越。"第五空间"承载的是物理世界的信息和数据，是"全球公域"的一部分，也是大国必争的新领域。"第五空间主权"的出现正是平衡了"第五空间"各国之间的对抗，完善了"第五空间"国际的对话机制，保障了"第五空间"共同的利益。"第五空间主权"是现代主权的体现，是现代主权观念超越传统主权观念中纯粹法理层面的外化。

（二）从网络主权到数据主权

当前，传统安全与非传统安全相互交织，非传统安全威胁日益凸显，对国家安全造成了冲击。在此背景下，数据主权成为维护国

1　刘青建:《国家主权理论探析》,《中国人民大学学报》2004 年第 6 期。

家安全的必然路径。数据主权是对网络主权的继承和发展，在某种程度上，它与网络主权具有重合性。数据主权的出现是为了应对大规模海量数据所带来的安全问题，有别于网络主权的相关概念。

1. 国家安全

国家安全是一个国家安邦定国和生存发展的基石。基于对安全的一般性认识，国家安全概念从内涵上来说首先是一种状态，也包含维持和实现这种状态的方法和能力。国家处于安全状态，意味着国家有着稳定的秩序，人民可以毫无后顾之忧地追求和实现所渴望的理想和信仰。没有了国家安全，那么必定会失去稳定的秩序，人民将会疲于追寻基本的生命安全，就谈不上去实现人生价值。因此，维护国家安全就是维护国家的基本利益，也是维护人民的根本利益。国家安全问题不仅仅是一个国家的问题，更是全人类共同面临的问题，国家安全为推动构建人类命运共同体提供了重要支撑。

国家主权与国家安全相互影响、相互联系。维护国家安全就是捍卫国家主权的平等性、独立性、完整性和不可剥夺性。国际关系的复杂性、不确定性和不可预测性使得国家主权与国家安全紧密联系在一起，国家主权的规范建立在适应国际关系的基础上。在国际关系实践中，存在跨区域、跨文化的国家互动及相同社会条件下不同类型的国家互动，维系国家互动关系和决定国家互动形式的是国际体系的外在结构，以及各个国家在互动过程中达成的主体间共识和互动过程本身。国际体系结构对国家主权产生了巨大的影响，最大限度地激发了各个国家树立维护国家主权的意识，使越来越多的国家在布局对外战略时都把维护国家主权安全问题放到了至关重要的位置。

当前，国家安全既面临着政治安全、军事安全、国土安全、经济安全等传统安全问题，又面临着网络安全、数据安全等一系列非传统意义上的安全问题。面对错综复杂的安全局面，如何维护国家安全、捍卫国家主权成为一个现实问题，创新主权意识、扩宽主权领域成为大数据时代维护国家安全的必然趋势。网络主权、数据主权等新形式主权的出现是对传统主权的合理继承和大胆创新，是对国家主权内涵的外延和丰富，对正确应对和处理大数据时代下的国家安全问题具有重要指导意义。

2. 网络主权

网络空间不是法外之地，网络主权是国家主权在网络空间的自然延伸。网络主权观念实际上是一个内在朝向的思路，关注的核心是维持网络空间和平、稳健地发展。"网络空间是由人创造的，其自身特点决定了其必然会存在诸多法律问题，而这些问题的解决需要国家介入，网络空间要想持续健康地发展离不开国家的规则和调整，这样一来，必然导致的一个结果就是国家主权向网络空间的客观延伸和网络主权概念的诞生。"[1] 网络主权的诞生，一方面把网络构建的虚拟空间纳入法律的轨道，为国家维护网络秩序、保障网民利益提供了依法治网的法律依据；另一方面也为在网络空间中自由

---

[1] 杜志朝、南玉霞：《网络主权与国家主权的关系探析》，《西南石油大学学报》（社会科学版）2014年第6期。

表达和自由参与提供了法治保障。

网络主权是国家主权不可分割的重要组成部分。构建和谐的网络管理体系，需要尊重主权国家对内网络管理的最高权和对外参与国际网络空间治理的平等权、独立权、自卫权和管辖权。平等权是指各国可以在国际网络空间中平等参与治理，不能因国家的大小、网络资源的不均导致网络主权的不平等；独立权是指位于本国内的通信设施及网络设备未经允许不被干预；自卫权是指主权国家可以调动国内一切资源保障本国网络基础设施正常运行；管辖权是指构成网络空间的物理平台、承载数据及其活动受主权国家的司法与行政管辖。[1]

网络主权的主张已经成为国际社会的共识。互联网的自由化、无边界与国家的独立性和边界固定有着明显的区别，网络安全变成国家安全中新的安全观。网络安全观与传统安全观展开的激烈博弈，一方面说明了世界各国对参与网络空间治理的重视，另一方面也说明了构建完善的、科学的、可持续的国际网络安全体系是国际社会和各国政府的共同目标。[2]网络主权的出现正是顺应网络发展的潮流，任何一个国家都不能置身事外、独善其身，世界各国应该借助网络空间这个大平台，加强沟通交流、拉近对话距离、消除国际分歧，只有坚持互相尊重网络主权平等这一大前提，才能达到真正的互相信任和国际共识，才能真正实现"你中有我，

---

1 方滨兴、邹鹏、朱诗兵：《网络空间主权研究》，《中国工程科学》2016 年第 6 期。
2 于志刚：《坚持网络主权和数据主权构建国际互联网治理体系》，《检察日报》2016 年 12 月 13 日。

我中有你"的地球村。

3. 数据主权

数据主权是网络主权的核心内容。网络主权和数据主权都是国家主权在"第五空间"的延伸，是国家主权适应新时代发展对主权理论的丰富，既体现了国家主权"量"的提升，又体现了国家主权"质"的飞跃。数据主权的基础是国家对数据这一新兴资源的控制和利用；网络主权则更加强调主权的部分，不仅要掌握互联网技术和信息技术，还要有对网络空间中数据的占有和管辖的权利。[1]数据的流动影响着数据主权的行使，而数据主权对数据流动的管理和控制能力则影响着网络主权的行使。

数据主权的提出是世界各国应对全球数据洪流的必然趋势，体现的是互联网、大数据、人工智能等技术崛起带来的新变化。综合国内外专家学者的观点，目前数据主权可以分为狭义数据主权和广义数据主权两种。"狭义的数据主权仅指国家数据主权，而个人数据主权则可称为数据权，指用户对其数据的自决权和自我控制权。"[2]根据美国塔夫茨大学教授乔尔·荃齐曼的观点，广义的数据主权包括国家数据主权和个人数据主权，国家数据主权是个人数据主权得以实现的前提，而国家数据主权又依赖于个人数据主权的支撑和表达。

数据主权是国家主权在数据空间的延伸。随着技术的快速发

---

1 史宇航:《主权的网络边界——以规制数据跨境传输的视角》,《情报杂志》2018年第9期。

2 蔡翠红:《云时代数据主权概念及其运用前景》,《现代国际关系》2013年第12期。

展，无论是人的衣、食、住、行，还是国家的政治、经济、文化等信息都变得数据化。数据作为大数据时代不可或缺的资源，在众多资源中所占比例越来越大，由此给国家主权的外延带来了重要的影响。国家主权的领域不再局限于传统的领土、领海、领空、能源等现实空间，数据构成的虚拟空间极大地拓宽了国家主权表现形式的范畴。在数据空间中，数据的传播、交换和复制等都可以在《大陆架公约》中的"主权权利"部分找到契合点，主权与主权权利密切关联、不可分割，数据主权是主权权利最高归属的体现，更是国家主权的体现。因此，数据主权的界定不应抛弃传统主权的概念，而应该以国家主权为根本，是国家主权内涵的延展。

（三）数据主权的属性

1. 时代性

一个时代有一个时代的观念，国家主权内容扩充的步伐应与时代进化保持一致。数据主权的兴起是大数据时代的现实基础和实践需求，国家主权要聆听时代的声音，不断扩展外延和丰富内涵，及时发现和处理大数据时代出现的复杂问题。只有抓住时代性、增强数据主权的时代感，才能管控海量数据的跨境流动、及时响应海量数据的分析需求，在大数据时代的国家主权争论中立于不败之地。数据主权的时代性决定了其随着大数据时代的到来而产生，伴随大数据时代的存在而一直存在，并随着大数据时代的发展而不断发展，数据主权并不站在时代以外，它是时代的现实体现，符合时代的旋律。数据主权具有技术性，这与时代性是一脉相承的。从本质上来讲，数据主权的提出是数据技术高度成熟的必然结果，维护数据安全、管理数据资源依赖于技术，数据主权的行使、保护等也必然深受技术的影响。数据主权的发展离不开科技进步，科技发展程度决定数据主权的概念、内涵、范围等的拓展程度。技术的创新与成熟是数据主权理论形成和发展起来的基础，也是行使数据主权的必要条件。

2. 相对性

大数据时代的数据主权必须以必要的妥协为代价，因而是一种相对主权。国家主权具有不可逆的自然法则，既有对内的绝对性，又存在对外的限制性，即相对性。主权的相对性具有一定的合理性，也是现代国际社会对主权的普遍认识。数据主权的相对性则不限于此，数据主权的相对性不仅体现在学术界对其概念认识上出现的分歧，还体现在其实际的制约因素上。就目前而言，数据主权的实现还面临纵横两方面的制约因素：横向是指一国数据空间的实力和其他国家之间的权力关系，纵向是指国家和超国家、亚国家甚至个人之间的数据空间权力关系。[1]从相对主权观发展的历史进程来看，主权不能被认为是绝对的，而是应该受到限制的。数据主权的相对性体现在概念及制约因素上，关于数据主权的概念没有权威的、明确的、统一的定义，因此在概念的认识上还存在分歧；数据主权的实现受制于国家的技术水平，发展中国家和发达国家之间存在数字鸿沟短期内无法改变，因此不同国

1　参见蔡翠红《云时代数据主权概念及其运用前景》，《现代国际关系》2013年第12期。

家能够实现的数据主权的程度差距较大；不同于现实世界中国家对物理资源的绝对占有，在数据空间中国家对数据资源的掌控是相对的，由于数据的流通和共享能够扩大其价值甚至创造出新的价值，国家应提供分享其占有的数据资源。[1]

3. 合作性

新的格局需要新的规则体系和机制设计来有效管控和利用数据。根据美国学者阿德诺·阿迪斯的观点，数据主权包括两种相互矛盾的国家使命——全球化和政治特殊性。全球化是各国发展和融入国际社会的重要前提，而政治特殊性是各国安全和利益的重要保障。全球化使各国利益相互牵制，也使各国相关数据相互影响和相互依赖，并对适度合作提出了要求。适度合作是由数据本身的特点决定的。一般情况下，数据被分享后才能实现更大的价值。因此，从全球共同利益出发，在保证国家安全利益的前提下，数据主权具有合作性。合作性是指一国不能使用独立的手段来解决国际间因数据主权引发的相关问题。国际间合作性的重点在于监控和防御数据空间的霸权行为，共同营造一个和谐、文明、美丽的数据空间。"与传统主权的保护思路不同，数据主权更适宜从绝对的竞争走向一定程度的合作，由于数据本身的无形性与流动的全球性，单个国家已经无法凭借一己之力来实现对数据的绝对控制，构建绝对的数据主权实乃'空中楼阁'，以'相对主权理

---

[1] 朱雁新：《国际法视野下的网络主权问题》，《西安政治学院学报》2017 年第 1 期。

论'作为制度构建的理论指导更符合数据领域的实际情况。"[1]数据主权的实现不仅需要各国相互协商、达成共识的法律来支撑，而且依赖于各类管辖权的国际条约和国际组织来监控。

4. 平等性

作为一种诉求，数据主权的平等性是指不存在除了国际法之外的外部权威来决定主权国家的内部数据事务，相互独立的主权国家彼此承认数据主权的平等性，各自独立地管理国内数据相关事务。数据主权的平等性主要体现在国家对外主权方面。主权对内是一种主权国家政府和下属机构的等级制关系；主权对外则意味着其他类似国家对这一政治实体的认可，意味着一种正式平等关系，相互之间没有发令和遵从的权利与义务。主权国家对本国的数据具有占有、管辖和利用的权力，对外具有保密、独立、自主的权利，同时对他国的数据要尊重、不干涉、不窃取，这既是国家的自我需求，也是国际共识。从理论上来说，各国的数据主权在数据空间中是平等的。然而在现实中，发展中国家和发达国家的数据技术水平有着云泥之别，所产生的影响也大相径庭，再加上某些国家的数据霸权行为，因此要实现理论上的平等几乎不可能。因此，数据主权的平等只是形式上的平等，即国际出台的条例和达成的共识，仅停留在文字上和意识中，没有真正落实到实际。实现真正意义上的数据主权平等，则需要在实践中贯彻落实国际条例、遵守国际标准，禁止不合理的差别对待。

1　肖冬梅、文禹衡：《在全球数据洪流中捍卫国家数据主权安全》，《红旗文稿》2017年第9期。

第二节　数据主权的权项

按照传统国家主权理论，主权是国家与生俱来的对内的最高统治权力和对外独立的权力，包含管辖权、自卫权、独立权、平等权等内容。拓展延伸到数据空间，数据主权也具有四项基本权利，表现为：对数据的管辖权，即国家对本国数据管理和处置的权利；对数据的独立权，即国家自主地制定数据法律和政策，决定管理方式；对数据的平等权，即一国不得对其他国家主张数据管辖权和平等参与国际数据合作共享的权利；对数据的自卫权，即当国家遭受外部数据窃取、监控或攻击时抵抗的权利。

（一）数据管辖权

主权国家对内行使的最重要的权力是国家管辖权，管辖权的范围自然包括国家主权的新疆域——数据空间，而数据的管辖权表现为国家权力机关对数据空间的规范，是主权原则的具体体现，与其他管辖权一样，是国家管辖权的一部分。因而，数据管辖权同样来源于国家主权。所谓数据管辖权，是指一国对其数据生成、存储和传输的物理设备以及相关服务等享有维护、管理和利用的权利。[1] 与传统管辖权相比，数据管辖权行使的主体仍然是那些传统国家管辖权的行使者，行使的对象是利用数据开展各种行为与交流的人或组织及其所拥有的财产。此外，行使数据管辖权的主要法律依据为传统的管辖原则，再加上一些由数据独特的性质所引申出来的辅助性原则。数据管辖权亦如传统的管辖权，其所行使的方式和管辖的内容也会因不同国家法律规定内容的不同而有所迥异，一国行使数据管辖权受本国宪法及国际法关于管辖权规定的约束。[2]

数据管辖权是国家主权的外在表现形式，而国家主权的相对性也就决定了数据管辖权的相对性。国家主权的相对性体现在一国主权权利行使的限制，以及国家间主权的相互依存、相互制约方面。正是因为不同主权国家的相互制约，才使得国家间的主权得以保持。随着经济全球化的深入发展，世界各国的相互依赖、相互作用日益加深，全球性问题日益增多，任何国家都不可能离开他国而独立存在和发展，不论是从环境保护、气候变化抑或是国际金融、能源和粮食安全等方面，没有一国可以通过一己之力而独立完成，正是这种交往的不断加深，使得国家间需要团结协作才能够共渡难关，破解生存和发展之难题。

与传统管辖权相比，各主权国家在国际实践中对于数据管辖

1　蔡翠红：《云时代数据主权概念及其运用前景》，《现代国际关系》2013 年第 12 期。

2　戚居勋：《互联网中的管辖权问题》，《兰州学刊》2003 年第 5 期。

权的行使也普遍遵循传统的国家管辖权原则，即属地管辖原则、属人管辖原则、保护性管辖原则和普遍性管辖原则。其中，属地管辖是一国独立的基础，是一国必不可少的权利。按照属地管辖原则，一国有权对在本国领土范围内从事数据传输的人和行为进行管辖。属人管辖又称为国际管辖。根据属人管辖原则，一国对境内外的本国公民拥有管辖权，同时对本国公民在境外的某些罪名持有管辖的权利。保护性管辖适用于他国公民在境外侵犯本国利益的情形，其基础是一个行为既不是本国公民所为，也不是在本国领土范围内发生，然而给本国带来了严重的损害性后果，一国就有权对境外的他国公民实施管辖权。普遍性管辖是指每个主权国家都有权对普遍危害全人类和平和安全、影响国际社会稳定和秩序的某些特定行为实施管辖。普遍性管辖的适用范围比较有限，即使是在跨境数据流动过程中，也必须以国际法的明确规定作为基础。

在国际社会中，国家间由于某些国际性事务产生的管辖权争议，往往都是通过共同商讨达成协议或者通过国际法院等方式来解决彼此之间的争端。在处理国际争议的过程中，产生争议的地理位置常常有重要影响，特定情况下甚至可能起到关键作用，然而在数据空间对产生争议的地点和时间难以界定，也就是说，传统管辖权无法适用于数据空间，这就亟须数据空间尽快衍生出自己的管辖权规则。国家管辖权在大数据时代往往被一些数据公民忽视，其认为自己存在于一个无拘束的空间，可以随心所欲。数据空间的虚拟性、全球性和无边界性等特点常常会造成数据管辖权范围的交叉、重叠，间接地影响了一国对其事务的管辖，给该国的司法运行带来了不少困难，这就更需要各国在数据空间的密切合作与配合。数据空间因其特性造成国家管辖权施行的时候屡遭挫折，传统管辖权的局限性在大数据时代越来越充分地暴露出来。属地管辖中现实的物理空间难以直接对应虚拟的数据空间，属人管辖中数据用户的身份无法确定，保护性管辖在数据空间的适用存在各种障碍，普遍性管辖在数据空间的施行也有不少缺陷，种种原因，不胜枚举。

（二）数据独立权

独立权是国家主权的最基本内容，是指"一国完全独立自主地行使权力，排除外来干涉，无须受制于别国"[1]。《联合国宪章》第二条第七款规定："本宪章不得认为授权联合国干涉在本质上属于任何国家内管辖之事件……此项原则不妨碍第七章内执行办法之使用。"此条款是为了强调国家主权对外具有独立性，任何国家或组织均无权以任何理由干涉他国事务。继《联合国宪章》之后，1965年联合国大会又通过了《关于各国内政不容干涉及其独立与主权之保护宣言》。该宣言进一步强调保护国家主权的独立性，一国的外交内政事务由本国独立行使和处理，同时对他国的内政不能采取任何形式进行干涉和阻碍，不得以任何理由直接或间接地参与他国的内乱，不得组织协助、制造、资助、煽动或纵容他国

1　谢永江：《论网络安全法的基本原则》，《暨南学报》（哲学社会科学版）2018年第 6 期。

内部颠覆政府的活动，国家之间应当互相尊重主权的独立。由此可见，独立权的宗旨是任何国家都可以独立自主地按照自己的意志处理其外交内政事务，而不受他国任何形式的控制和干涉。

国家主权"含有全面独立的意思，无论在国土以内或在国土以外都是独立的"[1]。在大数据时代，主权国家在数据空间行使权力也应当是独立的。所谓数据独立权，是指一国有独立管理本国范围内的数据基础设施和数据资源，保护本国数据安全，排除他国随意干涉本国数据基础设施、数据资源的权利。数据独立权首先包括主权国家对本国数据空间的治理权利，治理权利可以体现为多种形式，如道德、政策和法律规范等，主要是维护国家在数据空间的最高权威。其次包括禁止他国干涉本国数据管理的权利。数据空间虽然无边界，但是对本国的数据管理，其他国家不应该强制干涉，坚决抵制数据霸权是维护各国数据主权独立的有效路径。[2]

数据独立权与传统国家独立权的关系。首先，数据独立权是传统国家主权理论中独立权的发展和延伸。作为国家独立权在数据空间的应用，数据独立权不仅遵循和保留传统国家独立权的宗旨和精华，而且丰富和发展了传统国家主权理论，不断赋予其新的时代气息和深刻内涵。其次，传统国家独立权是数据独立权的理论基础。与传统独立权的宗旨一样，数据独立权秉承了国际法

1　［英］詹宁斯、［英］瓦茨:《奥本海国际法》(第九版第一分册)，王铁崖等译，中国大百科全书出版社，1995，第92页。

2　参见姜瑞豪《浅析网络主权内容》，《法制博览》2016年第13期。

"不干涉内政"原则的精神，符合国际法有关独立权的规定，符合国际社会和国际法发展的趋势。最后，数据独立权与国家独立权两者相对统一。数据独立权和国家独立权是同一事物发展的两个方面，国家独立权适用于数据空间会面临一些挑战，无法继续调整目前的大数据国际关系的发展。与国家独立权相比，数据独立权更好地适应了大数据时代数据空间的国内外环境。

数据独立权要求一国的数据系统不受制于任何国家或组织，即使是在网络和应用技术上也不例外。然而，当前各国互联网的运行从域名解析的角度来讲，都高度依赖美国的原根域名解析服务器，这在一定程度上影响了数据独立权的行使。国际互联网的域名解析体系采用的是"中心式分层管理模式"。在这种模式下，域名解析主要存在两种风险：一是本国域名被封杀的风险。只要在原根域名解析服务器中删除该国的顶级域名注册记录，即可让世界各国都无法访问这个国家域名下的网站，在这种情况下，该域名的多层解析体系也会随着土崩瓦解。二是无法接入国际互联网的风险。只要原根域名解析服务器及其所有从服务器、镜像服务器拒绝为一个国家的所有递归解析服务器的 IP 地址提供根域名解析服务，依赖这个国家递归解析服务器的网络用户就会因无法获得域名解析服务而无法上网。[1]

据统计，目前全球互联网根服务器有13台，其中唯一的主根

1　参见方滨兴《从"国家网络主权"谈基于国家联盟的自治根域名解析体系》，《信息安全与通信保密》2014 年第 12 期。

服务器在美国，其余12台辅根服务器中有9台在美国。可见，美国已控制全球互联网核心枢纽和关键基础资源，一旦其在根服务器上屏蔽某个国家的域名，就能够使该国的顶级域名网站在网络上瞬间"消失"。从这个意义来看，美国具有全球绝无仅有的制数据权，有能力威慑他国的数据主权。可见，除美国以外的其他各国的网络数据还不能够实现完全的独立存在。如果要实现各国网络数据的独立权，就要将互联网的根服务器交给像联合国这样的国际机构管理。长期以来，中国致力于推动由联合国来负责接管互联网名称与数字地址分配机构的职能。在国际社会多年的压力下，2016年10月1日，美国商务部下属机构国家电信和信息局终于把互联网数字地址分配机构的管理权完全移交给了位于加利福尼亚州的互联网名称与数字地址分配机构，并结束了两者之间的授权管理合同。互联网数字地址分配机构管理权的移交客观上有助于各国网络数据摆脱美国的控制，走向更加独立。[1]

（三）数据平等权

"平等作为社会秩序构建的基本价值，自人类社会产生以来一直是人们所追求的目标。"[2]平等权是"法律化、规范化的平等，使

1　参见黄志雄《网络主权论：法理、政策与实践》，社会科学文献出版社，2017，第 146 页。

2　武善、刘亚丁:《主权与平等的融合进程》,《当代世界与社会主义》2010 年第 1 期。

得平等更加有序可言"[1]。从国与国关系的角度来考察，平等权是国家的基本权利之一，是一国拥有主权的基本表现。所谓平等权是指国家不论强弱和大小，也不论政治经济、文化观念、社会制度和意识形态有何迥异，在国际法上的地位一律平等。1648年《威斯特伐利亚和约》明确规定了现代国际关系的重要法律原则，确认了国家主权的平等地位。当代国际法对主权平等原则的确认主要体现在1945年通过的《联合国宪章》中。《联合国宪章》的序言申述了"大小各国平等权利"的信念，第二条第一款明确规定了"本组织系基于各会员国主权平等之原则"。按照国际法的规则，各国无论大小和强弱，在国际社会中都是平等的成员。换言之，各国虽然在领土面积、经济、军事实力等方面存在区别，但在法律地位和法律权利等主权权益上没有任何差异。每个国家在国际法面前都是平等的，其合法权益都是等同的，都必须遵守国际法和国际关系的基本准则。

伊恩·布朗利曾经指出，"国家主权平等是国际公法的基本宪制原理"。由此可见，国家平等权之于主权国家的重要性。[2]作为国家的基本权利之一，国家平等权是拥有国家主权的一个重要标志。大数据时代，数据主权作为国家主权在数据空间的自然延伸，数据主权应该平等。"数据主权的平等性主要体现在各个主权国家之间，即对外主权。数据主权对内表现为自上而

1　王响荣：《浅谈我国宪法中的平等权》，《法制与社会》2019年第18期。
2　方滨兴：《论网络空间主权》，科学出版社，2017，第67～68页。

下的最高权力，对外则意味着每个主权国家的相互独立和认同，既不存在一国对另一主权国家基于国际事务的管理，也不存在彼此之间的权利和义务，而是一种平等关系，这种平等性也是国家主权的应有之义。换而言之，既然国家在其主权范围内有宣称不受他国限制和控制的自由，那么也就必须同样承认他国在其范围内具有对等的自由。"[1]

与国家平等权一样，数据平等权是拥有数据主权的一个重要标志。所谓数据平等权是指"一国不得对其他国家主张数据管辖权和平等参与国际数据合作共享的权利"[2]。数据平等权要求确定数据在国际中的重要性，使数据主权成为国家主权的重要组成部分，从而实现部分数据的平等交换，使得国家在国际体系中具有数据平等交换的权利。在实践中，数据平等权具体包括以下内容：首先是数据资源享有平等，数据资源属于全人类共同的财富，在不侵害其他国家和人民利益的情况下，任何国家的人民都有自由使用数据并不受歧视的权利。其次是数据规则制定平等，各国不仅在全球数据治理体系中享有平等话语权，而且制定本国数据规则时也应避免侵害对其数据服务有依赖的国家的利益，数据规则制定不平等势必导致一些国家受到发达国家的不平等待遇。最后是数据平等权强调数据空间中的国家行

1　张静雯：《数据主权的国际法规制研究》，内蒙古大学博士学位论文，2018，第 8 页。

2　李爱君、张珺：《数据的法律性质和权利属性》，载中国政法大学互联网金融法律研究院《新时代大数据法治峰会——大数据、新增长点、新动能、新秩序论文集》，2017，第 34 页。

为豁免，这是传统国家豁免理论在大数据时代的延续，间接体现国家主权平等。

数据平等权具有相对性，这种相对平等是由各国对数据的处理能力所决定的。科技进步突飞猛进，需要国际社会加快合作的步伐，建立数据空间统一的规则，以消除各国在法律方面的分歧，促进全球数据空间新秩序的建立。数据平等权不仅仅关注数据资源分配这种起点上的直接性平等，还关注数据资源分配之后可以将资源转化的能力平等。但是面对的现实是，广大发展中国家在数据技术上与发达国家相比差距甚远，在数据空间中的影响力也迥异，再加上某些发达国家存在数据空间的霸权行为，因此要实现完全平等基本不可能。例如，由于技术能力的原因，许多发展中国家无法安全地存储数据和处理数据，只能将数据转让给发达国家，甚至不得不接受发达国家的霸权行为。

数据平等权面临的主要问题是目前各国数据丧失平等。现阶段，世界各国的数据技术水平参差不齐，各国在大数据领域行使权利时存在不平等。一方面，美国等发达国家在数据技术方面占有绝对的优势地位，而广大的发展中国家在数据技术方面则处于弱势地位。另一方面，各国技术能力千差万别，使得其收集、存储、传输、处理和运用数据的能力并不相同，造成了跨境数据流动过程中的不平衡性。跨境数据的流动性和及时性，使得数据更易流向资金更为雄厚和资源更为丰富的发达国家，发达国家在掌握海量数据资源的同时，能够更方便地扩大数据优势，进一步拉开差距，掌握弱势国家的产业主权和经济发展机会。由此，国际社会应大力提倡数据主权的平等理念。为了实现数据利益的平等分配，可以吸收与借鉴《外空条约》中有关"全人类的共同利益原则"的立法理念，让世界各国共同享有数据空间带来的巨大利益，让世界各国在全球数据治理问题上具有平等的话语权和参与能力，携手探索互利共赢的数据治理模式。

（四）数据自卫权

国家自卫权源于国家主权。根据国家主权原则，各国有义务彼此尊重对方的主权和独立。各国基于生存和安全，为维护主权和独立，有权采取国际法允许的一切措施进行自我保全。传统国际法中，国家拥有战争权，因此，可以用包括战争在内的各种措施取得或者维护自己的权益，实现自我保全和自我发展。从这个意义上讲，战争权是传统国际法中国家自我保全的一项重要权利。1928年《巴黎非战公约》的签署首次宣布了战争的非法性。特别是第二次世界大战后《联合国宪章》的生效，现代国际法已经明确废弃了国家战争权，使其不再是国家自我保全和发展的合法权利，故国家自卫权便应运而生。在国际法律制度中，国家自卫权作为国家的一项基本权利，从属于国家主权。国家自卫权在国际法体制中主要体现于《联合国宪章》第五十一条[1]。根据这一条

---

1 《联合国宪章》第五十一条规定："联合国任何会员国受武力攻击时，在安全理事会采取必要办法，以维持国际和平及安全以前，本宪章不得认为禁止行使单独或集体自卫之自然权利。会员国因行使此项自卫权而采取之办法，应立向安全理事会报告，此项办法于任何方面不得影响该会员国按照本宪章随时采取其所认为必要行动之权责，以维持或恢复国际和平及安全。"

款，国家享有反击武力攻击的固有权利，即自卫权。

国家自卫权是指国家使用武力抵抗外来武力攻击以保护自己的固有权利或自然权利。长期以来，国际社会在国家自卫权上一直存在争论，焦点主要集中在《联合国宪章》中有关自卫权解释的分歧方面。对国家自卫权的界定主要有两种观点，即国家自卫权有狭义和广义之分。狭义的国家自卫权是指当国家遭到外来的武力攻击时，有权实施单独或集体武装自卫以打击侵略者保卫国家。[1] 广义上的国家自卫权是国家作为国际人格者所固有的，是一国为保卫自己的生存和独立的权利。[2] 中国学者所称的国家自卫权通常是指狭义上的自卫权，认为自卫权是从国家主权中引申出来的国家的一项自然权利。结合相关观点，国家自卫权的含义应界定如下：一是国家作为国际人格者所固有的权利；二是保卫国家生存与独立的权利；三是在行使国家自卫权的过程中，国家不能滥用自卫权。[3]

英国著名国际法学者奥本海认为，根据国际习惯法，任何国家都没有义务在另一个国家采取有损于它的受法律保护的利益时保持消极，如果一个国家受到武力攻击，它就有权在必要的情况下使用武力以防卫自己不受攻击，击退进攻者并将进攻者赶出国境。然而，在数据攻击事件中，由于数据攻击具有虚拟性，数据

1　周鲠生:《国际法》(上)，商务印书馆，1981，第 77 页。

2　张乃根:《当代国际法研究》，上海人民出版社，2002，第 95 页。

3　贺富永、段进东:《反恐中国家自卫权的国际法透视》，《世界经济与政治论坛》2005 年第 2 期。

攻击中的国家自卫权与一般国际法上的自卫权不同。如果数据攻击造成一国的关键数据基础设施的严重破坏，受害国有权对攻击方行使自卫权，即行使数据自卫权，但必须满足一定条件并受到一定限制。数据自卫权以传统的国家自卫权为基础，是为维护数据主权而设立的，是一个国家为维持其数据的安全和发展而必须享有的重要权利。所谓数据自卫权，是指当国家的数据主权在遭受外部数据窃取、监控或攻击时实施自卫行为维护自身权益的权利。

根据《联合国宪章》第五十一条的规定，国家自卫权的行使必须以受到武力攻击为前提，且这种武力攻击应是已发生的或是迫近发生的武力攻击。然而，《联合国宪章》第五十一条的规定只提到了"武力攻击"一词，并没有对什么是"武力攻击"进行界定，更没有明确规定数据攻击行为可以认定为传统意义上的"武力攻击"。数据攻击作为一种全新的作战方式，虽不以大规模的有形杀伤为要件，但基于现代战争运转机制对数据的依赖度越来越高，数据攻击能够轻易地干扰、破坏敌方的作战指挥系统，进而对敌方有形的军事设施、武器装备造成破坏，甚至对战斗人员造成致命性伤害。从某种程度而言，数据攻击无异于传统战争中的有形军事打击手段。因此，如果数据攻击给对方造成了严重的有形打击，这种数据攻击就可以被认定为《武装冲突法》意义上的武力攻击，进而主权国家能够针对此种数据攻击进行数据自卫，行使数据自卫权。

国际法承认国家自然的自卫权，但对其行使有所限定。在加罗林号血案中，时任美国国务卿韦伯斯特在给英国大使照会的复文中明确表示，尽管一国有权行使自卫，然而这种自卫权应该限定在自卫有"刻不容缓的、压倒一切的和无其他手段可供选择以及无时间仔细考虑的"情况下才能实施。[1]与国家自卫权的行使限制一样，如果不对国家使用数据自卫权的程度加以必要限制，数据自卫行为很可能演变成武装报复。而武装报复是与现代国际法的宗旨相违背的，是不合法的。因此，行使数据自卫权必须遵守一定的限度，即必要性原则和相称性原则。必要性原则主要是对国家行使数据自卫权作战手段和方式的规制，以及对数据自卫权即时行使的规制。相称性原则要求国家在行使数据自卫权时，适用的武力的程度与所遭受的损害之间，具体、直接的军事利益或所保护权益与可能造成平民、民用物体的附带损害之间必须具有合理的关系。[2]

---

1 《加罗林号血案：一个国家如何行使自卫权？》，http://www.sohu.com/a/300675149_120094707，2019 年 3 月 12 日。

2 顾德欣：《战争法法律冲突》，《国际论坛》2001 年第 1 期。

第三节　数据主权的博弈

　　数据作为基础性战略资源的地位日益凸显，各国在经济发展、国家建设、社会稳定等方面对数据资源的依赖越来越强，"数据资源竞争愈发激烈，数据主权成为各方博弈的焦点，各国之间争夺数据信息主导权的竞争不断加剧"[1]。在实践中，数据主权的绝对独立性形成多重管辖权冲突现象和国家安全困境，数据主权的博弈对抗最终导致国际社会在数据空间的无秩序状态。在此背景下，要破解无秩序困境，各国应回归到主权合作参与，对数据空间共有物实施"共管共治"，以保证人类的持久和平、普遍安全和共同发展。

（一）数据主权的冲突

　　数据的跨境流动与存储已突破了传统主权绝对独立性理论，一个独立主权国家既不可能完全自主地对本国数据行使占有权和管

---

[1]　赵刚、王帅、王碰:《面向数据主权的大数据治理技术方案探究》,《网络空间安全》2017 年第 2 期。

辖权，也不可能完全排除任何外来干涉。如果一国以数据主权独立性为由，对数据及相关技术实施绝对的单边控制，将会引发数据主权的自发博弈对抗，并最终导致国际社会在数据空间出现无秩序状态。由此可见，过度强调数据主权的独立性是引发国家间数据主权对抗的主要诱因。目前，基于数据主权独立性，数据主权的自发博弈主要源于对数据的多重管辖冲突以及国家数据安全困境。

数据多重管辖权的冲突。大数据时代对国际法提出了多重挑战，其中影响最为长久、最为深刻的是根据占有、储存或传输地的不同，数据将受多个不同国家法律所管辖。同时，出于降低成本和满足客户需要的考虑，数据服务提供商经常将其提供的服务部分外包，因此，同一条数据极有可能受到不同国家的多重管辖，尤其是各国尚未对数据主权的管辖范围进行界定，国家都是以完全理性的方式在国际社会中行使权利。在没有形成国际统一制度或协调机制之前，为保证国家的绝对安全和实施监控的目的，各国均对所有能够监管的数据主张数据主权，而这也必然导致对部分域外数据进行监控，出现多重管辖的情形。总而言之，目前以强调主权独立为基础的实践导致国际社会在数据管辖下呈现出无政府状态。[1]

国家数据安全的困境。首先，与发达国家相比，无论是发展中国家还是最不发达国家，其对数据控制能力均明显不足。尽管

---

[1]　孙南翔、张晓君：《论数据主权——基于虚拟空间博弈与合作的考察》，《太平洋学报》2015 年第 2 期。

拥有独立的数据主权，但是由于数据技术水平有限，广大发展中国家与最不发达国家无法有效维护本国的数据安全和国家利益。其次，数据技术革命不仅使某些发达国家利用其技术优势滥用数据主权，而且对他国的数据安全也造成了严重威胁。以美国为例，美国除了通过国内立法实现其对域外数据的控制权之外，还借助国家安全部门的专门项目收集并分析他国所管辖的数据。最后，数据主权的自发博弈也使得国家的数据安全难以得到有效保障。一方面，数据的跨境流动与存储极大地削弱了国家对数据及相关设备的有效管辖能力，形成了严重安全漏洞。另一方面，发达国家凭借着先进的技术优势，可借助某种隐蔽的方式对其他国家的数据进行收集与监测，侵犯他国的数据主权。因此，强调数据主权的独立性将形成国家间对抗的状态，导致某些发达国家在数据空间中肆意地实施单边主义。

数据主权的自发博弈。数据主权的独立性与多重管辖冲突和国家数据安全困境之间存在紧密的相关关系，形成数据主权的自发博弈的对抗状态。首先，强调数据主权的绝对独立性将产生多重管辖权冲突。数据流动至少涉及数据生产者、接收者和使用者，数据的传输地、运输地及目的地，数据基础设施的所在地，数据服务提供商的国籍及经营所在地等。基于数据的不可分割性及完整性特征，无论哪个方面的跨境数据行为都会导致国家管辖权的重叠，并引起数据主权的对抗。其次，基于数据安全考量，一国将以数据主权独立性为由，对数据及相关技术采取绝对的单边控制。特别是对数据中心的选址施加法律限制，要求其建立在国家划定的安全控制范围之内。最后，某些发达国家以数据主权为由，通过侵犯他国数据主权，以此获得敏感数据。例如，美国垄断着全球互联网的战略资源，同时拥有大量全球最具影响力的网络运营商和通信服务商，往往能够方便地窃取他国的隐秘数据，对全球的数据安全构成威胁。

在数据技术迅猛发展和普及应用的背景下，不同的国家从不同的角度对数据的管辖权进行了不同的界定，尤其是基于数据主权的独立性，国家间都持续不断对域外数据主张管辖权。与此同时，大数据时代极大地削弱了一国对本国相关数据的控制力，在数据主权对抗的情形下，广大发展中国家与最不发达国家将不能够确保本国的数据安全，不借助国际协调机制将不能够有效行使数据主权。而发达国家却可以凭借先进技术有效行使数据主权，甚至危害他国数据主权安全。由此看来，数据主权的绝对独立性形成多重管辖冲突现象与国家数据安全困境，自发博弈对抗最终导致国际社会在数据空间的无秩序状态。因此，破解当前数据空间的无秩序状态，应探究基于数据主权的让渡性和合作性，建立起相应的国际协调组织或机制。[1]

（二）数据主权的让渡

在主权理论诞生的初期，通常认为主权具有绝对性、永久性、

1　孙南翔、张晓君:《论数据主权——基于虚拟空间博弈与合作的考察》,《太平洋学报》2015年第2期。

不可分割性和不可转让性。正如美国学者巴蒂在《全球化与开放社会》中所指出的：“全球化毁灭主权国家，连通世界版图，滥用自己建立的政治共同体，挑战社会契约，过早地提出了无用的国家保障……从此，主权再也不像过去一样是无可争辩的基本价值。”固守国家主权的绝对性、不可分割性和不可转让性已与时不符，特别是一国的对内主权，完全为一国自行处理，对内拥有不受他国控制，毫不顾忌甚至根本不需要考虑别的国家的感受的主权时代已经终结。在新的时代背景下，各国的行为愈来愈多地受到其他行为体的制约和限制，面对受制后的主权现实，主权可以让渡的新思潮开始出现。一般认为，主权让渡是指在全球化发展背景下，基于主权的身份主权和权能主权的划分，主权国家为了最大化国家利益及促进国家间关系良性互动和国际合作，以主权原则为基础自愿将国家的部分主权权能转让给他国或国际组织等行使，并保留随时收回所让渡部分主权权能的一种主权行使方式。

"主权让渡是全球化与国家主权碰撞的产物，有其合理性和必然性，因此大多数人对主权让渡是持肯定态度的”[1]，但“主权让渡”这一概念自产生以来一直处于争议之中，直接原因是学者们用国家主权的不同要素来代指国家主权，而其根源是国家主权具有多要素内涵。国家主权含有主权身份、主权权威、主权权力、主权意志和主权利益等不同的要素，这些要素在是否可以让渡的

1　杨斐：《试析国家主权让渡概念的界定》，《国际关系学院学报》2009 年第 2 期。

问题上，答案是不一样的，主权权力和主权利益等要素可以让渡，而主权意志、主权权威和主权身份等要素是不可以转让的。就目前来说，"主权让渡"一词尚未形成共识，学者们对"主权让渡"概念的应用比较混乱，如"主权转移""主权转让""主权否定""主权放弃"等。[1]

作为国家主权在数据空间的体现、延伸和反映，数据主权也具有可让渡性。事实上，进入大数据时代，没有任何国家能够占有数据空间，支撑数据空间运作的数据基础设施、数据交换中心等应被视为"全球共有物"。数据空间的开放性自然要求各国在统一的国际框架中维护国家利益。因此，若要完全实现各国的数据主权，就必须通过让渡部分数据主权，由共有的机制或机构享有并行使让渡主权，实现对共有物的管理。作为国家主权部分让渡在数据空间的重要表现内容，数据主权的部分让渡不是放弃国家主权，而是国家在大数据时代下审时度势的理性选择，以让渡部分数据主权的方式参与国际组织，由一个集体认同的机构集中行使该部分权力，[2]实现数据主权共享，以谋求国家更远更大的利益，从总体上维护国家数据主权。

数据主权的部分可让渡由数据管辖权的部分可让渡和数据所有权的部分可让渡两部分组成。其中，数据管辖权的部分可让渡是指一国可以将其占有的数据管辖权让渡给恪守本国数据管理法

1　易善武：《主权让渡新论》，《重庆交通大学学报》(社会科学版) 2006 年第 3 期。

2　张海冰：《欧洲一体化制度研究》，上海社会科学院出版社，2005，第 145 页。

律、法规和政策的大型公司企业。这些公司企业具有相对独立的数据资源管辖，并且在本国法律法规的约束下，开展数据资源相关的商业活动。它们甚至可以是国外的跨国公司，但必须接受本国有关监督部门依法实施的监督检查。数据所有权的部分可让渡是指存储或运算于本国的他国所产生的数据，本国是没有所有权的，即国家应该把存储或运算于本国之上的数据所有权让渡给他国。数据所有权部分可让渡的关键在于并不是运算或存储于一国的数据都可以为该国所拥有和支配，因为数据的所有权仅归于其创造国，他国尽管作为数据的运算或存储国，然而并不具有对这些数据的所有权。

数据主权让渡必须坚持国家利益原则。美国著名学者汉斯·摩根索在《政治学的困境》中指出，"只要世界在政治上还是由国家构成，那么国际政治中实际上最后的语言就只能是国家利益"。这就说明国家利益决定一国对外政策的基本目标和该国的国际行为。[1] 在大数据时代，国家是否在数据空间让渡数据主权以及如何让渡数据主权，在根本上取决于国家利益。只有在坚持国家利益原则的前提下，国家才可以部分让渡数据主权。数据主权让渡"在某种程度上是牺牲暂时的和局部的利益，以换取长远利益和整体利益的增进和维护"。[2] 此外，一国让渡数据主权并不是无限制、无原则的，也不是慑于强权而被动出让的。对数据主权让渡和自

1　蔡高强：《论全球化进程中主权权力的让渡》，《湖南省政法管理干部学院学报》2002 年第 5 期。

2　李慧英、黄桂琴：《论国家主权的让渡》，《河北法学》2004 年第 7 期。

主限制还有一个"度"的问题，即在数据主权让渡的过程中，必须要保持住国家的独立自主以及国家间的权利对等和地位平等。

（三）数据主权的合作

大数据时代，任何国家都不可能单边地处理所有国际事务。针对国家间在数据空间中多重管辖权冲突和数据安全困境以及其自身独特性所带来的问题，各国应当依托数据主权合作的方式加以解决，并通过合理界定管辖权、共管数据空间共有物、对数据空间犯罪采取集体行动等合作模式，从源头上彻底改变国家间数据主权对抗的紧张局面。

1. 主权合作

在国际社会中，任何主权国家都有正当行动的自由与权利。换言之，只要不违反国际法中的禁止性规范和国家所承担的具体的条约义务，国家可以自由地行使主权来获取本国的利益。然而，在一个日益紧密联系的世界中，各国在合法范围和限度内行使主权及自由行动并不足以应对日益复杂多样的跨国层面的问题。不仅如此，各国各自为政的单独行动和自由交往也会发生相互侵害的问题。[1]因此，各国相互之间需要紧密的主权合作。主权合作的本质是利益的获取，它是国家之间"为了实现各自目标，在充分认识到彼此目标间差异的基础上，'异中求同'进行的广泛的、

1　赵洲：《主权责任论》，法律出版社，2010，第153页。

全面的协作"。[1]主权合作"必须建立在主权平等原则的基础之上，遵循国际法、善意履行国际义务，不干涉他国内政，只有这样才能维护人类的共同利益"。[2]

数据及数据空间的特殊性需要新型的主权合作。随着数据技术的快速发展和普及应用，数据跨境流动与储存更加日常化和便捷化。与此同时，由于数据本身的无形性与流动的全球性，任何国家已经无法通过单边力量来实现对数据的绝对控制，构建绝对的国家主权实乃"镜花水月"。大数据具有国际性，其引发的数据主权问题也具有国际性，任何国家都无法凭借一己之力处理所有国际事务。针对国家间在数据空间中因多重管辖权冲突和数据安全困境以及其自身独特性所带来的问题，各国应当通过数据主权合作方式加以解决。国家间加强数据主权合作能够打破目前格局，使全球数据跨境流动朝着更加透明、规范和有序的方向发展，并且可以使彼此有效管控和合理利用合作伙伴的数据，促进数据利用价值最大化，从源头上解决国家间对抗的紧张局面。

2. 数据主权合作的理念

各国拥有对国际事务的参与决策权是数据主权合作的重要保障。就国际社会来说，开展合作维护共同利益、安全和发展空间，既是国际社会的事，也是各主权国家应尽的责任和义务。同时，合作也是行使数据主权的重要方式。在大数据时代，每个国家都

1　黄后文、李荃辉：《合作是可持续发展与和谐社会的基石》，《今日南国》（理论创新版）2009 年第 12 期。

2　任明艳：《互联网背景下国家信息主权问题研究》，《河北法学》2007 年第 6 期。

应充分承认他国具有管制域内的数据资源、数据服务商和数据基础设施的主权，但是片面追求主权的绝对独立性将造成国家对抗的窘境。处理数据跨境流动及其引发的诸多问题还应回归到数据主权的定义中，即重视国际事务的参与决策权。世界各国不论大小、贫富、强弱，均有平等参与和决策国际事务的权利，这是数据主权合作的基础。同时，所有国家均不可能凭借一己之力处理所有国际事务，因而，只有通过主权合作才能够实现对共有物的管理，主权合作是行使数据主权的必然路径。

数据主权合作应坚持主权平等和公平互利的国际法基本原则。各国主权平等是《联合国宪章》规定的基本原则，主权平等是合作的前提，而公平才是建立国际新秩序的核心内容。尤其是当前一些发达国家凭借数据技术优势对数据及相关设施实施单边控制，不惜损害甚至牺牲其他国家的利益，导致国家间数据安全困境。所以，在数据主权背景下的合作最核心的是避免在数据空间形成权力导向的格局。合作的根本原因在于有效管辖、控制和利用共同的数据空间，其应体现国家间的平等性、双赢性及互利性，不能以损害甚至牺牲其他国家利益为代价来满足本国的利益。基于公平目标，国际社会应为广大发展中国家特别是最不发达国家提供数据技术支持，提升它们管辖、控制和利用本国数据的能力，防范外来的数据霸权、数据恐怖行为等数据安全威胁。

3. 数据主权合作的模式

平衡和约束管辖权的行使是数据主权合作的主要内容，其核心思路就是对管辖权范围进行合理界定。界定管辖权范围必须建立在主权与治权的基础上，并合理界定属地管辖原则与属人管辖原则。从传统的国际法视角看，国家被看作一个不可分割的整体，它对领土内的全部个体负责，或至少为他们的行为承担责任。相对应地，决定适用法的管辖权框架及其主体的权利与义务，都是基于物之所在地或者人之所在地。数据主权和治权休戚与共，任何国家都不可能对其无法掌握的人或物实施管辖权。然而，基于数据的特性，数据空间中的无国界性问题不能够通过传统管辖权处理，因此，各国应在传统管辖权理论精髓的基础上，辅之以最密切联系的效果管辖原则。倘若一国行使数据管辖权时，其效果拓展延伸到他国的人及地域，或者对他国的国家安全、社会秩序和经济利益造成了重大影响，则他国有权行使数据管辖权，要求该国对其过分膨胀的管辖权力进行约束。

作为数据存储和运输最重要的场域，数据空间被看作与公海、极地、国际空域、外层空间等属性相似的"全球公域"，抑或是被称为"全球共有物"。在大数据时代，没有哪个国家能够独自占有数据空间，支撑数据空间运作的数据及相关设施应被看作"全球共有物"。数据空间的开放性自然要求各国在联合国的总体框架下捍卫国家利益。因此，要彻底实现每个国家的数据主权，就必须通过数据主权合作，由共有的管理机构或组织机制享有并行使合作主权，实现对共有物的管理。目前冲突的本质是某些发达国家对人类共有的数据空间单边管辖以谋求本国的国家安全和发展利益。数据空间作为人类共有物，从某种程度上而言，支撑数据空间构建与运行的数据及相关设施就不应属于某个国家，而应当采取一种国际共管的模式。

由于数据空间的无形性、虚拟性和无国界性，广大发展中国家特别是最不发达国家的数据技术水平有限，无法通过有效管辖域内外数据来应对数据空间犯罪行为，尤其是数据恐怖主义犯罪。解决此种数据安全困境的有效途径是从数据主权出发，在国际社会上寻求集体合作的安全机制。当前，虽然打击数据空间犯罪行为的国际合作制度日渐成熟，但是国际社会制定的相关行为规范仍然存在法律拘束力相对较弱的问题。因此，应对数据空间犯罪活动的集体行动急需完善与机制化。数据空间犯罪活动涉及各国利益和安全，绝大多数重大犯罪行为与数据恐怖主义密切相关，直接威胁到整个人类自身的生存、安全和发展。鉴于此，建立数据空间集体安全机制不仅重要而且非常必要。那种听凭少数发达国家制定规则和强制推行的做法与数据主权合作的理念不相符。以数据主权让渡为前提而形成的合作，应在统一的国际框架中建立起完整的数据空间行为规范，在面临严重的数据恐怖主义的情况下，甚至可以考虑在集体自卫权的基础上实施跨国惩治。

第四节　数据主权的治理

　　数据主权的维护对国家安全与发展有着重要意义，但实践中面临着严峻挑战。数据霸权主义、数据保护主义、数据资本主义、数据恐怖主义等日益抬头，若不加以治理，国际数据秩序势必陷入混乱之中。因此，亟须在数据主权原则的基础上，构建维护数据主权的治理体系。数据主权治理立足国际政治格局现实，为网络空间治理提供了制度化和现实路径导向。作为我国数权制度的核心概念之一，必须从法律治理体系的观点探求数据主权意蕴，厘清其外延，构造其制度，最终用法治框架落实数据主权。

（一）数据主权的全球态势

　　当前，数据主权问题不仅成为国家间开展竞争的新形式，而且其中一些已经成为全球经济增长和社会发展的新瓶颈和新风险，数据主权治理因此日益成为世界各国关注的焦点。数据空间具有无政府状态的基本特性，从某种意义上而言，目前的数据空间如公海和外太空一样是一个无政府状态的全球公域。在国际无政府状态之下，数据主权治理正面临着数据霸权主义、数据保护主义、数据资本主义和数据恐怖主义等一系列新的挑战。

1. 数据霸权主义

在大数据的助推下，传统的霸权有了新的发展，一些大国不仅争夺军事霸权、政治霸权、经济霸权等传统霸权，而且开始谋求数据霸权，推行数据霸权主义——利用人们对数据的依赖性和数据社会的脆弱点，以控制数据为手段，进而实现操纵或控制全球的目的。从理论上讲，数据霸权主义与数据主权是相对应的。数据主权原则要求所有国家在国际关系中都应该权利平等。然而，在国际关系中，数据霸权主义"已经对各国的主权与国家安全以及世界和平构成了严重威胁，一些强国在行使权力时不仅超出一定的限度，而且还把本国的权力扩展到别国主权的范围内"[1]。数据霸权主义的存在，不仅干扰了数据弱国对国内大数据进行有效管理的努力，而且阻碍了更加有效的数据主权治理的实现，成为数据主权治理面临的最大威胁。

2. 数据保护主义

数据跨境流动带来了全球数字经济总量的增长，成为大数据时代最有价值的贸易途径。尽管如此，各国对数据跨境流动仍然存在不同程度的限制。特别是在"斯诺登事件"之后，更多国家通过严格数据本地化的管理要求，对数据跨境流动加以限制或禁

1　大数据战略重点实验室：《块数据 5.0：数据社会学的理论与方法》，中信出版社，2019，第 272～273 页。

止。数据本地化政策为大多数国家的国家安全以及公民隐私保护提供了法律保障，与此同时，一些国家为达到某种经济目的，也开始对本国数据采取极端的数据本地化政策，完全限制或禁止数据跨境流动，这种极端的数据本地化做法带来了过度保护主义威胁——数据保护主义。在国际上，数据保护主义不仅与全球经济中数据、资本、技术、人才高速流动的现实格格不入，而且同世界上绝大多数国家主张的数据主权战略相冲突，忽视了对他国数据主权的尊重。数据保护主义不能有效防范数据跨境流动带来的风险，反而将加剧国家间的竞争和摩擦，导致极端的利己主义和单边主义，引发数字贸易战和数据对抗，使大数据时代笼罩在更加沉重的普遍危机之下。

3. 数据资本主义

数据不仅仅是信息的简单记录和保存，更是蕴藏着巨大商业价值的宝藏。就通常而言，数据是一种有价值的未知"消息"，人们获取数据是因为看中数据的使用价值，资本主义发展的必然结果导致数据成为资本。数据资本是继货币资本、知识资本之后的一种新兴资本模式，是数据技术产业垄断资本和金融垄断资本的结合体，其特征为数据垄断。数据垄断将资本增值的速度提升到前所未有的高度，从而形成了数据资本主义。作为一种资本主义形态，数据资本主义"开创了资本主义自进入垄断以来空前的垄断形式，并且这种垄断被覆盖'知识产权'的外衣而变本加厉"[1]。

1　鄢显俊：《信息资本主义是资本主义发展的新阶段》，《发现》2001 年第 6 期。

数据资本主义不能完全化解资本主义的基本矛盾，这一矛盾在大数据时代将变得更加纵横交错。一方面，数据资本主义利用其在数据技术领域的领先地位，控制和操纵数据空间的数据制作和传播，借此对其他国家实施数据主权的入侵和利益的攫取。另一方面，数据资本主义通过对数据技术的控制，谋求政治、经济、文化等方面的利益，加剧全球范围内的数据鸿沟，引起全球数据安全危机。由此可见，数据资本主义不能科学有效地解决数据主权治理的痛点，也无意应对发展不平衡所带来的新挑战。反而，数据资本主义成为数据主权治理过程中亟待解决的重要问题。

4. 数据恐怖主义

进入大数据时代，传统的恐怖主义非但没有销声匿迹，反而借助大数据实现了"跨越式"发展，并使得恐怖主义活动由物理空间延伸到了数据空间。大数据为恐怖分子提供了新手段与新平台，恐怖分子不仅将大数据用作武器来进行破坏或扰乱，而且利用大数据招募恐怖分子、筹措恐怖活动经费、策划和实施恐怖主义活动。日益肆虐全球的恐怖主义威胁，借助大数据的发展及广泛运用，正逐步化身为比传统恐怖主义生命力、影响力、破坏力都更为惊人的数据恐怖主义。[1]数据恐怖主义具备传统恐怖主义的所有共性，并且比传统恐怖主义具有更加明确的非对称性与高隐蔽性。相较于传统的恐怖主义，恐怖分子利用大数据开展恐怖主义活

---

[1] 大数据战略重点实验室：《块数据 5.0：数据社会学的理论与方法》，中信出版社，2019，第 279 页。

动，对国家主权和国际社会的和平与安全造成的危害性更大，后果也更加严重。数据恐怖主义不仅是恐怖主义的一种新手段，而且是"一个非传统安全领域的新的全球性问题"[1]。当前，数据恐怖主义对一个国家乃至全球的经济发展和社会安全与稳定构成了严重威胁，给数据主权治理带来了巨大挑战，成为世界各国急需破解的现实难题。

（二）数据主权的国际分歧

网络空间无疑是数据主权行使的重要场域。然而，"由于各国对网络空间的认识和相关实践还较为有限，更由于意识形态、价值观以及现实国家利益等方面的差异乃至对立"[2]，当前国际社会在网络空间的诸多领域仍存在不同程度的分歧。总的来看，国际社会在网络空间上主要存在认知分歧、战略分歧和治理分歧。

1. 认知分歧：全球公域与主权领地

目前，国际社会在网络空间的属性问题上存在"全球公域说"和"主权领地说"两种截然不同的认知。其中，以美国、日本、欧盟等网络发达国家和组织为代表的"全球公域说"认为，网络空间与物理空间不同，不受任何单一国家的管辖与支配，将之视为公海、太空这类国际公域。"全球公域"即"不为任何一个国家所支配而所有国家的安全与繁荣所依赖的资源或领域"。以美国为例，美国将网络空间与海洋、国际空域、太空相提并论，划入单

1　俞晓秋：《全球信息网络安全动向与特点》，《现代国际关系》2002 年第 2 期。
2　黄志雄、应瑶慧：《美国对网络空间国际法的影响及其对中国的启示》，《复旦国际关系评论》2017 年第 2 期。

一主权国家无法企及的"全球公域"。"2005年，美国在其《国土安全和民事支援战略》中将网络空间归入全球公域，并在《2010年四年防卫评估报告》中，进一步将网络空间明确为'信息环境中的全球领域'。"[1]美国认为网络空间属于"全球公域"，对网络空间的管理应超越传统意义的主权国家之间的界限，国家不应当在网络空间中行使主权。与"全球公域说"的认知不同，以俄罗斯、巴西、上合组织、亚太安全合作理事会等网络新兴国家和组织为代表的"主权领地说"则认为，网络空间具有明确的主权属性，为了维护社会稳定，国家应当建立并行使网络空间主权。例如，2011年俄罗斯联合中国等上合组织成员国向第66届联大提交《信息安全国际行为准则》，认为互联网有关的公共政策问题的决策权是各国的主权，应尊重各国在网络空间中的主权。亚太安全合作理事会也认为，网络空间并非所谓的"全球公域"，它是国家主权的重要组成部分，是国家发展的新疆域，这块新疆域仍然涉及维护国家主权、安全、发展利益等问题。当前，虽然许多国家主张在网络空间行使国家主权，但是在实践中，由于发展状况、历史文化和社会制度的差异显著，[2]各国在网络空间属性问题上存在明显的认知差异，致使在网络空间国际规则制定中，各国在网络空间主权这一问题上仍然存在较大分歧。因此，作为网络空间

1　黄志雄:《网络主权论:法理、政策与实践》，社会科学文献出版社，2017，第98~99页。

2　刘影、吴玲:《全球网络空间治理:乱象、机遇与中国主张》，《知与行》2019年第1期。

主权的下位概念，当前国际社会在"数据主权"的概念认知上必然不尽相同，甚至在数据主权是否成立、是否包含于网络空间主权概念等问题上的理解也会产生分歧和矛盾。

2. 战略分歧：网络自由主义与网络空间命运共同体

出于价值观方面的考虑，西方国家一致倡导所谓的"人权高于主权"，主张公民的基本人权神圣不可侵犯，在网络空间则坚持网络自由主义，反对将现实空间的管制延伸到网络空间，认为数据国界给民主带来了挑战，表示不接受所有可能阻碍数据自由流动的行动。例如，美国认为国家不能以任何理由妨碍连接自由与数据自由流通，应保障网络空间的基本自由。为此，美国在2011年先后出台了旨在推进网络空间自由的《网络空间国际战略》《网络空间行动战略》。这两份文件构成了美国互联网国际战略体系的整体框架，这一框架的基础就是强调网络自由主义理论。其中，《网络空间国际战略》将网络空间自由作为核心概念和重要构成部分，主张"美国的国际网络空间政策反映了美国的基本原则，即对基本自由、个人隐私和数据自由流动的核心承诺"。"网络自由主义理论形成后，已经成为美国政府官方的意识形态，被视为无可争辩的所谓普世价值，借助以美国为代表的西方话语体系的强大传播力，基本上主导了此后多年关于互联网问题的研究和讨论。"[1] 与网络自由主义者的论调不同，网络发展中国家认为，"网

---

[1] 李传军：《网络空间全球治理的秩序变迁与模式构建》，《武汉科技大学学报》（社会科学版）2019 年第 1 期。

络自由主义不符合网络空间的需要"[1]，在网络空间领域，应当以国际关系准则和《联合国宪章》为根本依据，尊重各国的领土完整、政治独立和人权自由，坚持国家安全和主权独立相统一的原则，所有国家均不能打着"网络自由"的旗号推行网络霸权。以中国为例，中国高度关注和重视网络空间主权问题，近年来积极倡导尊重和维护各国的网络空间主权，并以此作为中国关于网络空间国际法和国际秩序的核心主张之一。2015年12月，中国国家主席习近平在第二届世界互联网大会上首次提出"构建网络空间命运共同体"理念，并深入阐释了构建网络空间命运共同体的"四项原则""五点主张"。网络空间命运共同体符合大多数国家的利益，一经提出便被世界上越来越多的国家接受。尽管如此，部分西方国家出于意识形态等因素考虑，对这一理念还存有一定疑虑。

3. 治理分歧：多利益攸关方治理与多边主义治理

目前，针对网络空间治理模式这一问题，国际社会主要呈现以美国为首的网络发达国家和以中国、俄罗斯、巴西为代表的广大网络新兴国家、网络发展中国家两大阵营。其中，前者支持多利益攸关方治理模式，而后者支持多边主义治理模式。"多利益攸关方"是当前网络空间全球治理领域"公认"的治理模式，其支持者主张"由技术专家、商业机构、民间团体来主导网络空间治理，政府不应该过多干预，甚至国家间政府组织例如联合国也应

---

1 王明进：《全球网络空间治理的未来：主权、竞争与共识》，《人民论坛·学术前沿》2016年第4期。

该被排除在外"[1]。该模式强调治理主体的多样性，更加关注对国家主权的否定和对个体的强调，"认为网络空间传播的全球性和去中心化特征已使政府失去了传统治理理论中的中心主导地位"[2]，主张互联网治理应该"自下而上"。从表面上看，多利益攸关方治理模式在兼顾各方利益方面具有一定作用，但由于缺乏主权国家的合作与支持，这种模式难以实现网络空间的有效治理。与此同时，由于多利益攸关方治理模式存在诸多缺陷，其合理性、正当性和可靠性也遭到了广大网络新兴国家、网络发展中国家的质疑。与网络发达国家主张的网络空间治理模式不同，广大网络新兴国家、网络发展中国家更倾向于政府主导，主张通过联合国或其他国际组织加强网络空间治理，这种主张被称作"多边主义治理模式"。该模式倡导国家职能在网络空间治理中"自上而下"的管治，强调"网络空间的国家主权原则以及解决网络空间无序问题应该以民族国家为中心；国家有权力保障数字主权和网络空间的国家安全；应该在联合国框架内建立某种以国家为治理主体的实体组织，以协调处理网络治理议题"[3]。由此可见，网络发达国家支持的多利益攸关方治理模式和网络新兴国家、网络发展中国家捍卫的以"政府主导"为中心的多边主义治理模式之间冲突不断，"这两大

1　王明进：《全球网络空间治理的未来：主权、竞争与共识》，《人民论坛·学术前沿》2016 年第 4 期。

2　郑文明：《互联网治理模式的中国选择》，《中国社会科学报》2017 年 8 月 17日。

3　郑文明：《互联网治理模式的中国选择》，《中国社会科学报》2017 年 8 月 17日。

阵营之间的分歧实质上是出于各自利益诉求的网络空间治理机制守成派与改革派之争。可以预见，围绕这一问题的分歧和博弈仍将长期存在"[1]。

（三）数据主权的法律规制

数据主权的维护对国家安全、经济发展和社会稳定具有重要的现实意义，但实践中数据主权面临着诸多新型威胁与挑战。因此，亟须构建维护数据主权的制度体系，探寻数据主权法律规制路径，将之纳入法治轨道，以此降低数据主权被滥用的风险，促使其良性发展。

1. 数据主权面临的挑战

目前，越来越多的国家已经在数据主权方面开展了立法实践。但从总体来看，国际社会对数据主权原则的普遍共识还尚未达成。一方面，从不同国家观点来看，俄罗斯、欧盟、美国出于国家利益考量，对数据主权的行使持有不同的看法。俄罗斯出于国家安全考虑积极主张行使数据主权；欧盟及其成员国出于对公民个人数据的保护，对数据主权也较为推崇。但以美国为代表的国家则更加注重大数据所带来的商业利益，倡导数据跨境自由流动。另一方面，数据主权对于数据控制能力不同的国家来说意义也不同。相比而言，数据控制能力弱的国家更加认可数据主权的理念，希

1　龙坤、朱启超：《网络空间国际规则制定——共识与分歧》，《国际展望》2019 年第 3 期。

望通过国际协作加强本国对于数据管理和利用的权利。而数据控制能力强的国家本身并不担心数据被掠夺和利用，是否强调数据主权对其并无太大意义。[1]与此同时，数据主权作为一项新的国家权利，当前也面临着包括数据霸权主义、数据保护主义、数据资本主义和数据恐怖主义在内的诸多新挑战和新威胁。以美国为首的许多西方国家已建立起相对比较完备和成熟的数据管理法律体系，凭借本国行业巨头的技术优势，形成了产业布局的全链条覆盖，掌握了数据管理的关键节点，事实上形成了对于他国的数据霸权。例如，在"棱镜门"事件中，美国政府为了获得所需要的情报信息，允许其国家安全局可以直接使用谷歌、Facebook、微软、YouTube 和 PalTalk 等九大公司的庞大数据资源，使他国数据安全和国家利益遭受了严重侵害。[2]

2. 数据主权的制度构建

现阶段，数据主权的相关法律政策主要是围绕数据的管理和控制而展开的，各国在数据主权方面的主张和实践集中表现在跨境数据流动的管理诉求上。从国际上看，越来越多的国家和地区围绕数据管理，从法律上开始构建其数据主权相关制度。[3]数据主权的法律制度构建不仅要从风险预防视角关注核心数据的安全和

---

1 何波：《数据主权法律实践与对策建议研究》，《信息安全与通信保密》2017年第5期。

2 杜雁芸：《大数据时代国家数据主权问题研究》，《国际观察》2016年第3期。

3 何波：《数据主权法律实践与对策建议研究》，《信息安全与通信保密》2017年第5期。

保护，而且要重视大数据资源的挖掘和利用，更要谨慎应对数据霸权带来的技术风险和经济损失，故而须从数据分类基础上的跨国流动、数据资源的本地化存储和命运共同体维度上的霸权消解等层面进行规则和制度的构建。[1]

　　数据分类的管制与流动。大数据时代，在保证国家安全的前提下，实现数据的自由流动才契合大多数国家最根本、最长远的利益，这要求各国分类管理数据，谨防关键数据外泄，保障非关键数据依法有序自由流动，形成一体两面的数据跨境流动规则。在避免数据外泄方面，应构建起数据流动的动态追踪模型和安全的风险评估模型，建立起多元追溯的问责机制和安全风险的应急机制，形成多元追责、风险评估和动态追踪"三位一体"的综合机制，防范关键数据外泄的事件发生，并通过构建应急机制尽可能减少突发数据外泄事件给国家造成损失。在推动非关键数据流动方面，应引入谦抑理念与辅助原则，支持非关键数据交流和自由流动，在充分发挥各自特点和优势互补的基础上，实现博弈双方的互利共赢。

　　数据本地化存储与关键基础设施的保护。数据本地化强调数据采集、加工、存储的本土性，要求数据采集、加工和存储等都必须在国家管辖范围之内，但是建立数据主权制度必须考虑数据本身的可复制性与流动性，防止数据管辖权重叠而产生反向制约

1　张建文、贾章范:《法经济学视角下数据主权的解释逻辑与制度构建》,《重庆邮电大学学报》(社会科学版)2018年第6期。

效应和规范溢出效应。此外，各国不仅应当实现数据的本地化存储，而且应当详细规定运营主体与服务设施等关键基础设施的建设位置。具体来说，对于运营主体的角色，应由一国境内注册的法人或非法人组织来承担；对于服务器的安装位置，应按照事先批准与事后审查相结合的方式进行明确规定，并确定相应的保密等级和安全防护等级，避免关键基础设施成为黑客攻击的对象。

数据霸权消解与命运共同体建设。在实现数据霸权消解的过程中，发展中国家应当不仅加强顶层战略设计，加大本国大数据企业的扶植力度，从而打破数据霸权国家的技术垄断，而且应当从命运共同体建设的角度瓦解数据霸权存在的合法性基础。虽然数据主权涵盖了一国公民在其他国家产生的数据，但数据主权的行使无疑须获得其他国家的支持和配合，避免"规范溢出效应"导致他国进行"反向制约"的制度还击，否则难以实现数据的自由流通和域外管辖权的构建。通过加强数据跨境合作多边机制建设的方式推动新型数据跨境流通规则的形成，在平等互利的基础上构建崭新的数据跨境流通体系，能够有效瓦解数据霸权主义带来的发展机会不平等，为新型国际关系的形成贡献智慧。

3. 数据主权的立法建议

美国学者丽莎·J. 达蒙在20世纪末就指出，理论上讲，跨境数据流动应该使得世界人民更亲近，消除地域之间的距离，使得数据更容易即时获得，形成一个相互依存的全球经济。然而现实中，跨境数据流动正在世界各国之间制造新的障碍，为了阻止其更进一步的侵蚀，就必须建立新的协议和有效的国际裁判机构。[1]"在制定数据主权立法时要从综合观的多维角度出发，要从多方面去考量分析，国家数据主权安全，是一个多元化、多边的、民主的综合体系。"[2]

国内法层面，当前我国在部分法律法规中有保护数据主权的内容，但并没有明确规定国家数据主权保护的法律法规。根据《中国互联网行业法规文件汇编》（2018年）进行的初步分类统计发现，目前我国针对网络空间数据安全方面的保护主要停留在对网络基础设施、数据系统和数据漏洞方面的保护，并没有专门针对国家数据主权安全的法律法规。规制网络空间数据安全，维护国家数据主权安全具有现实的紧迫性。对此，国内层面，我国应当积极完善数据主权相关法律法规，加快从法律上确立数据主权地位，努力规划出数据主权规制体系的具体框架，在法律框架下行使数据主权，保护数据安全和国家利益；国际层面，我国应当充分利用与其他国家和领域合作中的经验与方法，借鉴欧美国家和地区的先进数据保护经验，在数据主权立法尚未完善的情况下，结合实际国情建立系统的数权法律框架，完善数据审查机制，提高数据领域立法的技术水平。

国际法层面，数据主权带有强烈的国际性特征，大数据时代背景下，没有哪一个国家能置身度外，所有国家都将会受到数据

1　祝高峰：《大数据时代国家信息主权的确立及其立法建议》，《江西社会科学》2016年第7期。

2　齐爱民、祝高峰：《论国家数据主权制度的确立与完善》，《苏州大学学报》（哲学社会科学版）2016年第1期。

主权被侵犯的威胁。因此，各国要本着"求同存异"的原则，积极参与数据安全国际规则的制定，缔结相关的数据安全条约。条约的缔结形式应多样化，为了综合全面考量，体现"综合安全观"，缔结数据安全的条约也应当多样化，不仅可以是区域性条约，也可以是双边条约，甚至还可以是多边条约。数据主权和国家主权是不可分割的，国家主权包含数据主权。国家主权的相关基本原则也同样适用于待缔结的数据安全条约，同时条约的目的、宗旨和内容以及各国需要承担的义务和责任，在待缔结的数据安全条约中都应当予以明确。条约的用意主要是指导国际社会实现数据安全，引导各国和地区加强国际合作，打击滥用数据、侵犯和损害他国数据主权的行为，扫除威胁他国政治、经济和社会数据安全等方面的非安全隐患，保证公平、公正分配数据资源，维护数据安全稳定自由运行。[1]

1　齐爱民、祝高峰:《论国家数据主权制度的确立与完善》,《苏州大学学报》(哲学社会科学版)2016年第1期。

第五章

数权制度的
国际比较

数权是全世界共同的重大议题，数权保护是各国立法的重大战略。美国将数权保护视为广义上隐私权的客体之一，欧盟从人格权角度论证数权保护的必要性，日本则较好地融合了英美法和大陆法系立法的优点。我国基于人类命运共同体理念和网络空间命运共同体建设，倡导世界各国"加强合作，深化交流，共同把握好数字化、网络化、智能化发展机遇，处理好大数据发展在法律、安全、政府治理等方面的挑战"。在总结国外数权立法最新技术、趋势、模式的基础上，以国际法律共同体建设为导向，研究提出数权法的建构路径，并指出数权法是研究未来生活的宏大构想，是研究数字文明的重大发现，是参与全球治理的法理重器。

第一节 国外数权制度

数权立法是大数据时代的国家战略，是抢占数权规制国际话语权的重要活动。以20世纪70年代个人信息保护立法为重要标志，国外数权保护进入了立法"盛产期"，世界各国都在纷纷进行数权相关立法的规划和战略布局。据不完全统计，世界上制定了数权保护法律的国家和地区已经超过110个。我们重点梳理和比较国外数权制度在法律、安全、政府治理等方面的实践探索，以期总结国外数权立法的规律、模式和经验。

（一）数权法律保护比较

个人数据保护是全球数据治理面临的新难题，成为各国或地区立法的重点（见表5-1）。显然，欧洲在设立个人数据保护法上走在世界的前列，绝大多数国家已经设立了个人数据保护法并且日趋完善，有些国家如瑞士、德国等早在20世纪70年代就已经开始设立个人数据保护法；在美洲国家中，美国率先在20世纪70年代开始设立隐私法，并且也将该法适用范围扩展到儿童；大洋洲国家在20世纪末均已设立个人数据保护法；非洲绝大多数国家未设立数权制度，只有极少数国家如南非、突尼斯等设立了个人数据保护法。截至目前，在设立数权保护立法的9个亚洲国家中，以色列是最早开始设立个人数据保护法的，而日本是个人数据保护法分类最为详细的。

在国外数权立法实践中，数权基础法律概念主要有三个，分别是"个人数据""个人信息""隐私"。其中，使用"个人数据"作为数权基础概念的国家、地区和组织最多，主要有欧洲理事会、欧盟、欧盟成员国以及受欧盟《个人数据保护指令》（1995年）影响而纷纷立法的其他国家。"在普通法国家，如美国、澳大利亚、新西兰、加拿大等，以及受美国影响较大的APEC，则大多使用'隐私'概念。在日本、韩国、俄罗斯等国，则使用'个人信息'概念。"[1]此外，还有使用"个人生活"（智利《个人生活保护法》）、"个人数据与隐私"（OECD《隐私保护和个人数据跨境流通的指南》）等基本概念的。"概念的不同主要是源于不同的法律传统和使用习惯，实质上并不影响法律的内容。"[2]

就国外数权立法内容而言，各国家、地区和国际组织的个人数据保护法律具有三个共同特征：一是法律保护的对象是作为自然人的个人，而不是企业、政府或其他组织，也不是机器人或基

1　周汉华:《对〈个人信息保护法〉（专家建议稿）若干问题的说明》,《中国科技学年刊》2005年第1期。

2　周汉华:《对〈个人信息保护法〉（专家建议稿）若干问题的说明》,《中国科技学年刊》2005年第1期。

因人。二是个人数据法律保护采取合法、正当、必要、目的受限、数据最小化等原则，保障数权人的最大合法权益。三是法律所要实现的目标是使能够识别特定个人的信息数据不被随意采集、存储、传输以及非法使用，防范个人数据权被侵犯。因此，个人数据保护法律规制的重点不是"个人数据"本身，而是"个人数据处理的行为及其相关活动"。许多国家、地区或组织的法律名称中为此专门突出了"处理"概念，如欧洲理事会、欧盟、圣马力诺、冰岛、希腊、丹麦等。

表 5-1　主要国家或地区数权法律制度

洲	国家或地区	年份	法律名称
欧洲	瑞典	1973	《数据法》
		1998	《个人数据法》
	芬兰	2018	《个人数据保护法》
	丹麦	1978	《私人数据库法》
		1987	《公共数据资料库法》
		2000	《个人数据处理法》
	挪威	1978	《私人数据库法》
		1978	《公共数据库法》
		2000	《个人数据档案法》
	法国	1978	《数据保护法》
		2016	《数字共和国法案》
	奥地利	1978	《联邦数据保护法》（2012 年修订）
	德国	1977	《联邦数据保护法》（1980 年、1990 年、2001 年、2003 年、2005 年、2006 年、2009 年、2015 年、2017 年修正）

洲	国家或地区	年份	法律名称
欧洲	比利时	1992	《数据保护法》（1998 年修正）
	卢森堡	1979	《有关电子计算机处理数据之限制利用法》
		2002	《与个人资料处理相关的个人保护法》
		2005	《电子通讯组个人资料处理方面的具体规定》
	瑞士	1992	《联邦数据保护法》
	西班牙	1992	《个人数据自动化处理管理法》（1999 年修正）
		1999	《个人数据保护法》
	葡萄牙	1991	《自动化处理中的个人资料保护法》
		1998	《个人数据保护法》
	意大利	1996	《数据保护法》
	希腊	1997	《与个人数据处理相关的个人保护法》
	英国	1984	《资料保护法》
		1998	《数据保护法》
	爱尔兰	1988	《数据保护法》
		2003	《数据保护法》（修正）
	俄罗斯	2015	《个人数据保护法》
	罗马尼亚	2001	《与个人数据处理和数据自由移动相关的个人保护法》
美洲	美国	1970	《公平信用报告法》
		1974	《隐私法案》（各州分立）
		2000	《儿童网上隐私保护法》
		2014	《数据隐私和智能电网：自愿行为守则》
		2015	《消费者隐私法案》

洲	国家或地区	年份	法律名称
美洲	加拿大	1983	《隐私法》
		2000	《个人信息保护与电子文件法》
		2003	《个人信息保护法》
	阿根廷	1998	《个人数据保护法》
		2000	《个人数据保护法》
	智利	1999	《个人生活保护法》
	乌拉圭	2002	《数据保护法》
	巴西	1997	《数据保护法》
	巴拉圭	2000	《个人数据保护法》
	巴哈马	2003	《数据保护（个人信息的隐私）行为》
亚洲	韩国	1997	《公共机关个人信息保护法》
		2011	《个人信息保护法》
	日本	1988	《有关行政机关电子计算机自动化处理个人信息保护法》
		1989	《非公务机关计算机处理个人数据保护法》
		2003	《关于保护独立行政法人等所持有之个人信息的法律》
		2003	《信息公开与个人信息保护审查会设置法》
		2003	《个人信息保护法》
	新加坡	2002	《私营机构信息保护示范法》
		2012	《个人信息保护法案》
	以色列	1981	《隐私保护法》（1985年修正）
	泰国	1997	《公共信息法》
	亚美尼亚	2002	《个人数据法》

续表

洲	国家或地区	年份	法律名称
亚洲	阿拉伯联合酋长国	2007	《数据保护法》
	中国大陆	2016	《中华人民共和国网络安全法》
	中国香港	1995	《个人资料（隐私）条例》
	中国澳门	1995	《计算机个人数据保护法》
		1996	《计算机处理个人数据保护法实施细则》
		2005	《个人资料保护法（隐私法）》
	中国台湾	1995	《计算机处理个人数据保护法》
		1996	《计算机处理个人数据保护法施行细则》
大洋洲	澳大利亚	1988	《隐私法》（2000 年修正）
		1998	《全国个人信息公平处理原则》
		2002	《私营部门隐私修正法》
	新西兰	1993	《隐私法》
非洲	南非	2014	《个人信息保护法》
	突尼斯	2004	《数据保护法》
	塞内加尔	2008	《个人数据保护法》
	毛里求斯	2004	《数据保护法》

宪法是国家的根本大法，是国家最高位阶的法律，具有最高的法律效力和法律权威。个人数据法律保护不是一个新话题，但是从宪法视野来比较和考察国外数权保护的路径、模式与方法，还是一个相对较新的论题。美国、德国、日本是世界上数权宪法保护比较成熟的国家，法国是最有望将个人数据保护直接写入宪

法的国家，[1] 但由于历史文化和法律传统的不同，数权宪法保护在理念、方式和效力等方面存在很大不同，对其进行比较研究对我国数权宪法保护的完善有着重大的借鉴意义。[2]

1. 美国

美国法律语境中讨论个人数据权等同于讨论隐私权。1974年《隐私法案》虽然冠以"隐私"的名义，但内容是围绕个人数据而展开的，被视为行政公权力领域内如何保护公民个人数据的经典法律。因此，讨论美国数权保护，首先得从隐私权入手。[3] 隐私权的最初讨论着眼于民事侵权领域，但随着对隐私保护的关注，联邦最高法院开始基于宪法第4、5修正案解释宪法中的隐私权，后

1　法国《欧洲时报》2018年7月23日报道称，法国国民议会于当地时间7月18日夜间投票通过一项修正案，将一项个人数据保护条款列入修宪法案。这项名为"打击（对个人数据的）延伸或不合理使用"的条款，将被写入宪法第34条。

2　姚岳绒：《宪法视野中的个人信息保护》，华东政法大学博士学位论文，2011，第70~76页。

3　隐私权成为权利的类型之一，一般认为始于沃伦与布兰代斯1890年发表的《论隐私权》一文所称的"独处的权利"。以"个人有权决定是否将属于他的东西公之于众，以及未经本人同意，其他任何人都无权以任何形式出版他的作品"为出发点，借用防止手稿或艺术作品被他人出版这一常见事例，认为此权利无疑具有财产权的性质，但当作品价值不是通过出版而获取利益时，则很难理解为通常意义的财产权，而实际是在避免任何出版可能带来人的精神宁静或放松的威胁。因此，对私人著述以及其他私人作品的保护，事实上不是基于财产权，而是基于不受侵犯的人格权，用来保护的原则正是隐私权。个人有权保持个人私密以防止被呈现于公众，这是隐私权外延中最简单的情形。1939年第一部《侵权法重述》的最后一册中已明确包含隐私权的保护。1960年，普雷瑟院长发表了20世纪最具影响的论文《论隐私》，通过涉及隐私的300多个上诉法院的案例确认美国法律体系中隐私权的存在。

又发展至宪法第1、14等修正案内容。如认为凡对个人隐私权的不法侵害之国家行为，皆被视为违反宪法第4修正案的行为。又如第1修正案所延伸出来的结社自由中的社员隐私保护，联邦最高法院承认隐私权为宪法所赋予的权利，虽然宪法未明文规定，但其为宪法修正案的辐射性权利，属于宪法权利的晕影范围以及正当法律程序之必然要求，但将隐私权作为宪法独立的权利则是由第9修正案解释而来。[1]值得一提的是，在美国直接围绕数权的宪法诉讼案例较为罕见，但是通过立法程序对数权加以保护的实践取得了显著成就（见表5-2）。

表 5-2 美国数权法律制度

时间	法案	说明
1970 年	《公平信用报告法》	赋予消费者纠错权，保障消费者报告中的错误不会被用于伤害消费者的行为
1974 年	《隐私法案》	授予个人查阅权，保证个人信息档案准确，信息收集目的准确，不得保留秘密档案，个人有民事诉讼补救
1978 年	《金融隐私权法》	禁止金融机构在未通知客户并获得客户允许的情况下随意向联邦政府披露客户的金融记录，联邦政府要获得客户的金融记录必须遵循一定的程序并提供相应的证明文件
1980 年	《财务隐私权法》	规范了联邦政府财政机构查询银行记录行为
1980 年	《隐私权保护法》	确立了执法机构使用报纸和其他媒体记录的信息标准

1　第9修正案为美国宪法的概括性条款，该条规定："本宪法对某些权利的列举，不得被解释为否定或忽视人民保留的其他权利。"

续表

时间	法案	说明
1984 年	《电报通信政策法》	延续了个人收集告知、本人有权查阅、有权拒绝提供不相关信息
1986 年	《电子通讯隐私法案》	规定了通过截获或泄露保存的通信信息侵害个人隐私权的情况及责任
1988 年	《录像隐私保护法》	规定对购买和租借录像提供安全的隐私保护
1994 年	《驾驶员隐私保护法》	该法对州交通部门使用和披露个人的车辆记录做了限制
1996 年	《健康保险携带和责任法》	保障个人的健康隐私信息的机密性，防止未经授权的使用和泄露
1999 年	《金融服务现代化法案》	要求金融机构保护消费者个人信息的隐私
2000 年	《儿童网上隐私保护法》	保护由网络和互联网的在线服务所处理的个人信息，没有父母的同意，联邦法律和法规限制搜集和使用儿童的个人信息
2008 年	《基因信息反歧视法》	对基因信息实行更强的隐私和安全保护
2010 年	《消费者保护法》	授权消费者金融保护局对金融隐私领域进行监管和保护
2018 年	《加利福尼亚州消费者隐私法案》	大幅扩充适用范围，还创建了访问权、删除权、知情权等一系列消费者隐私权利，进一步强化企业保护个人数据的责任

2. 德国

德国法作为传统大陆法系中的重要一支，所塑造的法律传统与文化和美国式法律文化有着明显的区别。美国式的隐私权层面的个人数据保护火焰并未在德国燃起，"德国民法上或宪法上并无所谓隐私的概念，相当于美国法隐私的，德国判例学说称为私领域或私人性"。[1]隐私权不属于德国法制传统中所接受的观念，但德国并没有视美国所兴起的与隐私权相关的理论、判例而不见。大体上，德国以民法体系中的人格权之私领域保护的概念来对应于美国在民事侵权领域内的隐私权保护理念；以个人数据保护与一般行为自由的保护来对应于美国宪法层面的隐私保护。与后者相对应的则是通过德国联邦宪法法院所创设的信息自决权，并通过《联邦个人数据保护法》的法律形式予以保护。德国联邦宪法法院在赞同联邦法院所采取的领域理论基础上进行了扬弃，特别是对私领域之私密领域这一绝对保护的核心内容充实宪法上的解释，强调基于《基本法》[2]第1条第1款所规定的人的尊严不受侵害及其应受国家权力的尊重与保护[3]。与美国式"独处"或"私人生活不被干涉"或"保持宁静"等隐私理论不同，德国从"私领域保护"的理论角度加以研究。将《基本法》第2条的人身自由不可侵犯、第4条的信仰和思想自由、第10条的通信秘密受法律保护、第13条的住宅不受侵犯等权利列入个人私领域内的基本权利。同时，《基本法》第5条的出版及科学艺术自

1　德国学界素有"领域理论"这一研究成果，将与个人相关的信息分为私人领域与公共领域，而私人领域就类似隐私权。德国联邦宪法法院也曾在判决中将事物的性质区分为三类：私密领域、私人领域与公共领域。领域理论系将私人生活领域放置于一个同心圆的模型上，依其接近中心部分的远近，分不同层次予以保护。王泽鉴：《〈人格权保护的课题与展望（三）〉之隐私权》（上），《台湾本土法学》2007 年第 96 期。

2　《基本法》，即《德意志联邦共和国基本法》，是德意志联邦共和国的宪法，是德国的根本大法。

3　王泽鉴：《〈人格权保护的课题与展望（三）〉之隐私权》（上），《台湾本土法学》2007 年第 96 期。

由、第6条的家庭保障、第8条的集会自由、第9条的结社自由等可以从某种程度上起到保护私领域的作用，但这一系列的宪法层面上的私领域内的基本权利保护并不是全部。德国学说及实务上，依赖于《基本法》第1条第1款的人的尊严与第2条第1款的人格权对宪法列举之外的，但属于私领域内基本权利保护的不确定权利内容进行解释并加以保护。可以说，《基本法》对于私领域的保护其实呈现出的是一种无漏洞之保护，构成了一个绵密而具有发展性的基本权利保护体系（见表5-3）。

表 5-3　德国数权法律制度

时间	法案	说明
1970 年	《黑森数据保护法》	世界上第一部《数据保护法》，开启了通过立法保护数据的新时代
1976 年	《德国联邦个人资料保护法》	该法于 1977 年生效，正式名称是《防止个人资料处理滥用法》，人们习惯称其为"个人资料保护法"
1977 年	《德国联邦数据保护法》	在世界上率先采取了对公共机构和私人机构统一规制的模式，不仅要求公共机构保护个人数据，也要求私人机构保护个人数据，实现个人数据保护工作全覆盖
1997 年	《信息和通信服务规范法》	亦称《多媒体法》，是世界上第一部规范互联网传播的法律，对德国互联网监管产生的影响主要体现在三个方面：一是强化了对非法内容传播责任的确定；二是通过法令设立特定的"网络警察"监控危害性内容的传播；三是将在网上制造或传播对儿童有害内容的言论视为犯罪

续表

时间	法案	说明
1997 年	《电信服务法》	网络服务商根据一般法律对提供的内容负责。服务商在不违背《电信法》有关保守电信秘密规定的情况下，有义务按一般法律阻止违法的内容。如果已有证据证明服务商已知信息含有违法内容，且在技术上能够阻止但不加以阻止的，构成"主观上犯罪的故意"，服务商"必须承担违法的共同责任"
1997 年	《电信服务数据保护法》	对网络运行过程中可能产生的侵害个人信息的情况进行了严格规定
2007 年	《电信媒体法》（2010 年、2016 年、2017 年修订）	德国互联网领域的一部核心立法，俗称德国"互联网法"。"电信媒体"是德国传媒法中特有的概念，该词在德国涵盖几乎所有互联网服务

3. 日本

日本自明治时代引入西方制度推行维新改革，其法律制度深受欧洲大陆影响，而德国式的政治军事与法律制度几乎被日本全盘继受。二战失败，美国"接管"日本，在其一手操办下，日本宪法由美国人起草但以日本政府的名义颁布，全程由美国人导演。[1] 这也可以理解日本法律体制中融合德、美两种传统的原因，而这也正是日本法制的特色。公民个人数据最初是从隐私权角度予以保护。1970年，佐藤幸治教授发表《隐私权（公法层面）的宪法论之考察》，此论文以美国隐私权理论为基础展开，并从日本宪法第13条所保障的"幸福追求权"上寻求隐私权的宪法依据。

---

1 李薇：《成功与遗憾——日本战后宪法的制定》，《读书》2009 年第 4 期。

"日本法上多数见解将隐私权限定在私人资讯或私生活公开拒绝之权利，但对于其他部分之人格利益，包括姓名、肖像、个人生活领域及自我决定等，仍透过幸福追求权之解释予以不同程度之保障。"日本宪法第13条规定："一切国民，均有作为个人而受尊重。国民对于生命、自由及追求幸福之权利，以违反公共福祉为限，于立法及其他国政上，须受最大之尊重。"此条款通常被冠以"个人的尊严"，并被认为是日本宪法中概括基本权之一。追求幸福的权利最初只是个别性人权的总称，而不能从中直接推导出其他权利，到了20世纪60年代，由于社会、经济的剧烈变动而产生了诸多问题，对此条款的解释意义得以重新估量。"其结果是，基于尊重个人之原理的幸福追求权，就逐渐被解释为作为未被宪法所列举的新人权之根据的一般性且概括性的权利。"[1]

表5-4 日本数权法律制度

时间	法案	说明
1973 年	《德岛市关于保护电子计算机处理的个人信息的条例》	对政府处理个人数据时涉及的个人隐私权益的尊重进行了立法规范
1988 年	《有关行政机关电子计算机自动化处理个人信息保护法》	保护范围仅限于计算机处理的个人数据信息，不涉及人工处理的数据信息

1　[日]芦部信喜:《宪法》(第三版)，林来梵等译，北京大学出版社，2006，第104页。

时间	法案	说明
1997 年	《关于民间部门电子计算机处理和保护个人信息的指南》	向保护措施得力的企业颁发隐私认证标识（P-MARK 认证）等
2003 年	颁布《个人信息保护法》，并配套《关于保护行政机关所持有之个人信息的法律》《关于保护独立行政法人等所持有之个人信息的法律》《信息公开与个人信息保护审查设置法》《对〈关于保护行政机关所持有之个人信息的法律〉等的实施所涉及的相关法律进行完善等的法律》系列法规	《个人信息保护法》被称为统领各领域个人信息保护基本法，与其他的四部法通称为"个人信息保护五联法"
2015 年	《个人信息保护法》（修订）	进一步扩大个人信息保护范围、法律适用范围，促进匿名化个人信息应用等

（二）数据安全立法比较

数据安全是数权保护的重要基础和组成部分。欧盟、美国、日本、澳大利亚、俄罗斯、新加坡等数据安全发展强国或地区先后颁布了众多的数据安全法律法规（见表5-5）。尽管这些国家或地区制定的相关法律法规思路和策略不同，但涉及的要素是基本一致的。梳理欧盟、美国、日本等国家或地区数据安全相关法律法规，分析研判其数据安全立法理念和立法模式，将有助于加深对不同立法模式和理念的认识与理解，从而得出对我国数据安全立法的建议，为我国后续制定和出台数据安全法律法规、行政规章以及行业标准提供重大参考。[1]

1. 欧盟

欧盟数据安全立法采取国家主导的立法模式。欧盟国家认为个人数据具有人格权属性，体现人格权内涵，不仅是宪法赋予的基本权利，而且需要由部门法表征的实体权利来具体调整和保护。欧盟作为区域政治、经济一体化的国际组织，在法律层面具有较高的统一性，但又保留了各成员国家自主发展的空间，形成了"欧盟法 + 成员国家法"的法律大格局。首先，欧盟层面制定数据安全相关法律问题的纲领性文件，如公约、指令、指南、框架协议等。纲领性文件的内容可以不直接适用于调整具体的司法实践，但为各成员国数据安全立法建立了基本框架和基本原则。其次，各成员国通过这一纲领性的法律文件制定各自关于数据安全保护的法律法规。欧盟对个人数据安全的立法保护因其全面性、严格性和可行性在世界范围内具有重大影响。欧盟层面，从1981年起，相继出台了《保护自动化处理个人资料公约》（1981年）、《信息安全框架协议》（1992年）、《个人数据保护指令》（1995年）、《隐私与电子通讯指令》（2002年）、《数据留存指令》（2006年）、《欧盟互联网治理契约》（2011年）、《战略欧洲倡议》（2012年）、《网络

---

[1] 全国信息安全标准化技术委员会大数据安全标准特别工作组:《大数据安全标准化白皮书（2018版）》，http://www.cesi.cn/201804/3789.html，2018年4月16日。

空间安全战略》（2013年）、《一般数据保护条例》（2018年）等系列文件，搭建起了欧盟对于数据安全保护的法律框架及基础规范，逐步实现了针对跨境数据流动的规制，建立了涵盖网络用户个人数据保护的监管机构等，[1] 为构建"最严"欧盟数据安全法律保护体系奠定了基础。

2. 美国

美国数据安全立法较欧盟立法模式有所不同，美国没有统一的个人数据保护的法律规范，而是区分不同领域或事项对个人数据分别立法保护。在美国数据安全法律规制中，个人数据、隐私数据通过宪法、隐私法等法律规范予以保护，重要行业、领域的数据通过专门立法予以保护，一般数据则通过行业自律和市场调节予以规范，形成了数据安全多元共治的法律大格局。隐私权是美国个人数据安全立法保护的法理基础，从一定意义上来讲，美国隐私权的内涵接近于大陆法系的人格权。可以说，美国数据安全法律制度是全面保护数权人人格的法律制度，这在美国个人数据安全法律法规和行业自律上均有所体现。美国的个人数据保护模式分为公领域保护和私领域保护两种，并在此基础上形成了公领域的分散立法模式和私领域的行业自律模式。针对不同的公领域出台的有关数据安全保护的法律有：规范私人机关收集、处理、储存个人信息的《公平信用

1　冉从敬、王冰洁：《网络主权安全的国际战略模式研究》，《信息资源管理学报》2019年第2期。

报告法》（1971年），规范国家机关处理个人信息的《隐私法案》（1974年），保护学生、家长个人信息的《家庭教育权利与隐私法》（1976年），规范电子信息处理的《电子通信隐私法》（1986年）、《电脑资料对比与隐私权保护法》（1988年），保护儿童个人信息的《儿童网上隐私保护法》（2000年）等，以及2015年6月2日通过并生效的《美国自由法案》。美国的行业自律模式是在政府主导下的自律模式，是"政产学研用"相互对话、协同创新的结果，具有一定的灵活性，与立法形成了补充与辅助的关系。这种模式又被称为指导性立法主义。[1]美国数据安全行业自律主要有技术保护、行业指引、商业认证三种方式。如1995年美国政府发布的《全球电子商务架构报告》明确指出政府支持商业机构建立一个以自我规范为基础，方便客户隐私权有效保护的制度。

3. 日本

日本数据安全立法相较于欧美国家起步较晚，但在亚洲国家个人数据安全立法方面，日本却属于立法较早且比较完善的国家。日本借鉴了欧盟数据安全保护的立法经验和法律外壳，以保障公民隐私权在内的人格权和财产权为核心，形成了一部规制政府部门、私营企业个人数据处理行为的综合性个人数据保护基本法。与此同时，日本也采用了美国实用主义的立法方式，在个人数据保护法的基础上，更加重视重点行业的特别立法、

---

[1]　赵秋雁：《网络隐私权保护模式的构建》，《求是学刊》2005年第3期。

行业自律和第三方监督，以追求个人数据权益保护和数据应用之间的平衡。值得强调的是，日本在其数权制度确立和实践中，非常注重对国外经验的借鉴，同时也没有忽视其本国的现实环境，并且在立法过程中注重个人合法权益保护与促进数据自由流通的平衡。从立法历程来看，日本个人数据保护始于20世纪80年代以来的一些地方性、行业性法规，以及专门针对行政机关持有个人数据的保护法律，如1987年3月日本信息处理系统中心制定了《关于金融机构等保护个人数据的指针》，1988年3月日本信息处理开发协会制定了《关于民间部门个人信息保护指导方针》，1989年经济产业省制定了《关于民间部门电子计算机处理和保护个人信息的指针》。[1]进入21世纪，日本2003年正式发布《个人信息保护法》[2]，2013年决定对其进行修订。2017年5月30日，最新修订的《个人信息保护法》正式实施。"最新版本的《个人信息保护法》对个人信息权保护规定得更为细致。其中对匿名处理信息的使用，利用信息的企业资质认定，第三方认证体系，以及对获取个人信息从业者的管辖权由总务大臣转移到个人信息保护委员会等内容，都是完善个人信息保护立法的最新成果。"[3]

1 谢青：《日本的个人信息保护法制及启示》，《政治与法律》2006年第6期。

2 《个人信息保护法》《行政机关个人信息保护法》《独立行政法人等个人信息保护法》《信息公开——个人情报保护审查会设置法》《行政机关保有个人信息保护法》五部与个人信息保护相关的法律，统称为《个人信息保护法》。

3 魏健馨、宋仁超：《日本个人信息权利立法保护的经验及借鉴》，《沈阳工业大学学报》（社会科学版）2018年第4期。

表 5-5　主要国家数据安全法律法规

国家 / 地区	法律法规和部门规章	发布 / 生效时间	备注
欧盟	《一般数据保护条例》	2018 年发布	通用法律
	《欧盟数据留存指令》	2006 年发布	通用法律
	《隐私与电子通讯指令》	2002 年发布	通用法律
	《欧盟数据保护指令》	1995 年发布	通用法律
美国	《隐私盾协议》	2016 年发布	通用法律
	《加州在线隐私保护法案》	2014 年发布	州法律
	《联邦隐私法案》	2014 年发布	通用法律
	《数字问责和透明法案》	2014 年发布	部门规章
	《数字政府战略》	2012 年发布	通用法律
	《开放政府指令》	2009 年发布	通用法律
	《加州安全违约告知法律》	2002 年生效	州法律
	《金融服务现代化法案》	1999 年发布	部门规章
	《健康保险携带和责任法案》	1996 年发布	部门规章
	《联邦贸易委员会法案》	1914 年发布	部门规章
日本	《个人信息保护法》（修正案）	2017 年实施	通用法律
	《个人信息保护法》	2005 年实施	通用法律
	《有关行政机关电子计算机自动化处理个人信息保护法》	1988 年发布	通用法律
	《电子计算机处理数据保护管理准则》	1976 年发布	通用法律
澳大利亚	《电信法案》	1997 年发布	部门规章
	《联邦隐私法案》	1988 年发布	通用法律
俄罗斯	俄罗斯联邦法律第 152-FZ 条中 2006 年个人数据相关内容	2015 年发布	通用法律
	俄罗斯联邦法律第 149-FZ 条 2006 年信息、信息技术和数据保护相关内容	2006 年发布	通用法律
	《斯特拉斯堡公约》	2005 年发布	通用法律
新加坡	《个人数据保护法令》	2012 年发布	通用法律

资料来源：全国信息安全标准化技术委员会大数据安全标准特别工作组：《大数据安全标准化白皮书（2018 版）》,http://www.cesi.cn/201804/3789.html,2018 年 4 月 16 日。

（三）政府治理制度比较

数据正日益成为政府治理创新的重要驱动力，不断推动政府治理理念、治理模式、治理内容、治理手段的变革。数字政府将成为整体政府、开放政府、协同政府、服务政府和智慧政府的重要表现形式。数据驱动政府，将带来政府治理的历史性变革，为政府治理现代化提供强大支撑，是政府治理现代化的实现路径。大数据时代，各国政府，无论是发达国家还是发展中国家，都在思考政府自身的变革和政府治理制度的建构（见表5-6）。欧盟、美国、日本是"大数据＋政府治理"的先行者、领导者，也是受益者。比较研究三者在数据驱动政府治理制度方面的差异，总结一套"用数据说话、用数据决策、用数据管理、用数据创新"的全新机制，对我国乃至发展中国家推进政府治理数字化、网络化、智能化发展有着重要的现实意义。

1. 欧盟

电子治理是对电子政府（或电子政务）后期发展出现的新特征的表述，[1]是欧盟提升政府治理体系和治理能力现代化的新探

1　荷兰学者米歇尔·巴克斯指出：电子治理是指在政府与市民社会、政府与企业之间的互动及政府运行中运用信息技术，简化政府行政和公共事务处理程序，提升民主化程度的治理模式。第二十六届国际行政科学会议主题报告的诠释是：电子治理不是新信息通信技术在公共事务领域的简单应用，而是一种更多地与政治权力和社会权力的组织与利用方式相关联的社会—政治组织及其活动的方式，是信息时代治理的表现形式。董礼胜：《欧盟电子治理发展的制度分析》，《中共杭州市委党校学报》2012年第5期。

索。相对于技术而言，制度建设在电子治理的发展中起着决定性作用。2005年12月曼彻斯特欧盟部长理事会电子政府宣言提出了电子治理发展初期的四项重点工作：包容所有公民、提高政府部门工作效率、提供高度反映顾客需求的公共服务、通过共同认可的认证体系为各国公民提供广泛而便利的公共服务渠道。2006年，欧盟委员会发布了《i2010电子政府行动计划——加快欧洲电子政府建设，使所有人获益》，该计划是欧盟信息化总体战略"i2010"所确定的工作目标之一，其发布实施标志着泛欧层次的电子政府建设步入系统化发展的轨道。[1]欧盟关于电子治理的法律基本相当于规制性制度，除了《欧洲电子商务法》《关于数据库法律保护的指令》《关于内部市场中与电子商务有关的若干法律问题的指令》等一般性的法律规范外，规制性制度主要针对一些需要严加管制的电子治理发展领域。如针对网络信息健康，英国1996年9月颁布了《三R互联网安全规则》，适用于规范消除网络中的非法资料，特别是色情淫秽内容，基本措施为"分级认定、举报告发、责任承担"。法国互联网管理十分重视对未成年人的保护，如1998年法国通过了《未成年人保护法》，从严从重惩罚利用网络诱惑青少年犯罪的行为。通过《关于在自动运行系统中个人资料保护公约》《关于个人资料的运行

1　《i2010电子政府行动计划——加快欧洲电子政府建设，使所有人获益》，该计划提出的消除电子鸿沟、提高效率、执行电子采购、建立全欧范围的电子服务通道、强化参与和民主决策等核心观点，可以视为是对2005年12月曼彻斯特欧盟部长理事会电子政务宣言的具体化。

和自由流动的保护指令》《关于个人资料向第三国传递的第一个指令——评估充分性的可能方案》和《关于在信息高速公路上收集和传送个人资料的保护》等制度明确了保护网络个人隐私的严格标准。

2. 美国

政府数据开放是美国政府治理改革的突破口。1966年7月，美国政府通过《信息自由法》，规定"民众在获得行政信息方面的权利和行政机关在向民众提供行政信息方面的义务"[1]。1993年9月，"信息高速公路"计划发布，正式拉开了信息技术革命的序幕，建立了以互联网为核心的综合信息服务体系，政府治理模式发生巨大转变。2009年12月，美国联邦政府颁布《开放政府指令》，推出"Data.gov"公共数据开放网站，确立了"透明、参与、协作"的"开放政府三原则"，要求政府通过网站发布数据等方式，使公众了解更多的政府信息，促进公共对话，提升公众对政府的信任感。自此之后，美国政府创造性地将"大数据"的理念全面引入政府治理领域。"2012年3月，美国联邦政府发布了《大数据研究和发展倡议》，正式启动了'大数据发展计划'，宣布将投入超过2亿美元在大数据研究上；同年5月，联邦政府发布《数字政府战略》，致力于为公众提供更好的'数字化'服务，围绕数据进行的一系列

1　全国信息安全标准化技术委员会大数据安全标准特别工作组：《大数据安全标准化白皮书（2017）》，2017。

措施在美国政府全面推进，大数据对美国政府的影响逐步显现。"[1]
美国数字政府建设的三大目标："一是让民众随时随地利用任何设备获取高质量的数字政府信息和服务；二是确保政府适应新的数字化世界，以智能、安全且经济的方式采购和管理设备、应用和数据；三是进一步发挥政府数据的作用，以激发全国范围内的创新，从而为美国人民提供更高质量的服务"。[2]

3. 日本

日本的国家治理水平处于全球领先地位。自明治维新开始，日本在短时间内追赶并超越欧美强国，成为亚洲地区最早启动并完成现代化的国家，并成为现代化研究的重要典型。日本政府2000年设立"IT战略本部"，2001年推出"e-Japan战略"，旨在提升日本整体信息和通信技术的基础建设能力，使日本成为世界第一IT国家。2003年日本政府通过"e-Japan战略Ⅱ"，对日本信息化建设的重点和发展方向做了较大调整，以促进信息技术的应用为目标，重点推进信息技术在医疗、食品、生活、中小企业金融、教育、就业和行政等领域的应用，并提出在五个横向项目（即新一代基础设施、保密、研究开发、人才和国际战略）中，提升信息技术的高效利用程度。[3]2004年12月，日本政府公布"u-Japan

---

1　刘叶婷、唐斯斯：《大数据对政府治理的影响及挑战》，《电子政务》2014年第6期。

2　中央党校（国家行政学院）电子政务研究中心：《2019数字政府发展报告》，2019。

3　刘兹恒、周佳贵：《日本"u-Japan"计划和发展现状》，《大学图书馆学报》2013年第3期。

战略"[1]，希望通过 u 战略将日本构建成为泛化政府，即政府能够在任何时间、任何地点就任何事务向任何人提供公共服务。随后，日本政府于2006年1月发布"新 IT 改革战略"，将电子政府建设作为其重要组成部分。2009年7月，日本政府制定出台"i-Japan 战略2015"[2]，这一战略是继"e-Japan 战略""u-Japan"战略和"新 IT 改革战略"之后日本信息化建设的后续发展蓝图。[3]"'i-Japan 战略2015'计划的主要内容是要重点推进三大领域，即电子政府领域、医疗健康领域和教育人才领域的电子化进程。"[4]为了构建 IT 最大限度惠及、服务国民社会，2013年日本政府制定了以活用 IT 技术作为发展战略的"打造世界最尖端 IT 国家宣言·官民数据活用推进基本计划"，完善了政府首席信息官引领下的 IT 活用基础。同时也推出了多种为2020年东京奥运会及残奥会提供便利的政策措施。[5]

---

1 "u-Japan 战略"中的"U"包括四个方面的内涵：一是无处不在（Ubiquitous），二是全球性（Universal），三是用户导向（User-oriented），四是独特性（Unique）。日本公布"u-Japan 战略"标志着其电子政府网络构建进程进入一个新的阶段，即从 E 战略转向 U 战略。

2 "i-Japan 战略 2015"中"i"包含"Inclusion"和"Innovation"两层意思，"Inclusion"原意指"包容"，在这里引申为"信息通信技术要像阳光、水和空气那样融入经济社会发展的方方面面"，"Innovation"意指"创新"。

3 姚国章、林萍：《日本电子政务规划部署与电子政务发展》，《电子政务》2009 年第 12 期。

4 海群、乌日娜：《日本"i-Japan 战略 2015"中的电子政务战略》，《办公室业务》2010 年第 4 期。

5 廉成、杨飞、张恒烨：《韩日电子政务发展状况评析》，《管理观察》2018 年第 19 期。

表 5-6　主要国家数字政府战略

国家	数字政府战略	发布年份	主要内容
日本	《i-Japan 战略 2015》	2009	"i" 包含 "inclusion"（包容）和 "innovation"（创新）两层意思，前者是指"信息通信技术要像阳光、水和空气那样融入经济社会发展的方方面面"，后者指"创新"。"i-Japan 战略 2015 年"计划的主要内容是要重点推进电子政府、医疗健康、教育人才等领域的电子化进程
韩国	《智慧政府实施计划》	2011	目标是在 2015 年建成智慧政府，实施策略包括四个方面：开放、整合、协同、可持续的绿色增长
英国	《政府数字战略》	2012	对英国数字服务的现状、面临的障碍、政府已有的成就和未来的行动计划进行阐述，并引导各部门制定各自部门内的数字战略，推动英国数字服务的改善。其核心是将数字化作为政府提供公共服务的优先方式，旨在为选择使用数字化渠道的民众提供条件，并为无法使用数字化渠道的民众创造条件
美国	《数字政府：建立一个更好地为美国人民服务的 21 世纪平台》	2012	旨在用更少的成本进行更多的创新，并使企业家能够更好地利用政府数据提高对美国人民的服务质量
新加坡	《智慧国家 2025 计划》	2014	让新加坡公民、政府和公共服务以前所未有的方式连接起来，使各个机构和公民能在数据开放中获益。"智慧国家"对于公民、企业及其合作伙伴具有重要意义

续表

国家	数字政府战略	发布年份	主要内容
法国	《推动数字国家建设的行动计划》	2015	一是通过创建普遍利益数据的概念来促进数据经济。二是通过鼓励传统企业与初创企业之间的合作,围绕开放式创新建立真正的联盟。三是通过公开传播出版物和研究数据来鼓励开放科学等
德国	《数字化战略 2025》	2016	对数字化政府等重点领域的目标进行了描述,并提出了具体而又极具针对性的实施措施,对加速德国"工业 4.0"落地具有重要作用
丹麦	《数字战略 2016-2020》	2016	是对《数字政府战略 2011-2015》的延续和发展,规定了丹麦公共部门数字化工作的过程及其与企业和行业的互动,旨在为建立强大而安全的数字丹麦奠定基础
瑞典	《数字战略:瑞典可持续数字转型》	2017	概述了政府数字政策的重点,表达了瑞典实现可持续的数字变革的愿景。总目标是使瑞典在利用数字变革的机会方面成为世界的领先者
澳大利亚	《2025 政府数字转型战略》	2018	主要职责是通过作为开放式政府数据的中央数据库改善公共服务的交付,为用户和整个社会创造新的价值。战略愿景是为了全体澳大利亚人的利益,到 2025 年将澳大利亚建设为全球三大领先数字政府之一

资料来源:中央党校(国家行政学院)电子政务研究中心:《2019 数字政府发展报告》,2019。

第二节 中国数权制度

数权保护已然成为当今社会不可避免的重大议题，世界绝大多数国家通过国内立法来加强数权保护，以达到保护数权人权利的目的。在新一轮科技革命和产业变革的关键节点上，我国牢牢把握数字化、网络化、智能化发展机遇，积极应对大数据发展在法律、安全、政府治理等方面的挑战。数权保护法律制度已初具规模：从刑法、民法到行政法，从人大立法到部门规章再到行业标准，从数据共享开放到数据安全管理再到数字政府治理，等等，形成了独具"中国之治"特色的数权保护法律规范体系。

（一）数权法律保护体系

国家层面，涉及数权保护的规定主要分布在宪法、刑法、民法和其他法律等中（见表5-7）。但是，目前所有涉及数权保护的法律法规都未对数权做出界定，亦没有给出应保护的数权范围，缺乏系统性、体系性和连贯性，存在保护范围的有限性和保护标准的模糊性等缺陷。

1. 宪法保护

《宪法》的规定是个人信息数据权利的保护基础，《宪法》第38条的"人格尊严"条款提供了包括信息数据保护权在内的与人格所涉的新型基本权利的解释空间。《宪法》第33条的"国家尊重和保障人权"条款为我国宪法上的概括性权利条款，是信息数据保护权作为一项未列举基本权利得以存在的主要依据。同时还可参考《宪法》第37条的人身自由不受侵犯，第39的住宅不受侵犯，第40条的通信自由与通信秘密受法律保护，第41条的批评、建议、申诉、控告以及检举的权利等。这些具体的基本权利条款与信息数据保护权有直接或间接的联系；这些具体基本权利的实现是信息自决权得以实现的有力保障。从本质上来说，信息数据保护权体现着基本权利的核心内容，即人性尊严与人格独立。信息数据保护是社会民主的必要，是公民自治的前提，是民主社会中个体自由实现的有力保障；同时，也是基本权利体系适应信息社会发展的必然结果。[1]

2. 刑法保护

侵害公民个人信息的行为已远非民事法律、行政法律所能抑制。2009年通过的《刑法修正案（七）》和2015年通过的《刑法修正案（九）》都专门对个人信息数据犯罪做了相关规定。《刑法修正案（七）》在第253条新增了出售、非法提供公民个人信息罪和非法获取公民个人信息罪。《刑法修正案（九）》对个人信息安全

---

[1] 李爱君：《中国大数据法治发展报告》，法律出版社，2018，第24页。

犯罪有了较大幅度的修改和完善。首先，对第253条之一做了部分修改，取消了出售、非法提供个人信息罪和非法获取公民个人信息罪，新增了侵犯公民个人信息罪。[1]针对这一罪名，主要是在《刑法修正案（七）》的基础上，扩大了犯罪主体的范围，不再仅限于国家机关或者金融、电信、交通、教育、医疗等单位的工作人员，而且对于上述工作人员犯侵犯公民个人信息罪加重处罚。其次，在第286条增加了拒不履行信息网络安全管理义务罪，第287条增加了非法利用信息网络罪、帮助信息网络犯罪活动罪，[2]极大地规范和保护了公民数据权。在大数据时代，从刑法角度加大对个人信息保护的力度是完全有必要的，表明了我国在尊重人权和公民个人信息保护上所做出的努力，具有重要意义。

3. 民法保护

2010年颁布实施《侵权责任法》，首次将"隐私权"确立为民事权益，第36条对"网络侵权责任"做出规定，打破以往对公民在网络中的隐私权的间接保护，进一步明确了网络用户、网络服务提供者侵犯他人隐私权应承担的法律责任。2014年新修订的《消费者权益保护法》是我国专门立法中第一次详细规定个人信息保护，第14条、第29条、第50条分别规定了"个人信息依法得到保护的权利""经营者收集个人信息时应遵循的原则和义务""当事

1　参见2015年10月30日最高人民法院、最高人民检察院发布的《关于执行〈中华人民共和国刑法〉确定罪名的补充规定（六）》（法释〔2015〕20号）。

2　姚岳绒：《宪法视野中的个人信息保护》，华东政法大学博士学位论文，2011，第22～23页。

人的权利救济",为消费者个人信息保护提供了直接的规定。2017年3月通过的《民法总则》首次将"自然人的个人信息"列入民事权利,第110条规定,自然人享有姓名权、肖像权、名誉权、荣誉权、隐私权;第111条规定,"自然人的个人信息受法律保护。任何组织和个人需要获取他人个人信息的,应当依法取得并确保信息安全,不得非法收集、使用、加工、传输他人个人信息,不得非法买卖、提供或者公开他人个人信息";第127条直接对数据的法律地位做出了回应,规定"法律对数据、网络虚拟财产的保护有规定的,依照其规定"。这一举措标志着数据正式进入民法调整和保护的范围,彰显了《民法总则》的时代特征。

4. 其他法律保护

数权保护是一项复杂的系统工程,除涉及宪法、刑法、民法外,还涉及诸多法律的调整。大致可分为三类:一是普遍适用的法律保护,如《护照法》《统计法》《保守国家秘密法》《居民身份证法》《国家安全法》等,这类法律对个人信息的保护一般以指导性、框架性、原则性条款为主。二是针对特定人群的个人信息保护,如《未成年人保护法》《妇女权益保障法》等,这类法律通过保护特定人群的个人信息,进而保护其人格、尊严、自由不受侵犯,强调其合法权益依法享有。三是针对特定领域的个人信息保护,如《执业医师法》《律师法》《传染病防治法》《邮政法》《商业银行法》《网络安全法》《电子签名法》《密码法》等,这类法律从"量"来看是最多的,涉及的行业和领域也是最广的。其法律规定的内容具有较强的专业性、可执行性与可操作性,在中国数

权法律保护体系中具有不可替代的重要作用。可以说，三类法律
制度都从各自层面对数权保护做出了相关规定，有效保护了公民、
法人和其他组织的合法权益，促进了经济社会的健康有序发展。

表 5-7　中国数权保护相关法律条款

法律类别	法律名称	实施日期	相关条款
宪法	《宪法》	2018 年 3 月 11 日	第 33 条、第 37 条、第 38 条、第 39 条、第 41 条
刑法	《刑法》	2017 年 11 月 4 日	第 253 条之一、第 286 条、第 286 条之一、第 287 条、第 287 条之一、第 287 条之二
民法	《侵权责任法》	2010 年 7 月 1 日	第 2 条、第 36 条
	《消费者权益保护法》	2014 年 3 月 15 日	第 14 条、第 29 条、第 50 条
	《民法总则》	2017 年 10 月 1 日	第 110 条、第 111 条、第 127 条
其他法律	《护照法》	2007 年 1 月 1 日	第 12 条、第 20 条
	《执业医师法》	2009 年 8 月 27 日	第 22 条、第 37 条
	《统计法》	2010 年 1 月 1 日	第 9 条、第 25 条、第 37 条、第 39 条
	《保守国家秘密法》	2010 年 10 月 1 日	第 23 条、第 24 条、第 25 条、第 26 条
	《居民身份证法》	2012 年 1 月 1 日	第 6 条、第 13 条、第 19 条、第 20 条
	《传染病防治法》	2013 年 6 月 29 日	第 12 条、第 68 条、第 69 条
	《邮政法》	2015 年 4 月 24 日	第 7 条、第 35 条、第 36 条、第 76 条

续表

法律类别	法律名称	实施日期	相关条款
其他法律	《国家安全法》	2015 年 7 月 1 日	第 51 条、第 52 条、第 53 条、第 54 条
	《商业银行法》	2015 年 10 月 1 日	第 6 条、第 29 条
	《网络安全法》	2017 年 6 月 1 日	第 10 条、第 18 条、第 21 条、第 22 条、第 27 条、第 37 条、第 40 条、第 41 条、第 42 条、第 43 条、第 44 条、第 45 条、第 66 条、第 76 条
	《律师法》	2018 年 1 月 1 日	第 38 条、第 48 条
	《电子签名法》	2019 年 4 月 23 日	第 15 条、第 27 条、第 34 条
	《密码法》	2020 年 1 月 1 日	第 1 条、第 2 条、第 7 条、第 8 条、第 12 条、第 14 条、第 17 条、第 30 条、第 31 条、第 32 条

（二）数据安全立法实践

没有数据安全就没有国家安全。解决数据安全问题，立法是根本，只有在法治的轨道上才能实现大数据应用与安全的平衡，才能在应用大数据的同时，保证国家、公共利益和个人的安全。目前我国正在抢抓大数据发展机遇，积极探索和布局数据安全立法，形成了"国家推动、地方先行、专家呼吁"的数据安全立法良好生态。

1. 国家立法实践

大数据时代，数据安全问题不仅严重影响大数据产业的健康发展，甚至对国家安全构成了严重威胁，数据安全因此成为大数据时代信息安全领域最为紧迫的核心问题之一。2015年9月5日，国务院印发《促进大数据发展行动纲要》明确规定，完善法规制度和标准体系，科学规范利用大数据，切实保障数据安全。2017年12月8日，习近平总书记在中共中央政治局就实施国家大数据战略进行第二次集体学习时指出："要切实保障国家数据安全。要加强关键信息基础设施安全保护，强化国家关键数据资源保护能力，增强数据安全预警和溯源能力。要加强政策、监管、法律的统筹协调，加快法规制度建设。要制定数据资源确权、开放、流通、交易相关制度，完善数据产权保护制度。"这要求我们必须坚持总体国家安全观，树立正确的网络安全观，坚持安全与发展并重，加速构建大数据安全保障体系，保障国家大数据发展战略顺利实施。

《网络安全法》是我国应对国际网络空间安全挑战、维护网络空间主权、保障公民网络空间合法权益不受侵害的法律利器。作为我国网络安全领域的首部法律，《网络安全法》在网络数据安全和网络信息安全等方面做出了明确规定，为促进数据利用、保障数据安全、维护国家数据主权奠定了法治基础。《网络安全法》第21条要求网络运营者采取数据分类、重要数据备份和加密等措施，防止网络数据被窃取或者篡改。第37条、第38条要求关键信息基础设施的运营者在境内存储公民个人信息等重要数据，确需在境外存储或者向境外提供的，应当按照规定进行安全评估。第40条至第45条，规定了网络运营者应当对其收集的用户信息严格保密，建立健全用户信息保护制度，不得违法、违约收集、使用、处理他人的个人信息，防止公民个人信息数据被非法获取、泄露或者非法使用。第47条明确规定了网络运营者处置违法信息的义务：网络运营者发现法律、行政法规禁止发布或者传输的信息的，应当立即停止传输，采取消除等处置措施，防止信息扩散，保存有关记录，并向有关主管部门报告。[1]可以说，《网络安全法》为我国数据流通交易留下了发展空间，也为公民个人信息保护提供了强有力的保障。

密码是国家重要战略资源，直接关系到国家数据安全。2019年10月26日，《密码法》正式发布，标志着密码将成为保障我国数据安全的核心技术和位于数据安全的核心地位。《密码法》共五章四十四条，对密码工作的领导和管理体制、密码的分类管理原则、密码的场景应用、密码的发展促进和保障措施等做出了明确规定。在法律衔接方面，《密码法》与《网络安全法》《保守国家秘密法》等法律法规做了较好衔接，同时也为后续《数据安全法》和《个人信息保护法》奠定了密码基础。《密码法》作为我国密码领域的第一部法律，其出台意味着数据加密保护将有法可依，全网"裸奔"和数据滥用的时代即将结束，各种数据加密保护的密码应用将得到普及，从而使得我国的互联网更加安全可控，将有力地推动我国互联网的健康持续发展，对加强和推动我国数据安全保护具有重要意义。

1　李爱君：《中国大数据法治发展报告》，法律出版社，2018，第27页。

2019年5月28日，国家《数据安全管理办法（征求意见稿）》（以下简称《办法》）正式发布。《办法》根据《网络安全法》等法律法规制定。从内容看，《办法》主要针对重要数据和个人信息的安全管理和安全保护等内容作出了调整，明确了个人信息和重要数据的收集、处理使用和安全监督管理的相关标准，提出网络运营者以经营为目的收集重要数据或个人敏感信息，应向所在地网信部门备案，网络运营者通过网站、应用程序等产品收集使用个人信息，应当分别制定并公开收集使用规则。2018年，欧盟出台《一般数据保护条例》，被认为是史上最严格的数据法规，它不仅对个人数据权利保护做出了详细说明，还对违规行为制定了严格的处罚措施。《办法》公布后，有从业者表示《办法》将比《一般数据保护条例》还要严格。此外，2018年9月，《数据安全法》被正式列入十三届全国人大常委会立法规划，数据安全立法成为国家战略。2019年3月4日，在十三届全国人大二次会议新闻发布会上，发言人张业遂表示2019年将推进《数据安全法》立法工作，提高防范和抵御安全风险的能力。

2. 地方立法探索

地方立法有灵活性高、试错成本低、特色鲜明等独特优势，不仅为属地探索创新试验和推动社会发展提供了有力的制度保障，而且为开辟"中国之治"新境界积累了许多宝贵的经验，在全面落实依法治国基本方略过程中凸显了殊为重要的价值，发挥了不可替代的积极作用。数据安全是大数据发展应用的前提，没有数据安全，大数据发展应用就不可持续，大数据产业就不可能健康发展。贵州、天津是大数据地方立法的排头兵和领头雁，是国家大数据综合试验区的主战场，截至2019年11月，两地已率先制定大数据地方立法6部，其中贵州5部、天津1部。地方立法的出台，对津、黔两地大数据产业发展，特别是数据安全管理提供了科学指导和法治保障。上海、重庆、浙江、福建等地围绕数据安全管理、数据共享开放、数据应用与服务等方面也纷纷出台了相关的政府规章（见表5-8）。这些地方数权立法实践，在一定程度上规范了数据的采集、使用、处理行为，保障了数据安全，维护了数权人的合法权益。

贵州省是国内最早发展大数据的地区之一，2013年是大数据发展的谋划之年，2014年正式启航，几乎与广东、京津地区处于同维度中，属于大数据发展"第一阵营"序列。2016年1月，贵州省率先出台中国首部大数据地方法规《贵州省大数据发展应用促进条例》，对大数据安全管理做出原则性、概括性、指引性规定（第4条、第29条、第31条、第32条、第33条）。"在快速发展中，大数据安全问题日益显现：一是大数据安全风险大量存在，二是大数据安全要求与共享开放需求矛盾凸显，三是大数据安全法规尚待完善。"[1]为此，贵州省十三届人大常委会立法工作会议专门指出，"要抓紧研究出台我省大数据安全保障方面的地方性法规"。2019年8月，贵州省再次率先出台中国首部省

---

1 贵州省人大常委会法制工作委员会：《〈贵州省大数据安全保障条例〉解读》，《贵州日报》2019年9月26日。

级层面大数据安全保障法规《贵州省大数据安全保障条例》(以下简称《条例》)。《条例》在《贵州省大数据发展应用促进条例》的基础上，进一步细化了大数据安全保障的相关问题，对大数据安全责任人的安全责任、监督管理、法律责任等进行了明确，体现了发展与安全并重、以安全保发展、以发展促安全的理念。《条例》围绕构建大数据安全保护"八大体系"[1]，着力提升全社会大数据安全综合防御能力和治理能力，回应了大数据产业发展过程中的三个核心问题："一是正视大数据产业发展以来，注重促进产业发展而忽视安全保障的问题，专门对大数据安全保障进行立法；二是正视大数据产业发展与应用过程中监管层面存在的'九龙治水'问题，明确了大数据安全监管主体及其具体职责；三是明确了共享开放与安全保障的关系。"[2]《条例》的实施，对保障大数据安全和个人信息安全、明确大数据安全责任、促进大数据发展应用具有重要意义，为国家大数据安全立法和个人信息保护立法奠定了坚实的理论基础和实践基础。

贵阳市作为国家大数据(贵州)综合试验区核心区，始终把"制度创新"作为"中国数谷"建设的重要战略任务，提出了

1　大数据安全保护"八大体系"是指：大数据安全保护组织体系、大数据安全预防保护体系、大数据安全监管保护体系、大数据安全应急处置体系、大数据安全综合防护体系、大数据安全技术服务体系、大数据安全人才教育训练体系、大数据安全工作支撑体系。

2　何星辉：《我国大数据安全保护层面首部地方性法规正式实施　贵州大数据产业发展不再"九龙治水"》，《科技日报》2019 年 10 月 14 日。

"1+1+3+N"[1]的大数据安全发展顶层设计，致力于打造全国大数据及网络安全先行区和示范区。2017年5月贵阳市正式获公安部批准建设全国首家"大数据及网络安全示范试点城市"，标志着贵阳市将在大数据安全领域做出全新探索，开创属于大数据安全的城市新模式。2018年贵阳市根据《网络安全法》等相关法律法规的规定，结合工作实际，制定出台了《贵阳市大数据安全管理条例》，并于2018年10月1日起正式实施，包括总则、安全保障、监测预警与应急处置、监督检查、法律责任、附则六章三十七条。在安全保障方面，明确"安全责任单位的法定代表人或者主要负责人是本单位大数据安全的第一责任人。安全责任单位应当制定完善访问控制策略，采取授权访问、身份认证等技术措施，防止未经授权查询、复制、修改或者传输数据；对个人信息和重要数据实行加密等安全保护，对涉及国家安全、社会公共利益、商业秘密、个人信息的数据依法进行脱敏脱密处理"。[2]作为国内首部大数据安全管理的地方性法规，该条例既依据网络安全法从制度层面细化了政府及主管部门责任，又实现了对重要大数据安全风险的全

1　"1+1+3+N"：第一个"1"即"大数据及网络安全示范试点城市"已实现落地，成为推动大数据安全发展的载体；第二个"1"即贵阳要构建一个大数据安全靶场，围绕未来互联网安全、大数据安全构建一个集商业化和民用于一体，能够对不同产品、技术或者是服务提供认证和安全验证的场所；"3"是要构建"城市安全态势感知中心""城市安全监管中心""大数据安全创新中心"；"N"则是指在不同领域、不同行业围绕数据安全以及网络安全构建不同的平台。

2　《〈贵阳市大数据安全管理条例〉10月起施行》，《贵阳日报》2018年8月16日。

天候实时、动态监测，对推动国家大数据产业发展和大数据安全法治建设具有重要意义。此外，《贵阳市政府数据共享开放条例》（2017年）第24条、第25条，《贵阳市健康医疗大数据应用发展条例》（2018年）第26条，《天津市促进大数据发展应用条例》（2018年）第46条至第51条，都对数据安全管理做出了明确规范。这些地方立法的颁布实施，对增强全社会数据安全意识、提升全社会数据安全防护能力、推动形成"数据安全，人人有责"的良好法治生态具有重要作用，为国家数据安全有关法律法规的制定提供了有益借鉴与参考、贡献了地方智慧。

3. 专家立法建议

随着国家推进数据安全专项立法工作的条件日渐成熟，社会各界对数据安全立法呼声亦越来越高。近年全国"两会"期间，有多位人大代表、政协委员强烈呼吁出台国家层面的数据安全立法。全国人大代表郑杰提出，数据安全关系网络安全、国家安全、公民个人隐私权益和社会安全稳定，应加快制定数据安全法。他建议："要确立数据主权，明确数据安全法的管辖范围；明确境内运营中收集和产生的个人信息和重要数据应当在境内存储；完善数据出境安全评估机制，将机制的适用范围从网络安全法规定的关键信息基础设施运营者拓展至网络运营者；要将相关国家、企业、组织、公民利益的数据活动纳入数据安全法管辖范围。"[1]

---

[1] 赵莹莹：《多位代表建议加快数据安全立法 在数据保护前提下率先开放交通等数据》，《北京晚报》2019年3月7日。

全国政协委员连玉明针对数据安全立法提交了《关于数据安全立法的提案》（2018年3月）、《关于加快〈数据安全法〉立法进程的提案》（2019年3月）。提案呼吁国家相关部门加大数权、数权制度和数权法理论研究的力度，积极开展《数据安全法》立法协商，抓紧组织起草《数据安全法（草案）》，强化数据跨境管辖权，牢牢把据数据安全规则制定权和国际话语权，为推进互联网全球治理法治化贡献中国智慧、提供中国方案。提案还对数据安全立法需要涵盖的要素做了描述："一是立法宗旨，包括维护国家安全、社会公共利益，保护公民、法人和其他组织的合法权益，促进数据开放共享和发展应用。二是坚持安全与发展并重，遵循政府主导、审慎监管、保护创新、权责统一、风险可控的原则。三是调整范围、重点和监管主体，调整范围即数据采集、存储、流通和应用中的安全保障，调整的重点涉及国家利益、公共安全、商业秘密、个人隐私和军工科研生产的数据信息。与网络安全法不同的是，监管主体的缺失是数据安全立法的难点。四是标准体系，促使相关利益主体先行先试建立数据安全的四个标准，即数据安全基础标准、数据安全技术标准、数据安全管理标准和数据安全应用标准。五是等级保护，对保密数据和敏感数据实行更高规格的安全等级保护制度，实行关键信息基础设施等级划定与数据安全等级保护相匹配。六是风险评估，建立数据安全风险强制性评估制度，推动数据安全认证和数据安全检测制度化。七是限制条件，探索四类数据的限定性规定。第一类是可以在国外服务器上存储的数据；第二类是必须在国内自主可控的服务器上存储的数据；第三类是必须进行备份存储的数据；第四类是限制出境，不能向境外流通的数据。"[1]

此外，齐爱民、盘佳围绕大数据安全构建了一套法律保障机制，提出了大数据安全法律保障机制的基本原则和具体构架（由总则、私法机制、刑法机制、行政法机制和国际法机制组成），并认为保障数据安全"不仅在于给予数据充分有效的保护，同时亦能促进数据资源的开发、流通和利用，从而实现二者利益之间的合理平衡"。[2]研究发现，专家学者对数据安全立法的研究主要有三大方向：一是对信息、隐私、数据、数权、数据权、数据库权等基本概念和基本权利的研究；二是对数据安全存在的主要问题、挑战及其防范、处理进行研究；三是对数据安全立法的必要性、可行性、立法时机、立法条件及可能的障碍进行研究。这些研究从事理、学理、法理、律理等层面构建了数据安全立法的理论生态，为地方和中央数据安全立法奠定了理论基础和法理基础。

表5-8 中国地方数权立法

法规名称	发布机构	发布时间	实施时间
地方性法规			
《贵州省大数据发展应用促进条例》	贵州省人大（含常委会）	2016年1月15日	2016年3月1日
《贵阳市政府数据共享开放条例》	贵阳市人大（含常委会）	2017年4月11日	2017年5月1日

1　钟广平：《全国政协委员连玉明：建议加快数据安全立法》，《中国广播影视》2018年第6期。

2　齐爱民、盘佳：《大数据安全法律保障机制研究》，《重庆邮电大学学报》（社会科学版）2015年第3期。

续表

法规名称	发布机构	发布时间	实施时间
《贵阳市大数据安全管理条例》	贵阳市人大（含常委会）	2018年8月2日	2018年10月1日
《贵阳市健康医疗大数据应用发展条例》	贵阳市人大（含常委会）	2018年10月9日	2019年1月1日
《天津市促进大数据发展应用条例》	天津市人大（含常委会）	2018年12月14日	2019年1月1日
《贵州省大数据安全保障条例》	贵州省人大（含常委会）	2019年8月1日	2019年10月1日
《贵州省政府数据共享开放条例（草案）》	贵州省人大（含常委会）	—	—
地方政府规章			
《浙江省地理空间数据交换和共享管理办法》	浙江省人民政府	2010年5月4日	2010年7月1日
《青海省地理空间数据交换和共享管理办法》	青海省人民政府	2015年10月14日	2015年12月1日
《福建省政务数据管理办法》	福建省人民政府	2016年10月15日	2016年10月15日
《湖南省地理空间数据管理办法》	湖南省人民政府	2017年3月3日	2017年4月1日
《浙江省公共数据和电子政务管理办法》	浙江省人民政府	2017年3月16日	2017年5月1日
《贵阳市政府数据资源管理办法》	贵阳市人民政府	2017年11月23日	2018年1月1日
《江西省地理信息数据管理办法》	江西省人民政府	2017年12月26日	2018年3月1日
《贵阳市政府数据共享开放实施办法》	贵阳市人民政府	2018年1月12日	2018年3月1日

法规名称	发布机构	发布时间	实施时间
《成都市公共数据管理应用规定》	成都市人民政府	2018 年 6 月 6 日	2018 年 7 月 1 日
《贵阳市政府数据共享开放考核暂行办法》	贵阳市人民政府	2018 年 6 月 27 日	2018 年 9 月 1 日
《宁夏回族自治区政务数据资源共享管理办法》	宁夏回族自治区人民政府	2018 年 9 月 4 日	2018 年 11 月 1 日
《上海市公共数据和一网通办管理办法》	上海市人民政府	2018 年 9 月 30 日	2018 年 11 月 1 日
《海南省大数据管理局管理暂行办法》	海南省人民政府	2019 年 5 月 21 日	2019 年 5 月 21 日
《天津市数据安全管理办法（暂行）》	天津市互联网信息办公室	2019 年 6 月 26 日	2019 年 8 月 1 日
《重庆市政务数据资源管理暂行办法》	重庆市人民政府	2019 年 7 月 31 日	2019 年 7 月 31 日
《上海市公共数据开放暂行办法》	上海市人民政府	2019 年 8 月 29 日	2019 年 10 月 1 日

（三）数字政府治理制度

中国政府高度重视网络安全和信息化工作，对加快数字中国建设做出了一系列重要部署。"十三五"规划中提出实施网络强国战略，加快建设数字中国。《国家信息化发展战略纲要》中把数字中国建设和发展信息经济作为信息化工作的重中之重。《"十三五"国家信息化规划》细化了数字中国的建设目标。党的十九大报告进一步要求推动建设数字中国。[1] 刚闭幕的十九届四中全会则明确提出推进数字政府建设。作为数字中国体系的有机组成部分，数字政府是提升国家治理体系和治理能力现代化的战略支撑。数字政府治理是"中国之治"的重要内容。数字政府治理是一种管理水平同现代科学技术相匹配的新型公共治理方式，也是同数字文明时代公众基本服务需求和权利诉求相适应的公共治理形态。与传统治理模式相比，数字政府治理呈现出一系列新的转变与特征，即由封闭转为开放、由单向转为协同、由权力治理转为数据治理。

随着国家"数字中国"战略深入推进，广西、广东、浙江、湖北、福建等省份相继出台了数字政府规划或相关政策规定（见表5–9）。广西壮族自治区人民政府于2018年8月29日发布《广西推进数字政府建设三年行动计划（2018—2020年）》，提出"到2020年，初步建成决策分析科学化、内部管理精细化、公共服务高效化的数字政府"的工作目标，对推进一体化基础支撑体系建设、推进数据资源共享开放、推进"互联网＋政务服务"、推进宏观决策大数据应用、推进数字化市场监管、推进数字化自然资源监管、推进数字化生态环境治理等七项主要任务做出了具体安

1　中央党校（国家行政学院）电子政务研究中心：《2019数字政府发展报告》，2019。

排。广东省人民政府于2018年10月26日发布《广东省"数字政府"建设总体规划（2018—2020年）》，提出到2020年底，建立整体推进、政企合作、管运分离的"数字政府"管理体系和整体运行、共享协同、服务集成的"数字政府"业务体系，构建统一安全的政务云、政务网，建设开放的一体化大数据中心、一体化在线政务服务平台，建成上接国家、下联市县，横向到边、纵向到底全覆盖的"数字政府"。浙江省人民政府于2018年12月28日发布《浙江省深化"最多跑一次"改革 推进政府数字化转型工作总体方案》，提出"到2020年底，初步形成纵向贯通、横向协同、上接国家、覆盖全省的数字政府体系"的总体目标。在数字政府总体框架设计上，提出"四横三纵"的数据平台架构，按照统分结合的原则建立层级架构。湖北省人民政府于2019年1月发布《湖北省人民政府关于推进数字政府建设的指导意见》和《湖北省推进数字政府建设实施方案》，在基础设施集约化支撑、政务服务一体化建设、协同办公智能化融合、政府治理科学化决策、工作机制系统化保障等五个方面进行了具体部署。福建省人民政府于2019年3月20日发布《2019年数字福建工作要点》，在精心办好第二届数字中国建设峰会、优化升级信息化基础设施、全面提升电子政务服务水平、实施数字经济领跑行动、强化实施保障等五个方面提出了具体工作要求。[1]

---

[1] 中央党校（国家行政学院）电子政务研究中心：《2019数字政府发展报告》，2019。

表 5-9 中国地方数字政府规划

法规名称	发布机构	发布时间
《广西推进数字政府建设三年行动计划（2018—2020 年）》	广西壮族自治区人民政府	2018 年 8 月 29 日
《广东省"数字政府"建设总体规划（2018—2020 年）》	广东省人民政府	2018 年 10 月 26 日
《浙江省深化"最多跑一次"改革 推进政府数字化转型工作总体方案》	浙江省人民政府	2018 年 12 月 28 日
《湖北省人民政府关于推进数字政府建设的指导意见》	湖北省人民政府	2019 年 1 月 15 日
《湖北省推进数字政府建设实施方案》	湖北省人民政府	2019 年 1 月 15 日
《山东省数字政府建设实施方案（2019—2022 年）》	山东省人民政府	2019 年 3 月 13 日
《2019 年数字福建工作要点》	福建省人民政府	2019 年 3 月 20 日
《宁夏回族自治区加快推进"数字政府"建设工作方案》	宁夏回族自治区人民政府	2019 年 6 月 24 日

实现政府数据开放共享，是数字政府治理最紧迫的任务之一。国家层面，我国于2007年4月5日正式颁布《政府信息公开条例》，要求各行政部门依照法定程序向社会公开政府信息。2015年8月31日，国务院出台《促进大数据发展行动纲要》，提出"加快建设国家政府数据统一开放平台，制定公共机构数据开放计划"。2016年9月5日，国务院印发《政务信息资源共享管理暂行办法》，在国家层面对政务信息共享进行统一规定，从制度上打破了各行政机关条块分割、各行其是的局面，强制规定不予共享的资源必须有

充分的依据，以规避行政部门无理由拒不提供共享资源。2019年10月，中共十九届四中全会提出"加快推进全国一体化政务服务平台建设"，更好为企业和群众提供全流程一体化政务服务，推动政府治理现代化。随着国家治理能力的提升和社会信息化的快速发展，《政府信息公开条例》（2008年）在实施过程中遇到一些新情况、新问题，为此，2019年国家对《政府信息公开条例》进行了修订和完善。修订后的《政府信息公开条例》于2019年5月15日起施行。条例修订主要包括三个方面内容：一是坚持公开为常态、不公开为例外，明确政府信息公开的范围，不断扩大主动公开。二是完善依法申请公开程序，切实保障申请人及相关各方的合法权益，同时对少数申请人不当行使申请权，影响政府信息公开工作正常开展的行为做出必要规范。三是强化便民服务要求，通过加强信息化手段的运用提高政府信息公开实效，切实发挥政府信息对人民群众生产、生活和经济社会活动的服务作用。[1]

　　地方层面，北京、武汉、上海分别于2008年、2015年、2016年陆续颁布相应的政务数据资源共享管理办法（见表5-10）。贵阳于2017年出台中国首部政府数据开放的地方性法规《贵阳市政府数据共享开放条例》，要求政府向社会开放政府数据，并将政府数据共享开放工作、经费、目标考核纳入法制化管理，确保政府数据共享开放可持续推进。该条例的实施，意味着政府数据的共享开放，不

1　吴姗：《李克强签署国务院令　公布修订后的〈中华人民共和国政府信息公开条例〉》，《人民日报》2019年4月16日。

再是愿不愿、想不想的事，而是必须合法合规且有序地进行共享和开放。截至2019年11月13日，全国首个地级市一体化政府数据开放平台"贵阳市政府数据开放平台"已开放11729739条数据、3078个数据集、480个API（应用程序编程接口），涉及51个市级部门、13个区县，[1]任何人都可以根据主题、行业、领域、部门、区县等方式进行分类检索，获取平台上的所有政府数据。2019年5月，贵州省发布《贵州省政府数据共享开放条例（草案）》（征求意见稿）（以下简称《条例（草案）》）。《条例（草案）》共有八章四十四条，对政府数据资源管理、共享、开放、应用、监督管理、法律责任等方面做了明确规定。在数据共享方面，《条例（草案）》明确提出，数据共享遵循"共享为原则，不共享为例外"，分为无条件共享、有条件共享和不予共享三种类型。在数据开放方面，《条例（草案）》指出，数据开放分为无条件开放、有条件开放和不予开放三种类型。贵州省大数据地方立法的生动实践，可以说是牵住了政府数据共享开放这一"牛鼻子"，以政府数据共享开放引领、示范和带动全社会数据共享开放，为全国各地形成了可复制、可推广的"贵州经验"。

此外，我国台湾地区，各机关间共享政府数据已经行之有年，自2013年以来积极推进政府数据开放政策，发布了《政府资料开放作业原则》《政府资料开放管理要项》《政府资料开放平台资料使用规范》《政府资料开放授权条款—第1版》等一整套政府数据

1　数据来自"贵阳市政府数据开放平台"，参见 http://www.gyopendata.gov.cn/city/index.htm。

开放的实施细则。2015年12月9日，"开放知识基金会"公布政府
数据开放国际评比结果，台湾地区排名第一。[1]

表5-10 中国地方政府数据共享开放制度

省市	共享开放制度	核心内容	颁布年份
北京	《关于加强政务信息资源共享工作的若干意见》	提出信息资源库建设与维护统筹规划，同时通过共享查询方式判断，避免重复建设；明确采集职责；提供方及时、全面、免费提供共享资源；提供方与需求方签订保密协议	2005
	《北京市信息化促进条例》	对政务信息进行规范管理，对已建信息化工程进行整合，统一建设政务信息共享交换平台，引导和规范信息资源的增值利用，推广信息技术应用，实行安全等级保护制度	2007
	《北京市政务信息资源共享交换平台管理办法》	要求市级机关通过市共享平台共享资源，区县共享平台与市共享平台对接，规定需求方未经允许不得将共享数据提供给第三方，提出共享平台的安全运行维护要求	2008
	《关于促进信息消费扩大内需的实施意见》	提高本市信息消费和供给能力，拉动信息产业升级，完善下一代信息基础设施，促进公共信息资源共享，鼓励社会进行增值开发	2014
	《北京市大数据和云计算行动计划》	提出数据开放目标，开放单位和数据开放率2020年分别达到90%和60%，同时提升数据开放质量和使用效率	2016

---

1 连玉明:《大数据蓝皮书:中国大数据发展报告 No.1》，社会科学文献出版社，2017，第88页。

省市	共享开放制度	核心内容	颁布年份
北京	《北京市"十三五"时期信息化发展规划》	制定公共数据开放计划和清单；以公共数据开放引导社会数据开放和融合；建设数据交易中心	2016
上海	《上海推进大数据研究与发展三年行动计划（2013—2015 年）》	分析上海的优势与不足，优势是数据资源丰富、研究实力雄厚、数据产业初现轮廓，不足是数据产业不足、关键技术储备不足、产业链未形成，并提出以签订协议规范数据共享的推进机制	2013
	《上海市关于推进政府信息资源向社会开放利用工作实施意见》	提出以应用为导向，积极审慎、循序渐进地促进使用公共财政资金产生和收集的数据向社会开放，对于应当开放但条件不成熟的数据创造条件开放，并引导鼓励社会进行增值开发	2014
	《上海市政务数据资源共享和开放 2015 年度工作计划》	要求完善三大基础数据库，各部门梳理数据资源并结合 2015 年度重点开放领域制定本部门开放清单，要求汇聚分析社会需求，提升数据服务质量，拓展除数据服务网外的其他开放渠道	2015
	《上海市政务数据资源共享和开放 2016 年度工作计划》	对新建的不支持共享的信息化项目不予以审批，重点以接口方式开放实时动态的数据，敏感数据脱敏后开放，安全性等要求较高的数据依法申请开放，将共享开放工作纳入考核，2016 年重点开放领域以"城市安全"为主题	2016

续表

省市	共享开放制度	核心内容	颁布年份
上海	《上海市大数据发展实施意见》	研究出台开放数据制度规范，加强质量管理和交叉检验，开展共享开放绩效评估，鼓励社会数据开放共享，引导商业数据流通	2016
	《上海市政务数据资源共享管理办法》	确定共享工作职责分工，要求行政机构不得重复采集数据，确定共享类型为普遍共享、按需共享、不共享三类	2016
贵阳	《关于加快推进大数据产业发展的若干意见》	提出到2017年，建成全球首个"块数据"公共平台	2015
	《贵阳市政府信息公开规定》修订	对各级政府职能增加共享信息的新要求	2015
	《贵阳国家高新区促进大数据技术创新十条政策措施》	鼓励并奖励企业开发利用开放数据，积极参与"痛客"大赛，针对"痛点"提出解决方案	2016
	《贵阳市人民政府推广中国（上海）自由贸易试验区可复制改革试点经验工作方案》	实现政府数据的聚、通、用；建立共享工作联席会议制度	2016
	《贵阳市政府数据共享开放条例》	文书证照类共享数据可作为行政依据，向社会公布共享目录和开放目录，按照开放目录以机读可复制方式通过开放平台开放数据，可申请开放目录内外应开放而未开放的数据	2017
武汉	《关于加快大数据推广应用 促进大数据产业发展的意见》	提出登记全市政府数据资产，建设数据交换平台、交易市场，实施应用示范工程，引导社会采集开放数据，并完善政府规章，健全安全保障体系	2014

省市	共享开放制度	核心内容	颁布年份
武汉	《武汉市大数据产业发展行动计划（2014—2018）》	率先开放政府数据，对政府数据资产进行集中管理，建立数据交易规则，以交易平台为媒介形成大数据产业链	2014
	《武汉市政务数据资源共享管理暂行办法》	行政机关对数据开展数字化改造和结构化处理，文书证照数据加盖电子印章并实时更新，数据分为非受限共享、受限共享和非共享三类	2015
台湾	《政府资讯公开法》	政府资讯应主动公开或应人民申请提供，政府机关可依照申请政府资讯的用途收取费用，费用标准由各政府机关制定，申请政府信息供学术研究或公益用途者其费用减免	2005
	《政府资料开放作业原则》	以开放为原则，敏感资料和其他特殊情形，书面叙明理由经首长核决后可不予开放；以"中央二级机关"为中心统筹规划，将资料列于政府开放资料平台；各机关开放的资料集，不得任意分割，确保其完整性、正确性和时效性；以无偿提供为原则，但有特殊业务需求者，约定收费方式及金额；各机关以价值利用为原则，订定数据使用规范和限制；各机关建立绩效管理及推广机制	2013
	《政府资料开放管理要项》	以部门为中心统筹规划所属机关资料集管理	2013

省市	共享开放制度	核心内容	颁布年份
台湾	《政府资料开放平台资料使用规范》	以无偿及非专属授权方式授权，不包含商标权和专利权，不限制使用者的时间、地域和使用方式；使用者发现错误遗漏应无偿提供资料帮助政府机关更正；使用者承担第三方利益损害的赔偿责任；政府机关不担保资料的完整性和正确性	2013
	《政府资料开放授权条款—第1版》	使用者不得转授权；使用者使用数据应明确标示原资料提供单位	2015

第三节　数权制度对互联网全球治理的特殊意义

　　数权法是参与全球治理的法理重器，是破解互联网全球治理难题的"金钥匙"。当前，互联网全球治理体系发展不均衡，规则不健全，秩序不合理，结构畸形、霸权宰制、法治贫困。[1]形式上技术社群自发制定规则，实则从源头上受到技术强国的霸权控制，形成国际互联网"伪去中心化"下的权力垄断。互联网不是法外之地，国际社会需要公正的互联网法治体系。为此，基于"数权—数权制度—数权法"的理论架构，对网络空间命运共同体的构建做出进一步阐述，并深刻研究数权法对推进互联网全球治理的特殊意义，以期为互联网全球治理指出法治之道，贡献"中国方案"。

1　支振锋：《互联网全球治理的法治之道》，《法制与社会发展》2017 年第 1 期。

（一）数权法的世界意义

1. 理念变革：从边界管理到主权治理

互联网全球治理最核心的问题是主权问题。网络主权[1]是推进互联网全球治理体系变革、实现良法善治的重要基石。尊重网络主权就是反对网络霸权。针对互联网全球治理，传统的法律规制和技术规制强调的是互联网的边界管理，构建自主可控的路由认证方法。然而，大数据时代各利益主体围绕数据的竞争与控制日益激烈，传统上基于国家、企业、个人的网络管理边界逐渐被打破，迫切需要一套基于主权治理的数据权属关系的重新界定与调和优化的全球化法律规制。网络主权作为数权法的核心要义和重要内涵，是互联网全球治理体系能够尊重相关国家主权、平等对话、实现网络空间共建共享的重要保障。数权法强调互联网全球治理一定是基于主权的治理，主权国家在合法合规的前提下享有网络管辖权、独立权、防卫权、平等权等。基于主权治理实现的互联网治理才是公正的互联网法治。

2. 制度变革：从霸权独裁到协商民主

"单边主义"是互联网全球治理面临的关键难题。互联网发达国家利用技术优势和强势话语权粗暴践踏国际正义，倡导网络自由主义，实施网络威慑战略，借助互联网推行网络意识形态霸权。

1　网络主权植根于现代法理，是国家主权在网络空间中的自然延伸和表现，是国家主权的重要组成部分。

中国立足全球互联网共商共享共治的大格局和大视野，倡导互联网全球治理应当坚持多方参与、多边参与，不搞单边主义，不搞霸权独裁，其治理要由各主权国家商量着办，充分发挥好政府、国际组织、互联网企业、技术社群、民间机构、公民个人等各个主体的作用。数权的本质是共享权。数权法是基于数权制度而形成的法律规范，先天具有利他主义基因的文化和协商民主的基础与特质。数权法在坚持网络主权的同时倡导多边主义，倡导协商民主，倡导国际合作，支持联合国协调互联网全球治理，充分体现全球范围内各利益攸关方的利益，旨在"找到最大公约数，画出最大同心圆"，共同携手建设网络空间命运共同体。

3. 结构变革：从去中心化到再中心化

互联网诞生于美国，网络技术架构使得互联网天生具有"去中心化"的独特品格。但从本质上看，这是一种误解。这里的"去中心"不是绝对的"去中心"，而是在以美国为"中心"的结构中的"去中心"。例如，全球互联网主要运行与管理机构就几乎全部掌控在以美国为首的西方国家手中，这就会造成部分利益攸关主体话语权缺失的情况，一是本国合法利益得不到保障，二是本国互联网发展道路与管理模式的自主权堪忧。数权法是以构建网络空间命运共同体为核心导向的互联网全球治理法治化解决方案。数权法强调网络结构是分散多中心化的，而不是绝对的去中心化，各主权国家可以基于本国的网络空间主权实现各节点的身份认证和账户管理。在分散多中心化的网络结构中，每个中心的地位平等、权重同等，不存在霸权与宰制，中心与中心之间没有绝对权威性存在。

4. 模式变革：从技术之治到良法善治

互联网发源于美国，其治理机制和治理模式多由技术社群自发组织。然而，这些技术社群多半是美国组织，其核心管理人员和科学家几乎都来自欧美等主要发达国家，他们崇尚自由、倡导互联网技术治理。技术没有国界，但是科学家拥有国籍。哪个国家的科学家掌管了互联网全球治理的核心技术和重要话语权，将直接影响这个国家的科技命运和网络安全。数权法不倡导单一的技术之治，而是强调互联网全球治理需要一套由法律规则和技术规则[1]共同形成的"组合拳"。这套"组合拳"的本质是"重混"，目标是实现"法律规制下的技术之治"，核心要义有：一是适应互联网技术架构和商业模式创新之需要；二是整合多元利益关系和价值理念之需求；三是引导促进互联网产业良性发展及维护公平正义之必然。在此基础上，数权法可形成互联网社会的共同行为准则和价值规范，实现良法善治，推动全球秩序互联网的真正到来。

（二）互联网全球治理的法治困境

互联网治理是全球治理的重要内容，也是大国间博弈的重要方面。当前，互联网全球治理制度供给不足，四个"没有变"的法治困境依旧存在：一是全球互联网发展不均衡、规则不健全、秩序不合理的基本现状没有变；二是侵害个人隐私、侵犯知识产

1　技术规则由软件、协议、程序、算法、配套设施等技术要素构成一个混合技术构架，本质上是一串可机读的计算机代码，具有执行不可逆的特性。法律规则由法规框架、条文、行业政策等组成，一旦违反，需要承担相应法律责任。

权、侵占信息资源等网络威胁日趋严峻的基本态势没有变；三是网络监听、网络攻击、网络犯罪等网络安全事件频发的基本形势没有变；四是网络恐怖主义、网络霸权主义、网络军国主义等全球公害亟待解决的基本格局没有变。[1]互联网全球治理体系沉疴缠身、法治贫乏，亟待治理。

1. 全球互联网运行与管理失衡

互联网世界与现实世界一样，其运行是需要分配资源和消耗资源的。IP 地址、域名、端口、协议等是互联网运行必要的核心资源。这些资源既不能凭空产生，也不能随意使用，而是需要专门的机构来进行分配和管理。据不完全统计，目前全球互联网主要运行与管理机构有 ICANN、RIRs、ISOC、IAB、IETF、IRTF、ISO、W3C、INOG 等[2]（见表5-11），这些机构为全球互联网自身的运行提供着强有力的技术支持，拥有绝对的管理权和支配权。如此，这些机构几乎掌控着全球互联网关键基础设施和技术层面的核心标准与重要协议，成为全球互联网治理的"中坚力量"。然而，分析这些机构的成员组成，特别是其核心部门的成员组成，可以发现，它们主要掌控在以美国为首的西方技术强国手中，从根源上造成严重

1　支振锋：《网络空间命运共同体的全球愿景与中国担当》，《光明日报》2016年 11 月 27 日。

2　在一定程度上扮演和参与全球互联网运行的机构和组织还有亚太经济合作组织、东南亚国际组织、欧洲理事会、欧洲联盟、事件响应和安全团队论坛、八国集团、IEEE（电机及电子学工程师联合会）、国际电信联盟、互联网治理论坛、国际刑警组织、Meridian 进程、北大西洋公约组织、美洲国家组织、经济合作与发展组织等。

的失衡现象。这种失衡进而造成部分利益攸关主体话语权缺失的困境，典型表现有：一是管理机构及人员主要由欧美国家及其公民组成，互联网技术弱国及其公民的权益得不到保障；二是在互联网全球治理体系权力垄断格局下，第三世界国家互联网发展道路与互联网治理模式的自主权堪忧。

表5-11　全球互联网主要运行组织及其职责

互联网运行组织	主要职责
互联网名称与数字地址分配机构（ICANN）	负责在全球范围内对互联网唯一标识符系统及其安全稳定的运营进行协调，包括互联网协议地址的空间分配、协议标识符的指派、通用顶级域名以及国家和地区顶级域名系统的管理、根服务器系统的管理。管理团队由 ISOC 成员组成，工作人员来自全球多个国家，但美国人为多数
五大地区性互联网注册管理机构（RIRs）	负责分配和注册本地区互联网数字资源，承接 ICANN 的分配，向经济体分配 IP 地址和自治域（AS）号码等。会员单位包括 ISP、国家（或地区）互联网注册管理机构（NIR）等互联网组织，性质为非营利性会员组织
国际互联网协会（ISOC）	旨在为全球互联网的发展创造有益、开放的条件，并就互联网技术制定相应的标准、发布信息、进行培训等。此外，ISOC 还致力于社会、经济、政治、道德、立法等能够影响互联网发展方向的工作。理事由全球各地区挑选出的互联网杰出精英构成。性质为非政府、非营利的行业性国际组织，总部设在美国
互联网架构委员会（IAB）	定义整个互联网的架构和长期发展规划，进行技术监督和协调，任命和监管各种与因特网相关的组织。成员由 ISOC 的理事进行任命，成员由 IETF 参会人员选出，有国际上来自不同专业的 15 个专业研究人员。该机构由 1979 年美国国防部及其高级研究计划局所创建，1992 年隶属 ISOC，从美国政府实体变成国际公共实体

互联网运行组织	主要职责
国际互联网工程任务组（IETF）	负责互联网相关技术规范的研发和制定。由专家自发参与和管理，并向所有对该行业感兴趣的人士开放。该机构隶属于 ISOC，是具有开放性的国际性民间组织
互联网研究专门工作组（IRTF）	由 IAB 授权和管理，分为多个小组，分别对不同的互联网技术问题进行理论研究
国际标准化组织（ISO）	在世界范围内促进标准化工作的开展，以利于国际物资交流和互助，并促进知识、科学、技术和经济方面的合作，主要任务是制定国际标准、协调世界范围内的标准化工作、与其他国际性组织合作研究有关标准化问题。参加者包括各会员国的国家标准机构和主要公司。最高权力机构是 ISO 全体大会，所有 ISO 团体成员、通信成员、与 ISO 有联络关系的国际组织均派代表与会，性质上属于全球性非政府组织
万维网联盟（W3C）	研究和制定互联网开放平台及无线互联网技术等相关的国际互联网网络标准。该机构由万维网之父蒂姆·伯纳斯·李及 W3C 的首席执行官杰弗里·贾夫领导，由设立在美国麻省理工大学、欧洲数学与信息学研究联盟、日本庆应大学和中国北京航空航天大学的四个全球总部的全球团队联合运营。性质属于作为欧洲核子研究组织的一个项目发展起来的国际中立性技术标准机构
互联网运营者联盟（INOG）	讨论和影响与互联网运行有关的事务，其成员主要包括互联网服务提供方和互联网交换机中心等

资料来源：支振锋：《互联网全球治理的法治之道》，《法制与社会发展》2017 年第 1 期。

2. 网络霸权与网络宰制

美国作为互联网的发源地，拥有全世界最发达的互联网技术和互联网关键基础设施的所有权，控制着全球主要信息产品的生产和互联网地址资源与根服务器的管理，具有其他国家不可比拟的绝对控制权。同时，网络空间的控制权也几乎被美国独自掌控，包括中国在内的其他国家基本都处在网络空间主权的灰色地带，也就是说处在网络空间"半主权"甚至是"无主权"的无序状态。此外，美国还坚持"双重标准"[1]，倡导技术自由主义，制造技术独裁，为恐怖分子和军国主义留下了可乘之机。"尽管新科技革命对国家主权削弱和制约对所有国家都一样，但这种削弱和制约对技术水平迥异的发达国家和发展中国家来说，是不均衡和不平等的。"[2]这种不均衡和不平等实则反映的就是网络霸权之下宰制与被宰制的国际关系，对国际正义，尤其是第三世界国家极为不利（见表5-12）。

表5-12 网络霸权与网络宰制的主要表现

网络霸权形式	主要表现
网络管理霸权	以美国为首的少数西方发达国家垄断了国际互联网核心部位的控制权。国际互联网的命脉是根服务器和域名体系。当前，世界上支撑互联网运转的根服务器共有13个，其中，1个主根服务器设在美国，12个副根服务器中有9个设在美国、1台在英国、1台在瑞典、1台在日本。现在，由美国政府授权、实际由美国操纵的ICANN负责全球互联网根服务器、域名体系和IP地址等的统一管理。美国商务部有权随时否决ICANN的管理权，可以随时干涉其他国家的互联网系统。另外，以美国为首的少数发达国家垄断了国际互联网规则的制定

---

1 "双重标准"指的是在网络自由与安全方面奉行双重标准，即对自己和盟友是一套标准，对发展中国家是另外一套标准。

2 赵旭东:《新技术革命对国家主权的影响》,《欧洲》1997年第6期。

网络霸权形式	主要表现
网络技术霸权	美国是计算机信息技术的发源地，美国人制造了世界上第一台电子计算机，铺设了世界上第一条互联网。美国在 IT 领域遥遥领先于包括其他发达国家在内的世界各国，美国控制了计算机和互联网的核心技术。芯片、操作系统、搜索引擎等互联网产业链上的每个关键环节，基本上都由美国公司主宰。其中，微软和谷歌就具有明显的垄断性质
语言霸权及网络信息内容垄断	计算机汇编语言、操作系统以及软硬件标准等都是使用英语。在国际互联网的信息流量中，超过 2/3 来自美国，居第二名的日本占 7%，排第三的德国占 5%。中国在整个互联网的信息输入流量中仅占 0.1%，输出流量只占 0.05%。可见，因特网中占主导性的语言是英语，发达国家是网络信息的主要"制造"者。其中，美国是网络信息最主要的"制造"者，美国是名副其实的"网络信息宗主国"
网络意识形态霸权	以美国为首的少数发达国家在互联网上大力宣扬、美化西方的"自由""民主""人权""平等""博爱""公正"等价值观，推广西方政治模式，把互联网视作西方在海外长期"推进民主"的重要工具。"网络自由"成为西方推行网络霸权主义的主要借口之一。实际上，美国所谓的"网络信息自由流动"，实质上就是让互联网信息按照美国的需要"自由流动"

资料来源：参见王正平、徐铁光《西方网络霸权主义与发展中国家的网络权利》，《思想战线》2011 年第 2 期。

3. 网络安全与网络犯罪

网络安全与网络犯罪是互联网全球治理的另一大难题。互联网具有虚拟性与匿名性、跨国界与无界性、开放性与无中心化、即时交互性，这些天然特性为犯罪分子匿名实施网络攻击、网络诈骗、网络传销等违法犯罪活动提供了可能的"温床"。全球范围内网络安全和网络犯罪事件时有发生，网络恐怖主义、网络霸权主义、网络军国主义等威胁成为全球公害。总体而言，网络犯罪形式有两种：第一种是监听网络、袭击网站、传播病毒等非法侵入和破坏，如"斯诺登事件""五眼联盟事件""震网事件"等；第二种则是利用互联网络实施的传统犯罪，如互联网金融诈骗、网络非法集资、网络盗窃等，其他诸如虚假广告、人肉搜索、侮辱诽谤、在线间谍等都是传统犯罪形式在互联网上的另一种体现，严重冲击了现有的全球安全体系。与传统犯罪相比，网络犯罪有三个明显特点：一是破坏力明显，低龄化发案趋势逐年升高；二是犯罪成本低，受害人多，造成的经济损失严重；三是危害面广，涉及各行各业各领域，部分犯罪活动甚至危及国家政治安全、经济安全和社会稳定。

（三）互联网全球治理的数权方案

法治是互联网全球治理的重要手段。法治的核心是法律，"法律源于人性，法律由人而生、为人而存，出发点和归宿点都是人"[1]。针对互联网全球治理，从人性假设的基本理论出发，以"数据人"假设来破解这一全球难题。"基于'数据人'而衍生的权利，称为数权；基于数权而建构的秩序，称为数权制度；基于数权制度而形成的法律规范，称为数权法，从而建构一个'数权—数权制度—数权法'的法律架构。"[2]

---

1 覃英：《从人性恶之假设认识法律》，《理论观察》2009 年第 3 期。

2 大数据战略重点实验室：《数权法 1.0：数权的理论基础》，社会科学文献出版社，2018，主编的话。

1. 数权、数权制度与数权法

数权法是基于数权制度而形成的法律规范，是为了调整互联网领域产生的各种关系和利益冲突而进行的责任、权利、义务的重新配置与合理优化。从调整对象与调整范围来说，数权法规范的是以数据为核心的网络空间发生的各种新型社会关系及其权利义务关系，与民法、商法、刑法、行政法、物权法等传统法律不同，数权法的调整对象具有广泛性，调整范围具有跨界性，数权法可能兼具民事的、行政的、刑事的等多重法律关系内容。数权法是调整互联网领域各类权利义务关系的法律规范集合，核心是调整数据权属、数据权利、数据利用和数据保护。例如，数据财产权、数据人格权、数据共享权、数据被遗忘权等网络空间衍生的新型法律权利，不断冲击着传统社会关于人权、物权、知识产权等的法律界定，不断改变着金融、贸易、合同、侵权行为等传统法律制度的运行机制。但无论如何，数权法是网络空间数据有序流通之必需、数据再利用之前提、个人隐私与数据利用之平衡，是构造网络空间的法律帝国这个"方圆"世界的基本材料。

2. 数权法是全球互联网法治化治理的解决方案

网络空间不是"法外之地"，国际社会需要公正的互联网治理法治体系。自1994年中国正式接入国际互联网以来，互联网法治经历了互联网法治1.0、2.0和3.0阶段（见表5-13）。互联网法治3.0阶段，全球互联网事业和产业都得到了前所未有的大发展与大繁荣，但也是风险丛生、威胁不断，需要一套公正的且具有前瞻性的法律体系加以规范。围绕数据共享、数据安全、数权保护、数据主权等互联网法治核心问题，数权法应运而生，成为互联网法治3.0的核心要义和重要内容。数权法的本质是为网络空间和网络社会定规矩、明纪律、划底线，是调整网络空间各种关系和利益冲突的法律规范，是维护网络空间主权和推进互联网产业创新、技术创新、商业模式创新的重要保障。如果说物权法是工业文明时代的必然需求，那么，数权法则是大数据时代互联网法治的本质要求，是一种网络空间法律秩序的基本架构，体现的是国家对于网络空间的法治治理，是互联网全球治理的重要支撑和法治化解决方案。

表 5-13　互联网法治 1.0、2.0 与 3.0

阶段	特征表述
互联网法治 1.0 阶段 （1994~2000 年）	互联网主要传递信息，且以静态内容的信息为主。信息的传递方式比较单一，互联网并没有深刻地影响社会、经济和生活。因此，这个阶段的互联网法治以 IP 地址管理、域名管理、计算机信息系统安全管理等互联网基础设施的治理为主
互联网法治 2.0 阶段 （2000~2013 年）	互联网主要传递价值，电子商务、社交媒体、搜索引擎成为互联网的"三大支柱"，并逐渐由信息流转向价值流，用户成为互联网服务的核心。此阶段的互联网法治以互联网行业管理、互联网信息服务、互联网等级保护以及网络交易管理等为主
互联网法治 3.0 阶段 （2013 年至今）	呈现互联网快速发展且亟须秩序维护的混乱状态。此阶段，大数据、人工智能、区块链等新一代信息技术迅速兴起，信息经济、网络经济、数字经济等发展为新的经济形态。同时，个人信息泄露、数据跨境传输、网络恐怖主义活动等对互联网的负面影响拉开了序幕、敲响了警钟。网络安全、数据安全、数权保护等互联网问题亟须法治规范

3. 数权法推动构建网络空间命运共同体

构建"网络空间命运共同体"是互联网发展的美好愿景，也是让互联网更好造福人类的重要保证。作为人类理性建构的规则体系，法律制度总是在特定时间和空间范围内存在。[1]进入大数据时代，中国从未停止对数权、数权制度、数权法的探索和研究。以数权法为总揽的互联网法治建设取得了初步成效，形成了良法善治的现代互联网法治格局。[2]数权法作为决定网络空间资源的权利义务配置方式，体现了互联网时代的意识形态、价值观念和思想理念。数字文明为数权法的创生提供了价值原点与革新动力，数权法也为数字文明的制度维系和秩序增进提供了存在依据。数权法的意蕴凝结在数字文明的秩序范式之中，并成为维系这一文明秩序的规范基础。[3]从这个意义上来说，数权法是文明跃迁的产物，是构建网络空间人类命运共同体的法律基础，与物权法一起共同构成数字文明时代的两大法律基础，共同推进人类从工业文明向数字文明大踏步迈进。

1　黄志荣:《中国互联网立法研究》，中共中央党校博士学位论文，2017。

2　以数权法为总揽的互联网法治建设形成了互联网专门立法和传统法律在网络空间继续沿用的双重制度构造，建立了包括互联网关键基础设施保护、互联网行业监管、互联网内容管理、互联网刑事立法、互联网司法解释等内容，覆盖互联网重要领域和关键环节，涵盖法律、法规、规章等不同层级的互联网法律法规体系，法律规范的结构性体系呈现法律渊源规章化、法律形式成文化和法律属性公法化特征。

3　大数据战略重点实验室:《数权法 1.0：数权的理论基础》，社会科学文献出版社，2018，主编的话。

316

数据霸权主义

数据保护

数据保护主义

数据被遗忘权

数据本地化

数据财产权

数据采集权

数据产品

数据产权

数据产权保护制度

数据产业

数据独立权

数据多重管辖权

数据发展规划权

数据访问权

数据分层

数据服务提供商

数据福祉

数据赋权

数据更正权

数据公民

数据公权

数据公益

数据攻击

数据共享

数据孤岛

数据关系

数据管辖权

数据规则

数据鸿沟

数据基础设施

数据集

数据集合

数据技术

数据价值

数据监管

数据交换中心

数据交易

数据阶层

数据经营权

数据经营者

数据救济权

数据开放

数据可携带权

数据空间

数据恐怖主义

数据控制权

数据控制者

数据跨境管辖权

数据滥用

数据力

数据利益

数据利用

数据利用者

数据流通

数据垄断

数据命运共同体

数据平等权

数据强国

数据权

数据权力

数据权利

数据权利人

数据权属

数据权益

数据确权

数据人

数据人格权

数据人假设

数据弱国

数据社会学

数据身份

数据使用权

数据使用许可权

数据收益权

数据私权

数据所有权

数据所有权制度

数据提供者

数据信息主导权

数据依赖

数据隐私权

数据治理

数据主权

数据主体

数据资本

数据资本主义

数据资产权

数据资源

数据自卫权

数权

数权保护

［1］ 连玉明:《大数据蓝皮书:中国大数据发展报告 No.3》,社会科学文献出版社,2019。

［2］ 大数据战略重点实验室:《块数据 5.0:数据社会学的理论与方法》,中信出版社,2019。

［3］ 李有星等:《数据资源权益保护法立法研究》,浙江大学出版社,2019。

［4］ 高鸿钧、申卫星主编《信息社会法治读本》,清华大学出版社,2019。

［5］ 大数据战略重点实验室:《数权法 1.0:数权的理论基础》,社会科学文献出版社,2018。

［6］ 李爱君:《中国大数据法治发展报告》,法律出版社,2018。

［7］ 沈萍:《解析欧盟与中国个人数据保护》,武汉大学出版社,2018。

［8］ 许崇德、胡锦光:《宪法》(第六版),中国人民大学出版社,2018。

［9］ 刘红:《大数据时代数据保护法律研究》,中国政法大学出版社,2018。

［10］ 王秀秀:《大数据背景下个人数据保护立法理论》，浙江大学出版社，2018。

［11］ 京东法律研究院:《欧盟数据宪章——〈一般数据保护条例〉(GDPR)评述及实务指引》，法律出版社，2018。

［12］ 连玉明:《大数据蓝皮书：中国大数据发展报告 No.1》，社会科学文献出版社，2017。

［13］ 徐恪、李沁:《算法统治世界——智能经济的隐形秩序》，清华大学出版社，2017。

［14］ 张玉明:《共享经济学》，科学出版社，2017。

［15］ 黄志雄:《网络主权论：法理、政策与实践》，社会科学文献出版社，2017。

［16］ 方滨兴:《论网络空间主权》，科学出版社，2017。

［17］ 张翔:《基本权利的规范建构》(增订版)，法律出版社，2017。

［18］ 娄林主编《博丹论主权》，华夏出版社，2016。

［19］ 严纯生:《法律的人性基础》，中国法制出版社，2016。

［20］ 邱泽奇:《迈向数据化社会》，载信息社会50人论坛《未来已来："互联网+"的重构与创新》，上海远东出版社，2016。

［21］ 高富平:《个人数据保护和利用国际规则：源流与趋势》，法律出版社，2016。

［22］ 段凡:《权力与权利：共置和构建》，人民出版社，2016。

［23］ 于文豪:《基本权利》，江苏人民出版社，2016。

［24］ 马呈元主编《国际法》(第四版)，中国人民大学出版社，2015。

［25］ 齐爱民：《大数据时代个人信息保护法国际比较研究》，法律出版社，2015。

［26］ 王忠：《大数据时代个人数据隐私规制》，社会科学文献出版社，2014。

［27］ 刘凯：《国家主权自主有限让渡问题研究》，中国政法大学出版社，2013。

［28］ 管德华、孔小红：《西方价值理论的演进》，中国经济出版社，2013。

［29］ 谢永志：《个人数据保护法立法研究》，人民法院出版社，2013。

［30］ 郭瑜：《个人数据保护法研究》，北京大学出版社，2012。

［31］ 齐爱民：《私法视野下的信息》，重庆大学出版社，2012。

［32］ 赵洲：《主权责任论》，法律出版社，2010。

［33］ 陈序经：《现代主权论》，张世保译，清华大学出版社，2010。

［34］ 陈新民：《公法学札记》，法律出版社，2010。

［35］ 王海明：《伦理学原理》，北京大学出版社，2009。

［36］ 孔令杰：《个人资料隐私的法律保护》，武汉大学出版社，2009。

［37］ 张晋藩：《中国法律的传统与近代转型》，法律出版社，2009。

［38］ 陆小华:《信息财产权:民法视角中的新财富保护模式》,法律出版社,2009。

［39］ 刘张君:《金融管制放松条件下的银行业自律研究》,中国金融出版社,2009。

［40］ 胡玉鸿:《"个人"的法哲学叙述》,山东人民出版社,2008。

［41］ 周汉华:《个人信息保护法(专家意见稿)及立法研究报告》,法律出版社,2006。

［42］ 汪丁丁:《制度分析基础讲义》,上海世纪出版集团、上海人民出版社,2005。

［43］ 王利明:《人格权法研究》,中国人民大学出版社,2005。

［44］ 戴永明、蒋恩铭:《网络伦理与法规》,福建人民出版社,2005。

［45］ 王莉君:《权力与权利的思辩》,中国法制出版社,2005。

［46］ 张海冰:《欧洲一体化制度研究》,上海社会科学院出版社,2005。

［47］ 张新宝:《隐私权的法律保护》,群众出版社,2004。

［48］ 鲁篱:《行业协会经济自治权研究》,法律出版社,2003。

［49］ 胡玉鸿:《法学方法论导论》,山东人民出版社,2002。

［50］ 张乃根:《当代国际法研究》,上海人民出版社,2002。

［51］ 卓泽渊:《法的价值总论》,人民出版社,2001。

［52］ 董之伟:《法权与宪政》,山东人民出版社,2001。

［53］ 夏勇:《走向权利的时代》,中国政法大学出版社,2000。

［54］　张文显:《法理学》,高等教育出版社,1999。

［55］　康晓光:《权力的转移——转型时期中国权力格局的变迁》,浙江人民出版社,1999。

［56］　谢在全:《民法物权论》,中国政法大学出版社,1999。

［57］　程恩富:《西方产权理论评析》,当代中国出版社,1997。

［58］　周鲠生:《国际法》(上),商务印书馆,1981。

［59］　中共中央编译局:《马克思恩格斯文集》(第1卷),人民出版社,2009。

［60］　中共中央编译局:《马克思恩格斯全集》(第23卷),人民出版社,1972。

［61］　中共中央编译局:《马克思恩格斯全集》(第19卷),人民出版社,1963。

［62］　［德］汉斯·布洛克斯、［德］沃尔夫·迪特里希·瓦尔克:《德国民法总论》(第41版),张艳译,中国人民大学出版社,2019。

［63］　［美］阿尔文·托夫勒:《权利的转移》,黄锦桂译,中信出版社,2018。

［64］　［美］约翰·乔丹:《机器人与人》,刘宇驰译,中国人民大学出版社,2018。

［65］　［美］皮埃罗·斯加鲁菲:《智能的本质:人工智能与机器人领域的64个大问题》,任莉、张建宇译,中国工信出版集团、人民邮电出版社,2018。

［66］　［美］戴维·赫佐格:《数据素养:数据使用者指南》,沈

浩等译，中国人民大学出版社，2018。

[67] [以色列] 尤瓦尔·赫拉利:《未来简史——从智人到神人》，林俊宏译，中信出版社，2017。

[68] [美] 戴维·温伯格:《新数字秩序革命——万物皆无序》，李燕鸣译，山西人民出版社，2017。

[69] [美] 迈克尔·施密特:《网络行动国际法塔林手册2.0版》，黄志雄等译，社会科学文献出版社，2017。

[70] [美] 杰里米·里夫金:《零边际成本社会》，赛迪研究院专家组译，中信出版社，2017。

[71] [美] 凯文·凯利:《必然》，周峰等译，电子工业出版社，2016。

[72] [美] 弗兰克·帕斯奎尔:《黑箱社会——控制金钱和信息的数据法则》，赵亚男译，电子工业出版社，2015。

[73] [英] 亚当·斯密:《道德情操论》，蒋自强等译，商务印书馆，2015。

[74] [美] 雷·库兹韦尔:《奇点临近》，李庆诚等译，机械工业出版社，2015。

[75] [美] 雷·库兹韦尔:《如何创造思维》，盛杨燕译，浙江人民出版社，2014。

[76] [美] 彼得·戴曼迪斯、[美] 史蒂芬·科特勒:《富足:改变人类未来的4大力量》，贾拥民译，浙江人民出版社，2014。

[77] [美] 凯文·凯利:《技术元素》，张行舟等译，电子工业

出版社，2012。

[78] ［美］托马斯·潘恩:《人的权利——驳柏克并论法国大革命与美国革命》，田飞龙译，中国法制出版社，2011。

[79] ［美］劳伦斯·莱斯格:《代码 2.0：网络空间中的法律》，李旭、沈伟伟译，清华大学出版社，2009。

[80] ［美］R. M. 昂格尔:《现代社会中的法律》，吴玉章、周汉华译，译林出版社，2008。

[81] ［日］芦部信喜:《宪法》(第三版)，林来梵等译，北京大学出版社，2006。

[82] ［法］让－雅克·卢梭:《社会契约论》，杨国政译，陕西人民出版社，2006。

[83] ［日］篠田英朗:《重新审视主权：从古典理论到全球时代》，戚渊译，中国商务出版社，2004。

[84] ［日］星野英一:《私法中的人——以民法财产法为中心》，王闯译，中国法制出版社，2004。

[85] ［德］卡尔·拉伦茨:《德国民法通论》(上)，王晓晔等译，法律出版社，2004。

[86] ［德］K. 茨威格特、H. 克茨著:《比较法总论》，潘汉典、米健等译，法律出版社，2003。

[87] ［德］康德:《单纯理性限度内的宗教》，李秋零译，中国人民大学出版社，2003。

[88] ［德］古斯塔夫·拉德布鲁赫:《法律智慧警句集》，舒国滢译，中国法制出版社，2001。

［89］　［英］巴里·尼古拉斯:《罗马法概论》，黄风译，法律出
　　　　版社，2000。

［90］　［美］霍尔姆斯·罗尔斯顿:《环境伦理学》，杨通进译，
　　　　中国社会科学出版社，2000。

［91］　［法］拉·梅特里:《人是机器》，顾寿观译，商务印书馆，
　　　　1999。

［92］　［美］劳拉·昆兰蒂罗:《赛博犯罪——如何防范计算机罪
　　　　犯》，王涌译，江西教育出版社，1999。

［93］　［德］尤尔根·哈贝马斯:《作为"意识形态"的技术和科
　　　　学》，李黎、郭官译，学林出版社，1999。

［94］　［美］理查德·A.斯皮内洛:《世纪道德——信息技术的伦
　　　　理方面》，刘钢译，中央编译出版社，1999。

［95］　［德］马克斯·韦伯:《论经济与社会中的法律》，张乃根
　　　　译，中国大百科全书出版社，1998。

［96］　［美］E.博登海默:《法理学:法律哲学与法律方法》，邓
　　　　正来译，中国政法大学出版社，1998。

［97］　［古罗马］西塞罗:《论共和国 论法律》，王焕生译，中国
　　　　政法大学出版社，1997。

［98］　［英］亚当·斯密:《国民财富的性质和原因研究》（上卷），
　　　　郭大力、王亚南译，商务印书馆，1997。

［99］　［英］休谟:《人性论》，关文运译，商务印书馆，1996。

［100］　［古希腊］亚里士多德:《政治学》，吴寿彭译，商务印书
　　　　馆，1996。

[101][英]梅因:《古代法》,沈景一译,商务印书馆,1995。

[102][英]詹宁斯、[英]瓦茨修订《奥本海国际法》,王铁崖等译,中国大百科全书出版社,1995。

[103][英]托马斯·霍布斯:《利维坦》,黎思复等译,商务印书馆,1985。

[104][美]伯纳德·施瓦茨:《美国法律史》,苏彦新译,中国政法大学出版社,1989。

[105][美]约翰·罗尔斯:《正义论》,何怀宏等译,中国社会科学出版社,1988。

[106][德]路德维希·费尔巴哈:《费尔巴哈哲学著作选集》(上卷),荣震华等译,商务印书馆,1984。

[107][英]弗朗西斯·培根:《培根论说文集》,水天同译,商务印书馆,1983。

[108][英]B.罗素:《数理哲学导论》,晏成书译,商务印书馆,1982。

[109][德]马克思:《1844年经济学哲学手稿》,载中共中央编译局《马克思恩格斯全集》(第46卷),人民出版社,1979。

[110][英]麦其维:《政治学》,陈启天译,中华书局,1946。

[111]朱清清:《国家数据主权问题研究》,《法制与社会》2019年第21期。

[112]徐㵡、沈建峰:《从GDPR看我国〈数据安全法〉的立法方向》,《产业与科技论坛》2019年第10期。

[113] 周详:《智能机器人"权利主体论"之提倡》,《法学》2019 年第 10 期。

[114] 石丹:《企业数据财产权利的法律保护与制度构建》,《电子知识产权》2019 年第 6 期。

[115] 高剑平、齐志远:《大数据与当代社会秩序重建》,《自然辩证法研究》2019 年第 5 期。

[116] 孙宪忠:《民营经济所有权研究的六个问题》,《财经法学》2019 年第 5 期。

[117] 文禹衡:《数据确权的范式嬗变、概念选择与归属主体》,《东北师大学报》(哲学社会科学版) 2019 年第 5 期。

[118] 张亚楠:《政府数据共享:内在要义、法治壁垒及其破解之道》,《理论探索》2019 年第 5 期。

[119] 马长山:《智慧社会背景下的"第四代人权"及其保障》,《中国法学》2019 年第 5 期。

[120] 季卫东:《人工智能开发的理念、法律以及政策》,《东方法学》2019 年第 5 期。

[121] 夏小雄:《公司法现代化:制度改革、体系再造与精神重塑》,《北方法学》2019 年第 4 期。

[122] 张恩典:《大数据时代的算法解释权:背景、逻辑与构造》,《法学论坛》2019 年第 4 期。

[123] 刘玲:《公平正义和共享发展的历史根源与统一治理格局》,《海南大学学报》(人文社会科学版)2019 年第 4 期。

[124] 江时学、李智婧:《论全球治理的必要性、成效及前景》,

《同济大学学报》(社会科学版) 2019 年第 4 期。

[125] 佟林杰、郭诚诚:《大数据权力扩张、异化及规制路径》,《商业经济研究》2019 年第 4 期。

[126] 李扬、李晓宇:《大数据时代企业数据权益的性质界定及其保护模式建构》,《学海》2019 年第 4 期。

[127] 郑建君、付晓洁:《利他动机对中小学教师知识共享的影响——组织认同和组织支持感的调节作用》,《心理发展与教育》2019 年第 4 期。

[128] 张凌寒:《算法权力的兴起、异化及法律规制》,《法商研究》2019 年第 4 期。

[129] 田维琳:《公共大数据信息安全的立法内涵、现状与依据》,《社会科学文摘》2019 年第 3 期。

[130] 曹翰阳:《论人民主权思想的历史发展》,《现代交际》2019 年第 3 期。

[131] 李晓宇:《权利与利益区分视点下数据权益的类型化保护》,《知识产权》2019 年第 3 期。

[132] 唐稷尧:《大数据时代中国刑法对企业数据权的保护与规制论纲》,《山东警察学院学报》2019 年第 3 期。

[133] 龙坤、朱启超:《网络空间国际规则制定——共识与分歧》,《国际展望》2019 年第 3 期。

[134] 姚佳:《企业数据的利用准则》,《清华法学》2019 年第 3 期。

[135] 冉从敬:《专题前言:超越地理疆界的网络与数据主权》,

《信息资源管理学报》2019年第2期。

[136] 温昱:《个人数据权利体系论纲——兼论〈芝麻服务协议的权利空白〉》,《甘肃政法学院学报》2019年第2期。

[137] 涂永前:《权利的人性分析——兼论人格权独立成编》,《政法论坛》2019年第2期。

[138] 史霖东:《浅析个人数据权利的保护》,《福州党校学报》2019年第2期。

[139] 闫立东:《以"权利束"视角探究数据权利》,《东方法学》2019年第2期。

[140] 陈尚龙:《大数据时代政府数据开放的立法研究》,《地方立法研究》2019年第2期。

[141] 王岩、叶明:《人工智能时代个人数据共享与隐私保护之间的冲突与平衡》,《理论导刊》2019年第1期。

[142] 王利明:《数据共享与个人信息保护》,《现代法学》2019年第1期。

[143] 高全喜:《虚拟世界的法律化问题》,《现代法学》2019年第1期。

[144] 肖永平:《论迈向人类命运共同体的国际法律共同体建设》,《武汉大学学报》(哲学社会科学版)2019年第1期。

[145] 吕志祥、张强:《大数据背景下数据权利的法理分析》,《昆明理工大学学报》(社会科学版)2019年第1期。

[146] 李传军:《网络空间全球治理的秩序变迁与模式构建》,《武汉科技大学学报》(社会科学版)2019年第1期。

［147］刘影、吴玲：《全球网络空间治理：乱象、机遇与中国主张》，《知与行》2019年第1期。

［148］高国梁：《大数据信息安全立法应秉持哪些原则》，《人民论坛》2018年第34期。

［149］杨晓彤：《霍布斯的性恶论与契约国家》，《文学教育》2018年第32期。

［150］廉成、杨飞、张恒烨：《韩日电子政务发展状况评析》，《管理观察》2018年第19期。

［151］李晓升：《大数据时代个人信息安全的刑法立法与完善》，《中国市场》2018年第16期。

［152］谭海波、孟庆国：《政府3.0：大数据时代的政府治理创新》，《学术研究》2018年第12期。

［153］相丽玲、高倩云：《大数据时代个人数据权的特征、基本属性与内容探析》，《理论与探索》2018年第9期。

［154］黄如花、温芳芳、黄雯：《我国政府数据开放共享政策体系构建》，《图书情报工作》2018年第9期。

［155］杨兰：《马克思怎样界定人的本质》，《人民论坛》2018年第8期。

［156］薛峰：《个人信息保护的国际比较及启示》，《征信》2018年第8期。

［157］庄海燕：《国外公共安全数据分析状况及其对我国的启示》，《网络安全技术与应用》2018年第8期。

［158］张素华、李雅男：《数据保护的路径选择》，《学术界》

2018 年第 7 期。

[159] 梁仁辉:《全球治理与全球善治探析》,《法制与经济》
2018 年第 6 期。

[160] 王秀哲:《大数据时代个人信息法律保护制度之重构》,
《法学论坛》2018 年第 6 期。

[161] 王天恩:《重新理解"发展"的信息文明"钥匙"》,《中国
社会科学》2018 年第 6 期。

[162] 张建文、贾章范:《法经济学视角下数据主权的解释逻辑
与制度构建》,《重庆邮电大学学报》(社会科学版) 2018
年第 6 期。

[163] 邓刚宏:《大数据权利属性的法律逻辑分析——兼论个人
数据权的保护路径》,《江海学刊》2018 年第 6 期。

[164] 谢永江:《论网络安全法的基本原则》,《暨南学报》(哲学
社会科学版) 2018 年第 6 期。

[165] 钟广平:《全国政协委员连玉明: 建议加快数据安全立
法》,《中国广播影视》2018 年第 6 期。

[166] 张继红:《大数据时代个人信息保护行业自律的困境与出
路》,《财经法学》2018 年第 6 期。

[167] 龙荣远、杨官华:《数权、数权制度与数权法研究》,《科
技与法律》2018 年第 5 期。

[168] 张新宝:《我国个人信息保护法立法主要矛盾研讨》,《吉
林大学社会科学学报》2018 年第 5 期。

[169] 张辉:《人类命运共同体: 国际法社会基础理论的当代发

展》,《中国社会科学》2018 年第 5 期。

［170］马长山:《智能互联网时代的法律变革》,《法学研究》2018 年第 4 期。

［171］胡守勇:《共享发展理念的世界历史意义》,《马克思主义研究》2018 年第 4 期。

［172］程同顺、史猛:《公共数据权和政治民主》,《江海学刊》2018 年第 4 期。

［173］陈俊华:《大数据时代数据开放共享中的数据权利化问题研究》,《图书与情报》2018 年第 4 期。

［174］魏健馨、宋仁超:《日本个人信息权利立法保护的经验及借鉴》,《沈阳工业大学学报》(社会科学版) 2018 年第 4 期。

［175］本刊编辑部:《2018 两会中网络安全的建言献策》,《中国信息安全》2018 年第 4 期。

［176］杨立新:《人工类人格：智能机器人的民法地位——兼论智能机器人致人损害的民事责任》,《求是学刊》2018 年第 4 期。

［177］王利明:《人工智能时代对民法学的新挑战》,《东方法学》2018 年第 3 期。

［178］李爱君:《数据权利属性与法律特征》,《东方法学》2018 年第 3 期。

［179］黄道丽:《全球网络安全立法态势与趋势展望》,《信息安全与通信保密》2018 年第 3 期。

［180］程啸:《论大数据时代的个人数据权利》,《中国社会科学》2018 年第 3 期。

［181］石丹:《大数据时代数据权属及其保护路径研究》,《西安交通大学学报》(社会科学版) 2018 年第 3 期。

［182］龙卫球:《再论企业数据保护的财产权化路径》,《东方法学》2018 年第 3 期。

［183］周汉华:《探索激励相容的个人数据治理之道》,《法学研究》2018 年第 2 期。

［184］张建文:《格里申法案的贡献与局限——俄罗斯首部机器人法草案述评》,《华东政法大学学报》2018 年第 2 期。

［185］武长海、常铮:《论我国数据权法律制度的构建与完善》,《河北法学》2018 年第 2 期。

［186］田信桥、张国清:《通往共享之路：社会主义为什么是对的》,《浙江社会科学》2018 年第 2 期。

［187］相丽玲、陈梦婕:《试析中外信息安全保障体系的演化路径》,《中国图书馆学报》2018 年第 2 期。

［188］陈鸿至:《公法私法化问题初探》,《法制与社会》2018 年第 2 期。

［189］张国清:《作为共享的正义：兼论中国社会发展的不平衡问题》,《浙江学刊》2018 年第 1 期。

［190］管辉寰:《〈民法总则〉第一百一十一条"个人信息权利"的性质与内容研究》,《理论观察》2018 年第 1 期。

［191］王小伟、姚禹:《网络主权与全球互联网治理》,《哲学分

析》2018年第1期。

［192］胡凌:《超越代码:从赛博空间到物理世界的控制/生产机制》,《华东政法大学学报》2018年第1期。

［193］许志华:《网络空间的全球治理:信息主权的模式建构》,《学术交流》2017年第12期。

［194］孙伟平:《关于人工智能的价值反思》,《哲学研究》2017年第10期。

［195］肖冬梅、文禹衡:《在全球数据洪流中捍卫国家数据主权安全》,《红旗文稿》2017年第9期。

［196］韩晶、裴文:《共享理念、共享经济培育与经济体制创新改革》,《上海经济研究》2017年第8期。

［197］余成峰:《从老鼠审判到人工智能之法》,《读书》2017年第7期。

［198］付伟、于长钺:《数据权属国内外研究述评与发展动态分析》,《现代情报》2017年第7期。

［199］刘肖、朱元南:《网络主权论:理论争鸣与国际实践》,《西南民族大学学报》(人文社科版)2017年第7期。

［200］张玉洁:《论人工智能时代的机器人权利及其风险规制》,《东方法学》2017年第6期。

［201］陈朝兵:《发达国家应用互联网与大数据推进政府治理的主要做法与借鉴》,《中国特色社会主义研究》2017年第6期。

［202］吕廷君:《数据权体系及其法治意义》,《中共中央党校学

报》2017年第5期。

［203］ 何波:《数据主权法律实践与对策建议研究》,《信息安全与通信保密》2017年第5期。

［204］ 王渊、黄道丽、杨松儒:《数据权的权利性质及其归属研究》,《科学管理研究》2017年第5期。

［205］ 刘根荣:《共享经济:传统经济模式的颠覆者》,《经济学家》2017年第5期。

［206］ 何哲:《网络文明时代的人类社会形态与秩序构建》,《南京社会科学》2017年第4期。

［207］ 龙卫球:《数据新型财产权构建及其体系研究》,《政法论坛》2017年第4期。

［208］ 何蒲、于戈、张岩峰、鲍玉斌:《区块链技术与应用前瞻综述》,《计算机科学》2017年第4期。

［209］ 苗瑞丹、代俊远:《共享发展的理论内涵与实践路径探究》,《思想教育研究》2017年第3期。

［210］ 赵刚、王帅、王碰:《面向数据主权的大数据治理技术方案探究》,《网络空间安全》2017年第2期。

［211］ 刘恋:《当前中国国家主权安全面临的挑战及其应对》,《社会主义研究》2017年第2期。

［212］ 黄志雄、应瑶慧:《美国对网络空间国际法的影响及其对中国的启示》,《复旦国际关系评论》2017年第2期。

［213］ 支振锋:《互联网全球治理的法治之道》,《法制与社会发展》2017年第1期。

［214］梅夏英、杨晓娜:《自媒体平台网络权力的形成及规范路径——基于对网络言论自由影响的分析》,《河北法学》2017 年第 1 期。

［215］侯云灏、王凤翔:《网络空间的全球治理及其"中国方案"》,《新闻与写作》2017 年第 1 期。

［216］陈振涛:《个人信息权的权能构造及权项分析》,《福建法学》2017 年第 1 期。

［217］姜瑞豪:《浅析网络主权内容》,《法制博览》2016 年第 13 期。

［218］冉从敬、肖兰、黄海瑛:《数据权利博弈研究:背景、进展与趋势》,《图书馆建设》2016 年第 12 期。

［219］梅夏英:《数据的法律属性及其民法定位》,《中国社会科学》2016 年第 9 期。

［220］果园、马可:《跨境数据流动的主权分析》,《信息安全研究》2016 年第 9 期。

［221］杜振华、茶洪旺:《数据产权制度的现实考量》,《重庆社会科学》2016 年第 8 期。

［222］张新宝、许可:《网络空间主权的治理模式及其制度构建》,《中国社会科学》2016 年第 8 期。

［223］吴伟光:《大数据技术下个人数据信息私权保护论批判》,《政治与法律》2016 年第 7 期。

［224］祝高峰:《大数据时代国家信息主权的确立及其立法建议》,《江西社会科学》2016 年第 7 期。

［225］ 郑戈：《在鼓励创新与保护人权之间——法律如何回应大数据技术革新的挑战》，《探索与争鸣》2016年第7期。

［226］ 韩东屏：《破解人之谜——人的定义的解构与重构》，《武汉大学学报》（人文科学版）2016年第6期。

［227］ 张阳：《数据的权利化困境与契约式规制》，《科技与法律》2016年第6期。

［228］ 贺天平、宋文婷：《"数—数据—大数据"的历史沿革》，《自然辩证法研究》2016年第6期。

［229］ 方滨兴、邹鹏、朱诗兵：《网络空间主权研究》，《中国工程科学》2016年第6期。

［230］ 林奇富、贺竞超：《大数据权力：一种现代权力逻辑及其经验反思》，《东北大学学报》（社会科学版）2016年第5期。

［231］ 王明进：《全球网络空间治理的未来：主权、竞争与共识》，《人民论坛·学术前沿》2016年第4期。

［232］ 王玥、王飒飒：《对我国数据跨境流动规制的一点思考》，《中国信息安全》2016年第3期。

［233］ 杜雁芸：《大数据时代国家数据主权问题研究》，《国际观察》2016年第3期。

［234］ 齐爱民、祝高峰：《论国家数据主权制度的确立与完善》，《苏州大学学报》（哲学社会科学版）2016年第1期。

［235］ 陈仕伟：《大数据技术异化的伦理治理》，《自然辩证法研究》2016年第1期。

［236］ 徐勇、黄德美、王有刚：《数字资源中个人隐私权保护研

究》,《现代计算机》(专业版)2015年第35期。

[237] 张向宏、卢坦:《网络空间主权国际比较研究》,《微型机
与应用》2015年第14期。

[238] 秦珂:《大数据法律保护摭谈》,《图书馆学研究》2015年
第12期。

[239] 朱琦:《论博丹主权思想中的秩序观》,《贵州社会科学》
2015年第12期。

[240] 金伟新:《网络空间面临的战争威胁和应对策略》,《中国
信息安全》2015年第11期。

[241] 肖红军:《共享价值、商业生态圈与企业竞争范式转变》,
《改革》2015年第7期。

[242] 肖冬梅、文禹衡:《数据权谱系论纲》,《湘潭大学学报》
(哲学社会科学版)2015年第6期。

[243] 朱友红:《大数据时代的政府治理创新》,《中共山西省委
党校学报》2015年第6期。

[244] 冯伟、梅越:《大数据时代,数据主权主沉浮》,《信息安
全与通信保密》2015年第6期。

[245] 刘益灯、胡雪樱:《论网络攻击中国家自卫权的行使》,
《社科纵横》2015年第6期。

[246] 张里安、韩旭至:《大数据时代下个人信息权的私法属
性》,《法学论坛》2015年第5期。

[247] 黄欣荣:《大数据技术的伦理反思》,《新疆师范大学学报》
(哲学社会科学版)2015年第3期。

［248］ 杨帆:《网络环境下的国家管辖权冲突与重构》,《理论观察》2015年第3期。

［249］ 齐爱民、盘佳:《大数据安全法律保障机制研究》,《重庆邮电大学学报》(社会科学版)2015年第3期。

［250］ 孙南翔、张晓君:《论数据主权——基于虚拟空间博弈与合作的考察》,《太平洋学报》2015年第2期。

［251］ 张康之、向玉琼:《网络空间中的政策问题建构》,《中国社会科学》2015年第2期。

［252］ 齐爱民、盘佳:《数据权、数据主权的确立与大数据保护的基本原则》,《苏州大学学报》(哲学社会科学版)2015年第1期。

［253］ 周淑云、王好运:《信息获取权客体辨析》,《图书馆》2015年第1期。

［254］ 罗英:《全面深化改革背景下共享权之定位》,《求索》2014年第6期。

［255］ 杜志朝、南玉霞:《网络主权与国家主权的关系探析》,《西南石油大学学报》(社会科学版)2014年第6期。

［256］ 刘叶婷、唐斯斯:《大数据对政府治理的影响及挑战》,《电子政务》2014年第6期。

［257］ 周淑云:《信息获取权主体探析》,《图书馆》2014年第5期。

［258］ 周淑云、罗雪英:《信息获取权内容辨析》,《情报理论与实践》2014年第5期。

［259］ 高成军:《从人性预设看中西法律文化差异》,《甘肃政法学院学报》2014 年第 4 期。

［260］ 黄蓝:《个人信息保护的国际比较与启示》,《情报科学》2014 年第 1 期。

［261］ 汪太贤:《权利泛化与现代人的权利生存》,《法学研究》2014 年第 1 期。

［262］ 鲁传颖:《主权概念的演进及其在网络时代面临的挑战》,《国际关系研究》2014 年第 1 期。

［263］ 蔡翠红:《云时代数据主权概念及其运用前景》,《现代国际关系》2013 年第 12 期。

［264］ 刘颖莹:《论私权对公权的冲突与限制》,《当代教育理论与实践》2013 年第 10 期。

［265］ 陈秀平、陈继雄:《法治视角下公权力与私权利的平衡》,《求索》2013 年第 10 期。

［266］ 施鹏鹏:《基本权利谱系与法国刑事诉讼的新发展———以〈欧洲人权公约〉及欧洲人权法院判例对法国刑事诉讼的影响为中心》,《暨南学报》(哲学社会科学版)2013 年第 7 期。

［267］ 孟奎:《经济学三大价值理论的比较》,《经济纵横》2013 年第 7 期。

［268］ 刘红、胡新和:《数据革命:从数到大数据的历史考察》,《自然辩证法通讯》2013 年第 6 期。

［269］ 申卫星:《物权法定与意思自治———解读我国〈物权法〉

的两把钥匙》,《法制与社会发展》2013 年第 5 期。

[270] 王利明:《论个人信息权的法律保护——以个人信息权与隐私权的界分为中心》,《现代法学》2013 年第 4 期。

[271] 刘兹恒、周佳贵:《日本"U-JAPAN"计划和发展现状》,《大学图书馆学报》2013 年第 3 期。

[272] 孟小峰、慈祥:《大数据管理:概念、技术与挑战》,《计算机研究与发展》2013 年第 1 期。

[273] 李国杰、程学旗:《大数据研究:未来科技及经济社会发展的重大战略领域——大数据的研究现状与科学思考》,《中国科学院院刊》2012 年第 6 期。

[274] 姜奇平:《数字所有权要求支配权与使用权分离》,《互联网周刊》2012 年第 5 期。

[275] 刘召成:《部分权利能力制度的构建》,《法学研究》2012 年第 5 期。

[276] 董礼胜:《欧盟电子治理发展的制度分析》,《中共杭州市委党校学报》2012 年第 5 期。

[277] 刘永谋:《机器与统治——马克思科学技术论的权力之维》,《科学技术哲学研究》2012 年第 1 期。

[278] 沈寨:《从"伦理人"到"科学人"——以民法为例看近现代中国法律上的"人"的变迁》,《太平洋学报》2011 年第 8 期。

[279] 董玉荣:《"共享正义观"与利益平衡——实现个人权利和社会功利融合的路径》,《广西社会科学》2010 年第 10 期。

［280］ 贝克、邓正来、沈国麟:《风险社会与中国——与德国社会学家乌尔里希·贝克的对话》,《社会学研究》2010年第5期。

［281］ 赵宏:《社会国与公民的社会基本权:基本权利在社会国下的拓展与限定》,《比较法研究》2010年第5期。

［282］ 张俊国、张亚楠:《对我国当前维护国家主权与安全利益的思考》,《河南科技大学学报》(社会科学版)2010年第5期。

［283］ 吴贤静:《生态人的理论蕴涵及其对环境法的意义》,《法学评论》2010年第4期。

［284］ 海群、乌日娜:《日本"i-Japan战略2015"中的电子政务战略》,《办公室业务》2010年第4期。

［285］ 夏云珍:《试论国家主权平等面临的困境》,《知识经济》2010年第2期。

［286］ 姚国章、林萍:《日本电子政务规划部署与电子政务发展》,《电子政务》2009年第12期。

［287］ 黄后文、李荃辉:《合作是可持续发展与和谐社会的基石》,《今日南国》(理论创新版)2009年第12期。

［288］ 李建会、项晓乐:《超越自我利益:达尔文的"利他难题"及其解决》,《自然辩证法研究》2009年第9期。

［289］ 黄太云:《〈刑法修正案(七)〉解读》,《人民检察》2009年第6期。

［290］ 喻中:《变迁与比较:宪法文本描绘的人》,《法商研究》

2009 年第 5 期。

［291］ 李薇:《成功与遗憾——日本战后宪法的制定》,《读书》
2009 年第 4 期。

［292］ 覃英:《从人性恶之假设认识法律》,《理论观察》2009 年
第 3 期。

［293］ 杨斐、刘凯:《试析中国应如何科学认识和对待国家主权
让渡问题》,《湖北社会科学》2009 年第 3 期。

［294］ 黄韬:《从经济人假定到合作人假定》,《经济体制改革》
2009 年第 2 期。

［295］ 杨斐:《试析国家主权让渡概念的界定》,《国际关系学院
学报》2009 年第 2 期。

［296］ 何晓榕、陈泉生:《从"生态人"视角探析环境权理论》,
《福州大学学报》(哲学社会科学版) 2009 年第 1 期。

［297］ 梁凯昕:《全球化背景下的国家主权让渡》,《特区经济》
2008 年第 8 期。

［298］ 郝继明:《公权力的异化及其控制》,《社科纵横》2008 年
第 7 期。

［299］ 陈豪:《浅论毕达哥拉斯的"万物皆数"思想与现代数字
化设计理念》,《北京理工大学学报》(社会科学版) 2008
年第 4 期。

［300］ 高圣平:《物权法定主义及其当代命运》,《社会科学研究》
2008 年第 3 期。

［301］ 王春业:《公权私法化、私权公法化及行政法学内容的完

善》,《内蒙古社会科学》(汉文版) 2008 年第 1 期。

[302] 侯淑琳:《试析中国宪政思想之特点》,《消费导刊》2008 年第 1 期。

[303] 季金平:《国家主权概念新探》,《甘肃政法学院学报》2007 年第 93 期。

[304] 张作华:《法律人格的伦理变革——来自罗马法又回到罗马法》,《西南政法大学学报》2007 年第 6 期。

[305] 任明艳:《互联网背景下国家信息主权问题研究》,《河北法学》2007 年第 6 期。

[306] 常景龙:《跨界数据流动对发展中国家管辖权的影响和法律对策》,《江苏商论》2007 年第 4 期。

[307] 王利明:《物权法定原则》,《北方法学》2007 年第 1 期。

[308] 严存生:《道德性:法律的人性之维——兼论法与道德的关系》,《法律科学》(西北政法学院学报)2007 年第 1 期。

[309] 孙大爽:《与时俱进是马克思主义哲学的本质要求》,《长白学刊》2007 年第 1 期。

[310] 谢青:《日本的个人信息保护法制及启示》,《政治与法律》2006 年第 6 期。

[311] 易善武:《主权让渡新论》,《重庆交通大学学报》(社会科学版) 2006 年第 3 期。

[312] 胡绪雨:《物权法定主义价值演进与合理性分析——我国物权法的制定是否应当坚持物权法定原则》,《法学论坛》2006 年第 2 期。

［313］易军:《个人主义方法论与私法》,《法学研究》2006 年第 1 期。

［314］郭菁:《互惠利他博弈的人学价值》,《自然辩证法通讯》2005 年第 11 期。

［315］杨春学:《经济人的"再生":对一种新综合的探讨与辩护》,《经济研究》2005 年第 11 期。

［316］王娟:《对确认网络管辖权的探讨》,《河北法学》2005 年第 5 期。

［317］刘晓茜、常福扬:《信息时代的国家主权》,《江南社会学院学报》2005 年第 3 期。

［318］赵雁秋:《网络隐私权保护模式的构建》,《求是学刊》2005 年第 3 期。

［319］贺富永、段进东:《反恐中国家自卫权的国际法透视》,《世界经济与政治论坛》2005 年第 2 期。

［320］刘鹤玲:《从竞争进化到合作进化:达尔文自然选择学说的新发展》,《科学技术与辩证法》2005 年第 1 期。

［321］周汉华:《对〈个人信息保护法〉(专家建议稿)若干问题的说明》,《中国科技法学年刊》2005 年第 1 期。

［322］李慧英、黄桂琴:《论国家主权的让渡》,《河北法学》2004 年第 7 期。

［323］刘青建:《国家主权理论探析》,《中国人民大学学报》2004 年第 6 期。

［324］曹杰:《国家自卫权的实施与打击国际恐怖主义》,《江南社会学院学报》2004 年第 1 期。

［325］戚居勋:《互联网中的管辖权问题》,《兰州学刊》2003 年第 5 期。

［326］朱晓喆:《社会法上的人——兼谈现代社会与法律人格的变迁》,《法学》2002 年第 8 期。

［327］蔡高强:《论全球化进程中主权权力的让渡》,《湖南省政法管理干部学院学报》2002 年第 5 期。

［328］蔡拓、吕晓莉:《现代主权观念的理性思考》,《天津社会科学》2002 年第 4 期。

［329］谢鸿飞:《现代民法中的"人"》,《北大法律评论》2000 年第 2 期。

［330］俞晓秋:《全球信息网络安全动向与特点》,《现代国际关系》2002 年第 2 期。

［331］刘早荣:《对国家主权基本特征的再认识》,《武汉大学学报》(哲学社会科学版)2001 年第 4 期。

［332］杨玉熹:《论物权法定主义》,《比较法研究》2002 年第 1 期。

［333］鄢显俊:《信息资本主义是资本主义发展的新阶段》,《发现》2001 年第 6 期。

［334］陈忠林:《自由·人权·法治——人性的解读》,《现代法学》2001 年第 3 期。

［335］顾德欣:《战争法法律冲突》,《国际论坛》2001 年第 1 期。

［336］赵旭东:《新技术革命对国家主权的影响》,《欧洲》1997 年第 6 期。

[337] 吕来明:《从归属到利用——兼论所有权理论结构的更新》,《法学研究》1991年第6期。

[338] [加]唐纳德·K.皮雷格夫:《打击网络犯罪和网络恐怖主义中的国际合作》,《法学家》2003年第5期。

[339] [美]肯尼斯·万德威尔德:《19世纪的新财产:现代财产权概念的发展》,《社会经济体制比较》1995年第1期。

[340] 李爱君、张珺:《数据的法律性质和权利属性》,载中国政法大学互联网金融法律研究院《新时代大数据法治峰会——大数据、新增长点、新动能、新秩序论文集》,2017。

[341] 文禹衡:《数据产权的私法构造》,湘潭大学博士学位论文,2018。

[342] 黄志荣:《中国互联网立法研究》,中共中央党校博士学位论文,2017。

[343] 任龙龙:《大数据时代的个人信息民法保护》,对外经济贸易大学博士学位论文,2017。

[344] 李媛:《大数据时代个人信息保护研究》,西南政法大学博士学位论文,2016。

[345] 杨咏婕:《个人信息的私法保护研究》,吉林大学博士学位论文,2013。

[346] 姚岳绒:《宪法视野中的个人信息保护》,华东政法大学博士学位论文,2011。

[347] 焦石文:《中国权力结构转型的哲学研究》,中共中央党校博士学位论文,2009。

［348］ 何星辉:《我国大数据安全保护层面首部地方性法规正式实施 贵州大数据产业发展不再"九龙治水"》,《科技日报》2019 年 10 月 14 日。

［349］ 贵州省人大常委会法制工作委员会:《〈贵州省大数据安全保障条例〉解读》,《贵州日报》2019 年 9 月 26 日。

［350］ 习近平:《坚决维护国家主权、安全、发展利益》,《人民日报》2019 年 8 月 9 日。

［351］ 宋建宝:《加强大数据司法保护 保障国家大数据战略实施》,《人民法院报》2019 年 7 月 22 日。

［352］ 朱磊:《通过立法明确数据权属关系》,《经济日报》2019 年 5 月 21 日。

［353］ 吴姗:《李克强签署国务院令 公布修订后的〈中华人民共和国政府信息公开条例〉》,《人民日报》2019 年 4 月 16 日。

［354］ 赵莹莹:《多位代表建议加快数据安全立法 在数据保护前提下率先开放交通等数据》,《北京晚报》2019 年 3 月 7 日。

［355］《〈贵阳市大数据安全管理条例〉10 月起施行》,《贵阳日报》2018 年 8 月 16 日。

［356］ 西坡:《沉默的数据权利正在觉醒》,《人民政协报》2018 年 4 月 25 日。

［357］ 杨维东:《有效应对大数据技术的伦理问题》,《人民日报》2018 年 3 月 23 日。

［358］ 何鼎鼎:《数据权力如何尊重用户权利》,《人民日报》2018 年 3 月 23 日。

［359］ 郑文明:《互联网治理模式的中国选择》,《中国社会科学报》2017 年 8 月 17 日。

［360］ 于志刚:《坚持网络主权和数据主权 构建国际互联网治理体系》,《检察日报》2016 年 12 月 13 日。

［361］ 支振锋:《网络空间命运共同体的全球愿景与中国担当》,《光明日报》2016 年 11 月 27 日。

［362］ 孙伟:《正确区分网络主权与数据主权》,《中国社会科学报》2016 年 7 月 6 日。

［363］ 李国杰:《数据共享: 大数据时代国家治理体系现代化的前提》,《中国信息化周报》2014 年 8 月 25 日。

［364］ ［英］史蒂芬·威廉·霍金:《当我们站在一个美丽新世界的入口》,《新华日报》2017 年 5 月 23 日。

［365］ 中华人民共和国国务院新闻办公室:《新时代的中国与世界》,http://www.xinhuanet.com/politics/2019-09/27/c_1125047331.htm,2019 年 9 月 27 日。

［366］ 德勤、阿里研究院:《数据资产化之路——数据资产的估值与行业实践》,https://www2.deloitte.com/cn/zh/pages/finance/articles/data-asset-report.html,2019 年 10 月 29 日。

［367］ 中央党校（国家行政学院）电子政务研究中心:《2019数字政府发展报告》,http://www.egovernment.gov.cn/art/2019/8/2/art_194_6195.html,2019 年 8 月 2 日。

［368］ 全国信息安全标准化技术委员会大数据安全标准特别工

作组:《大数据安全标准化白皮书（2018 版）》, http://
www.cesi.cn/201804/3789.html, 2018 年 4 月 16 日。

[369] 全国信息安全标准化技术委员会大数据安全标准特别
工作组:《大数据安全标准化白皮书（2017）》, http://
www.cesi.cn/uploads/soft/170411/1-1F411162633.pdf,
2017 年 4 月 11 日。

[370] Kalin Hristov, "Artificial Intelligence and Copyright
Dilemma", *IDEA: The IP Law Review*, 2017 (57).

[371] David C. Vladeck, "Machines without Principles:
Liability Rules and Artificial Intelligence",
Washington Law Review, 2014 (89).

[372] Colin R.Davies, "An Evolutionary Step in Intellectual
Property Rights-Artificial Intelligence and
Intellectual Property", *Computer Law & Security
Review*, 2011 (27).

[373] Phil Mcnally, Sohail Inayatullah, "The Rights of
Robots", *Futures*, 1988 (20).

[374] Wayne Madsen, *Handbook of Personal Data Protection*,
UK: Macmillan Publishers Ltd., 1992.

[375] Thomas Nagel, *The Possibility of Altruism*, Princeton:
Princeton University Press, 1978.

　　"数权法"一词由大数据战略重点实验室主任连玉明教授于2017年3月首次提出后，全国科学技术名词审定委员会正式认定。同年7月，中国政法大学数权法研究中心正式成立，连玉明教授担任主任，这是中国首家数权法研究机构。

　　2019年5月28日，中国政法大学、贵阳市人民政府召开"数字中国智库联盟成立大会暨《数权法1.0》中、英、繁体版学术研讨会"，贵州省委常委、贵阳市委书记赵德明出席并致辞，充分肯定《数权法1.0》的重大理论创新成果。《数权法1.0》一经首发，立即在全球引起强烈反响，超过200家英、法、德、西等外文多语种媒体和超过170家华文媒体给予报道，外媒评论认为："它的出版为人类从工业文明迈向数字文明奠定了法理基础，并将成为打开数字文明未来之门的新钥匙。"《数权法1.0》的出版标志着中国法律正在走向世界，成为参与全球治理的法理重器。

《数权法1.0》揭示了数权的理论逻辑、价值逻辑与法理逻辑，讨论了十大基本观点：人权、物权、数权是人类未来生活的三项基本权利；数权是人格权和财产权的综合体；数权的主体是特定权利人，客体是特定数据集；数权突破了"一物一权"和"物必有体"的局限，往往表现为一数多权；数权具有私权属性、公权属性和主权属性；数权制度包括数权法定制度、数据所有权制度、用益数权制度、公益数权制度和共享制度等五个基本维度；共享权是数权的本质；数权法是调整数据权属、数据权利、数据利用和数据保护的法律规范；数权法重构数字文明；数权法是工业文明迈向数字文明的重要基石。这是我们认识数权法和研究数权法的基本着眼点。

《数权法2.0》是《数权法1.0》的延续和深化，一是创造性提出了"数据人假设"的概念，这也是研究数权法的逻辑起点，其核心是利他主义；二是围绕数权提出了大数据时代的三大权益，包括数据权、共享权和数据主权；三是回应了习近平主席致2019数博会贺信关于"处理好大数据发展在法律、安全、政府治理等方面挑战"的重要指示精神。本书由大数据战略重点实验室组织讨论交流、深度研究和集中撰写，连玉明提出总体思路和核心观点，并对框架体系进行了总体设计。主要由龙荣远、张龙翔细化提纲和主题思想，连玉明、朱颖慧、宋青、武建忠、张涛、宋希贤、龙荣远、张龙翔、邹涛、沈旭东、陈威、杨官华、杨璐、杨洲负责撰写，龙荣远负责统稿。陈刚同志为本书提出了许多前瞻性和指导性的重要观点。贵州省委常委、贵阳市委书记赵德明，北京市人大常委会副主任、致公党北京市委主委闫傲霜，贵阳市委副书记、市长陈晏，贵阳市委常委、常务副市长徐昊，贵阳市委常委、市委秘书长刘本立，中国政法大学学术委员会秘书长、人工智能法治研究院院长栗峥教授等对本书贡献了大量前瞻性的思想和观点。需要特别感谢的是，社会科学文献出版社的领导和编辑们。谢寿光社长以前瞻的思维、独到的眼光和超人的胆识对本书高度肯定并提供出版支持，组织多名编辑精心策划、精心编校、精心设计，本书才得以如期与读者见面。

在本书研编过程中，先后举办了多次高规格、高标准、高水平学术研讨会，邀请吴大华、刘红宇、屈庆超、孔庆江、谢泉、张清、周学峰、田力男、李有星、马静、张吉豫、朱颖慧、宋青、张著洪、潘善斌、孙志煜、齐筠、徐妍、朱晓武、王浩、肖宇、付瑶、王立平、张飚、高翔宇、戴嘉佳、张春阳、王京、吴月冠、朱静洁等法学界、科技界、翻译界30余位核心专家和权威学者进行多轮研讨。吴大华（贵州省社会科学院）、谢泉（贵州大学）、潘善斌（贵州民族大学）、王浩（贵州小爱机器人科技有限公司）、肖宇（贵州中创联律师事务所）、王京（贵阳大数据交易所）等专家认为，随着科技的进步，法律也要与时俱进，对待新生事物需要保持一种包容和宽广的胸怀。"数权法"概念在法律上是成立的，是极具前瞻性的。张吉豫（中国人民大学）、朱晓武（中国政法大学）、孙志煜（贵州大学）、徐妍（中国政法大学）等专家指出，数权法中关于

"数据人""共享权"的设置具有其必要性和前瞻性,"数据人"的提出扩展了法学界的想象,共享权的提出对协调和平衡数据私权与公权之间的冲突具有重要意义。刘红宇(北京金诚同达律师事务所)、屈庆超(龙信数据研究院)、孔庆江(中国政法大学)、周学峰(北京航空航天大学)、李有星(浙江大学)等专家认为,"数权法"作为中国话语体系建设提出的首创性概念,标志着中国大数据乃至全球大数据研究在法理上实现了新突破。朱颖慧(北京国际城市发展研究院)、宋青(贵阳创新驱动发展战略研究院)等专家认为,数权法研究的是技术的趋势、法律的趋势和人类社会发展的趋势。数权法是重混时代下探索基于技术的治理体系和治理能力现代化的解决方案,是把握数权规则制定权和国际话语权的东方智慧,是站在人类文明的高度对未来法律制度的理性思考。中国政法大学外国语学院张清、田力男、马静、齐筠、付瑶、王立平、戴嘉佳、张春阳等翻译专家表示,数权法是一项多学科交叉融合的创新性研究,具有创新力、吸引力和冲击力。"数权法"系列外译项目是与世界法学界对话的重要窗口,极大拓宽了全球数权研究的视野,开启了全球数权研究新篇章。

大数据战略重点实验室研究推出的《块数据》《数权法》《主权区块链》"三部曲"是大数据理论发展新的里程碑,被誉为重构数字文明新秩序的三大支柱,在国内外具有较大影响力。法律从来没有像今天这样面临着科技发展向它提出的挑战,我们应该密切注视前沿科技并积极回应挑战,规制可能的风险,使法律与科技协调发展，并因应社会转型主动推动法律、法治、法理的转换。数权法的提出，为守住国家数据主权，牢牢把握数权规则制定权和国际话语权，推进互联网全球治理法治化奠定了法治基础，对推动构建网络空间命运共同体具有特殊意义。数权法研究是一项既立足现实又面向未来的开创性理论探索，必将对数字经济发展、数字政府建设、数字社会治理、数字文明进步产生积极影响。我们将继续推出《数权法3.0：数权的立法前瞻》《数权法4.0：共享权与隐私权》《数权法5.0：数权观与新伦理》，以期进一步完善数权法理论体系。

在编著过程中，我们尽力搜集最新文献，吸纳最新观点。尽管如此，由于水平有限、学力不逮和认知局限，加上本书所涉领域繁多复杂，所理解的观点并不一定是绝对准确的，书中难免有疏漏差误之处，特别是对引用的文献资料和出处如有挂一漏万，恳请广大读者批评指正。就像世界上第一个蒸汽机拿出来肯定是用不了，第一台汽车肯定也不能上路，新的东西绝对是不完善的东西。但我们相信这样一个判断："中国的法律要走向世界，最有可能的就是数字经济方面的法律。"我们正在做这方面的努力，虽然艰难，但我们充满信心并且相信大有可为。

大数据战略重点实验室

2020年1月16日

图书在版编目（CIP）数据

数权法2.0：数权的制度建构 / 大数据战略重点实验室著；连玉明主编. -- 北京：社会科学文献出版社，2020.4

ISBN 978-7-5201-6233-3

Ⅰ. ①数… Ⅱ. ①大… ②连… Ⅲ. ①科学技术管理法规-研究-中国 Ⅳ. ①D922.174

中国版本图书馆CIP数据核字（2020）第029066号

数权法2.0：数权的制度建构

著　　者 / 大数据战略重点实验室
主　　编 / 连玉明

出 版 人 / 谢寿光
组稿编辑 / 邓泳红　吴　敏
责任编辑 / 吴　敏

出　　版 / 社会科学文献出版社·皮书出版分社（010）59367127
　　　　　　地址：北京市北三环中路甲29号院华龙大厦　邮编：100029
　　　　　　网址：www.ssap.com.cn
发　　行 / 市场营销中心（010）59367081　59367083
印　　装 / 三河市东方印刷有限公司

规　　格 / 开　本：880mm×1230mm 1/32
　　　　　　印　张：11.875　字　数：242千字
版　　次 / 2020年4月第1版　2020年4月第1次印刷
书　　号 / ISBN 978-7-5201-6233-3
定　　价 / 69.00元